新世纪高职高专
汽车运用与维修类课程规划教材

汽车服务顾问基础与实务

第二版

新世纪高职高专教材编审委员会 组编
主　编　何乔义
副主编　刘　宇　李世红　陈　珊

大连理工大学出版社

图书在版编目(CIP)数据

汽车服务顾问基础与实务 / 何乔义主编 . — 2 版
. — 大连：大连理工大学出版社，2021.1(2024.2重印)
新世纪高职高专汽车运用与维修类课程规划教材
ISBN 978-7-5685-2765-1

Ⅰ．①汽… Ⅱ．①何… Ⅲ．①汽车－服务营销－高等职业教育－教材 Ⅳ．①F766

中国版本图书馆 CIP 数据核字(2020)第 232004 号

大连理工大学出版社出版

地址：大连市软件园路 80 号　邮政编码：116023
发行：0411-84708842　邮购：0411-84708943　传真：0411-84701466
E-mail:dutp@dutp.cn　URL:https://www.dutp.cn
大连益欣印刷有限公司印刷　　　　大连理工大学出版社发行

幅面尺寸：185mm×260mm　印张：15.5　字数：354 千字
2015 年 2 月第 1 版　　　　　　　2021 年 1 月第 2 版
2024 年 2 月第 3 次印刷

责任编辑：康云霞　　　　　　　　　　　责任校对：吴媛媛
封面设计：张　莹

ISBN 978-7-5685-2765-1　　　　　　　　定　价：45.00 元

本书如有印装质量问题，请与我社发行部联系更换。

前　言

《汽车服务顾问基础与实务》(第二版)是新世纪高职高专教材编审委员会组编的汽车运用与维修类课程规划教材之一。

本教材参照汽车服务企业的实际要求,结合学校教育特点,采用情境式教学模式编写。内容包括汽车服务顾问基础理论和汽车服务顾问技能两个部分,并从汽车服务顾问的工作内容中提取礼仪规范、汽车维修接待流程、客户满意与客户关系的经营与管理等典型工作任务,将其整合为相关的学习领域,构建成"汽车服务顾问基础与实务"课程内容。

汽车服务顾问基础理论部分重点介绍汽车售后服务礼仪规范、服务流程、客户满意与客户关系的经营与管理等方面,按企业实际工作要求培养学生的修养、售后服务流程操作和汽车售后服务现场管理等职业核心能力。

为便于学生学习,教材中汽车服务顾问技能部分以汽车服务顾问实际工作流程和要求为主线,以实际工作案例、话术和工作表格为载体,选取工作实例和情境,按照情境式教学模式设计实训内容,用接近实战的方法培训学生,使之能够在近似实战的环境中学习,缩小学校教学与实际工作要求之间的差距。

本教材可作为高职高专院校汽车技术服务与营销、汽车运用技术、汽车检测与维修以及汽车电子技术等专业教材,还可作为汽车维修业务接待培训教材,也可作为汽车维修企业相关人员的参考用书。

本教材内容共包括两篇。第1篇为汽车服务顾问基础理论,包括6个情境,具体内容为预约、接待、车辆检查(环检)及维修工作内容的确定、故障诊断和维修、交车、跟踪服务;第2篇为汽车服务顾问技能,包括8个技能,具体内容为交流技巧、预约、客户接待与环检、车辆故障检测与诊断、维修作业实施管理、维修后续服务管理、跟踪服务、综合训练。

本教材由武汉软件工程职业学院何乔义任主编,盐城师范学院刘宇、恩施职业技术学院李世红、武汉软件工程职业学院陈珊任副主编。具体编写分工如下:第1篇的情境1和情境2由刘宇编写,情境3、情境6和附录由何乔义编写,情境4和情境5由李世红编写;第2篇由陈珊编写。何乔义负责全书的统稿和定稿工作。在编写本教材的过程中,我们得到了武汉江城威汉汽车服务有限责任公司郝永慧和唐慧丽等有关人士的大力支持和帮助,在此表示感谢!

在编写本教材的过程中,我们参考、引用和改编了国内外出版物中的相关资料以及网络资源,在此对这些资料的作者表示诚挚的谢意。请相关著作权人看到本教材后与出版社联系,出版社将按照相关法律的规定支付稿酬。

鉴于编者学识和水平有限,教材中仍可能存在不足和疏漏之处,敬请读者批评指正,并将意见和建议反馈给我们,以便修订时改进。

编　者

2020 年 11 月

所有意见和建议请发往:dutpgz@163.com
欢迎访问职教数字化服务平台:https://www.dutp.cn/sve/
联系电话:0411-84707424　84708979

目 录

第1篇 汽车服务顾问基础理论

情境1 预 约 ·· 3
  1.1 维修预约概述 ··· 5
  1.2 预约的流程和标准 ·· 9
  1.3 建立客户档案 ·· 11
  1.4 预约服务人员的能力要求 ·· 12
  1.5 预约服务的实施 ··· 20
  1.6 如何做好汽车综合维修企业的业务接待工作 ··· 22

情境2 接 待 ·· 29
  2.1 维修接待的目的和要求 ··· 30
  2.2 维修接待的流程 ··· 32
  2.3 维修接待的礼仪 ··· 35
  2.4 服务顾问必备的知识和技能 ··· 40

情境3 车辆检查(环检)及维修工作内容的确定 ·· 44
  3.1 环检的作用及要求 ·· 46
  3.2 环检前的准备工作 ·· 48
  3.3 环检及维修内容的确定 ··· 49
  3.4 维修合同的填写内容及注意事项 ··· 54

情境4 故障诊断和维修 ··· 57
  4.1 故障诊断及项目确认的重要性 ·· 59
  4.2 故障诊断的方法 ··· 61
  4.3 维修工作内容的确定 ··· 62
  4.4 汽车常见故障的原因及诊断方法 ··· 67
  4.5 维修及完工 ·· 71

情境5 交 车 ·· 76
  5.1 完工检验 ··· 78
  5.2 客户接车 ··· 79
  5.3 结 算 ·· 81
  5.4 业务统计报表的填制、报送 ··· 82

情境6 跟踪服务 ·· 85
  6.1 客户档案管理 ·· 87
  6.2 客户的投诉处理及避免 ··· 93
  6.3 跟踪服务 ··· 103
  6.4 客户流失分析 ·· 112

第 2 篇　汽车服务顾问技能

- 技能 1　交流技巧 ·· 123
  - 1.1　技能练习 ·· 123
  - 1.2　技能测验 ·· 131
- 技能 2　预　约 ··· 137
  - 2.1　背景知识 ·· 137
  - 2.2　技能要求 ·· 138
  - 2.3　训练内容 ·· 138
  - 2.4　角色扮演考核 ·· 141
- 技能 3　客户接待与环检 ·· 146
  - 3.1　背景知识 ·· 146
  - 3.2　技能要求 ·· 146
  - 3.3　训练内容 ·· 146
  - 3.4　角色扮演考核 ·· 149
- 技能 4　车辆故障检测与诊断 ··· 162
  - 4.1　背景知识 ·· 162
  - 4.2　技能要求 ·· 162
  - 4.3　训练内容 ·· 162
  - 4.4　角色扮演考核 ·· 165
- 技能 5　维修作业实施管理 ·· 172
  - 5.1　背景知识 ·· 172
  - 5.2　技能要求 ·· 172
  - 5.3　训练内容 ·· 173
  - 5.4　角色扮演考核 ·· 175
- 技能 6　维修后续服务管理 ·· 180
  - 6.1　背景知识 ·· 180
  - 6.2　技能要求 ·· 180
  - 6.3　训练内容 ·· 180
  - 6.4　角色扮演考核 ·· 183
- 技能 7　跟踪服务 ·· 187
  - 7.1　背景知识 ·· 187
  - 7.2　技能要求 ·· 187
  - 7.3　训练内容 ·· 188
  - 7.4　角色扮演考核 ·· 191
- 技能 8　综合训练 ·· 197
- 附　录 ··· 199
- 参考文献 ·· 241

第1篇

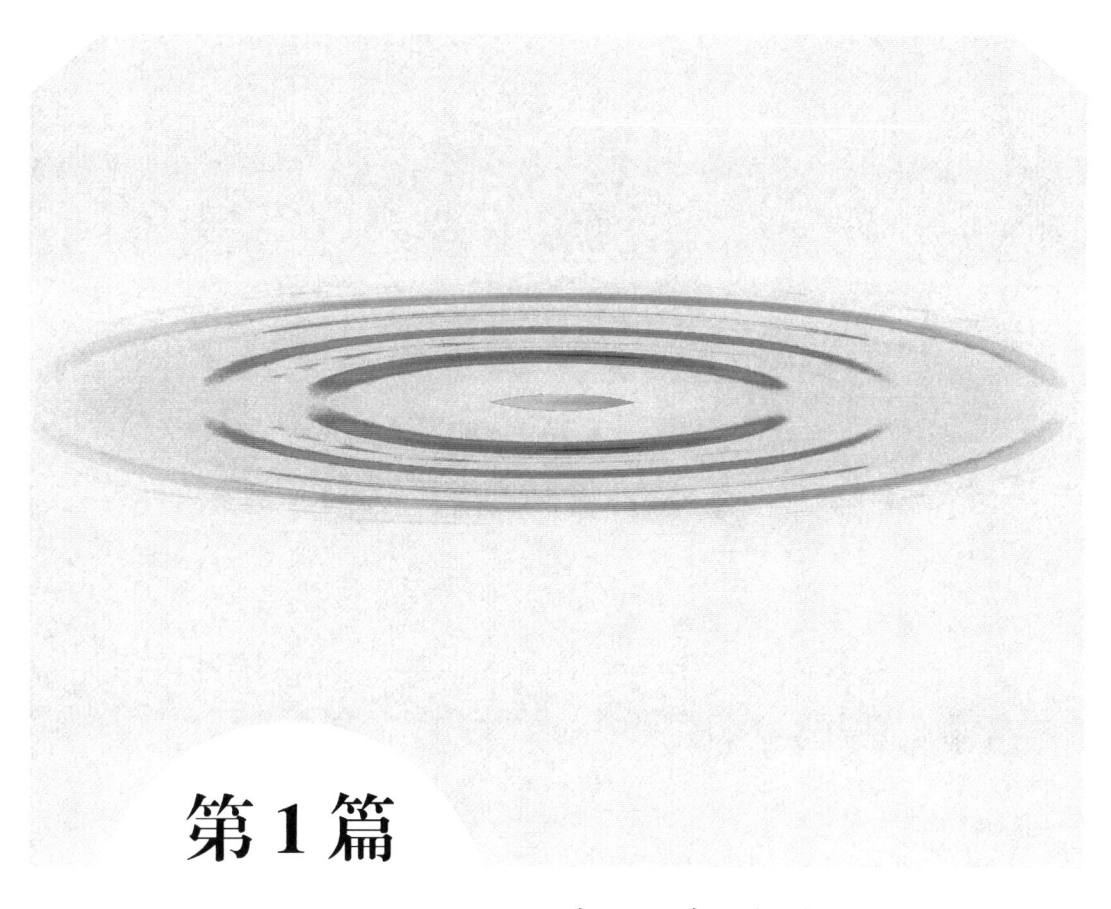

汽车服务顾问基础理论

情境 1

预 约

导入案例 1-1 ▶▶▶

维修预约

王先生是一家公司的负责人，工作很忙。最近他感到车辆在加速时有些发抖，于是他决定去常去的一家汽车维修服务公司 A 进行车辆维修。当他到达 A 汽车维修服务公司时，该公司的维修接待处已经有很多客户，他等了好长时间才开好汽车维修委托书。他将车开进维修车间后，工作人员告诉他现在已经没有工位了，半个小时后才能对他的车进行检查，同时也不能确定竣工交车的时间。在等待的过程中，王先生不断通过电话处理工作上的事情，忙得不可开交。因此，他决定先不修车，开着带病的车子回公司去了。

几天后，王先生接到一个询问他车辆使用状况的电话，这个电话是他曾经去过的一家汽车维修服务公司 B 的服务顾问打过来的。他把心中的不悦向这位服务顾问倾诉，服务顾问请王先生提前预约，在方便的时候进行车辆维修；并向王先生说明，在预约时可以了解王先生车辆的故障情况，初步判断原因，为他提前留出工位、准备好配件和维修技师，保障维修工作顺利进行。王先生答复第二天上午九点去。

第二天上午八点，该服务顾问给王先生打电话说一切准备就绪，问王先生何时能到，王先生答复准时到达。当王先生九点到达时，服务顾问热情接待了他，并拿出早已准备好的汽车维修委托书，请王先生过目、签字后将车辆送入维修车间。维修车间早已为王先生的车辆准备好了工位和维修技师。由于准备充分，维修技师很快地排除了故障，一共用了不到半个小时。王先生很高兴，后来他成为该汽车维修服务公司的忠实客户。

【问题】

(1) 王先生为什么能成为汽车维修服务公司 B 的忠实客户？请评价 A、B 两个汽车维修服务公司的做法。

(2) 维修预约的主要作用和主要工作内容有哪些？

导入案例 1-2 ▶▶▶

保修预约

赵先生新买的轿车快三个月了，应该进行首次保养了。同时在使用刮水器时有异响，他想在保养中一起解决。因此,他给经销商打电话联系保养事宜。

"下午好,××经销商。请问有什么需要我们帮忙吗?"

"我的车到保养时间了,我……"

"请稍等一下,我帮您转接一个电话。"

赵先生只有听着电话中的录音音乐以及关于新车型即将问世的信息,等待着电话转接。大约过了两分钟,有人接起电话。

"服务部。请问有什么需要帮助吗?"

"三个月前我买了辆车,我想该进行第一次保养了。"

"请问您的姓名?"

"赵明。"

"您的车型是什么?"

"2014 款××。"

"车辆识别代码是什么?"

"我不大清楚。"

"行驶里程多少?"

"大约 5000 千米。"

"您的车是应该过来检修一下了。您想什么时候过来?"

"明天可以吗?"

"稍等一下,我看看……明天恐怕不行,下周二可以吗?那时我们就不会像现在这么忙了。"

"如果最早也只能是下周二的话,就这么定了吧。"

"好的。我给您定在 4500 千米维修范围内。下周二见。"

"请等一下,我的刮水器也有问题,使用时总是发出一种奇怪的声音。你能把这个问题也记下来吗?"

"好的,还有其他问题吗?"

"我几点钟去?"

"上午八点半把车开过来吧!"

"保养需要多长时间?"

"不会太长,如果我们不忙的话,45 分钟就差不多。"

"好的,谢谢,再见。"

【问题】

上面的案例中,维修站的工作中有哪些做法不符合规范?规范的做法是什么?

【结论】

(1)汽车维修服务企业要建立客户档案。

(2)对保养客户要主动预约。通过预约工作,了解客户要求和发掘客户要求以外的维修保养工作内容,准备好维修方案、维修技师、工位和配件等。

(3)预约电话要方便打入,不要有过多的企业宣传和广告等信息。

(4)与客户交流时要使用礼貌用语。

学习目标及要求

掌握预约工作规范和预约过程的工作重点,了解预约的流程及准备工作,掌握预约服务应具备的知识和能力。

学习内容

通过预约，汽车维修服务企业一方面可以了解客户的服务需求并确定服务时间，使得汽车维修服务企业可以合理安排客户车辆的维修保养工作，提前做好客户接待、派工、维修方案、工位、设备和配件等准备工作，提高服务质量；另一方面又能节约客户的非维修保养等待时间，提高汽车维修服务企业的服务水平，提高客户满意度。

预约时要与客户达成维修保养等服务的意向，填好汽车维修预约登记表(若是现场预约则请客户签名确认)。汽车维修预约登记表上要注明预约维修保养时间，若需要为预约服务准备价格较高的配件时，应该请客户预交定金。预约确定后，要填写汽车维修预约统计表，并于当日内通知车间主管，以便安排维修保养工作。预约时间临近时，应提前(半天或一天)与客户联系，提醒客户预约时间，以免客户忘记。

对预约服务的要求是：①保持预约电话畅通；②预约服务人员的态度热情友好；③询问要详细，全面了解客户车辆的使用情况和维修保养情况；④能准确理解客户的需求；⑤及时正确地回复客户提出的问题；⑥能满足客户对维修保养时间的要求；⑦确保为客户车辆做好维修保养的准备工作，并确保兑现承诺；⑧预约后能及时进行提醒服务。

预约分为主动预约和被动预约。主动预约是指汽车维修服务企业根据客户车辆信息，列出预约清单并汇集成册。在客户车辆保养时间临近时，预约服务人员主动与客户联系预约。被动预约是指汽车维修服务企业接受客户的维修保养预约。

预约完成后，应该做好登记并在大厅预约看板上显示，通知相关人员做好相应准备，提前做好配件、工位和维修技师等准备工作，保证预约客户到达后第一时间享受维修服务。

1.1 维修预约概述

1.1.1 预约服务的概念

预约服务是指汽车维修服务企业受理客户提出的维修预约请求，以及客户说明自己的服务需求及期望接受服务的时间；或汽车维修服务企业通过客户管理卡和计算机中存储的客户档案，向客户提供定期保养提醒及预约等服务。

预约工作一般由预约服务人员(指汽车维修服务企业负责维修预约工作的人员，一般由预约专员、客户服务专员担任，有时也可由信息员兼任或服务顾问轮流兼任)负责，预约地点在预约室或接待现场，通过互联网、电话或现场预约等方式进行预约。

1.1.2 预约服务的主要作用

预约服务是提高服务质量和工作效率的一种有效的工作方式，做好预约服务可以形成汽车维修服务企业和客户双赢的格局。通过汽车维修服务企业提供的预约服务，可以使汽车维修服务企业了解客户车辆目前的使用情况,约定维修保养的内容和时间,并对预约的维修保养内容做好充分的准备,提高工作效率,减少客户在维修过程中的非维修保养的等待时间,并尽量避免缺少工位、维修技师和备件的情况发生,使客户得到迅速、优质的服务。

(1)缩短客户的等待时间,避免出现服务瓶颈。通过预约,合理利用企业资源,将维修保养时间尽量错开,做到合理地分流客户,使客户和汽车维修服务企业在双方都方便的时候进行维修保养服务,最大限度地缩短客户在接受服务时的等待时间,保证交车时间。

做好了预约工作,可以使汽车维修服务企业的维修保养工作由被动变为主动,使企业资源调配和工作安排得更加合理,能够避免服务瓶颈的出现。

(2)提高工作效率和设备利用率。通过预约,可以使汽车维修服务企业提前做好准备工作,保证在人员、配件、工具、设备、资料和技术方面准备充分;并且与客户协商后,能够合理地安排作业时间,节省了维修时间。

汽车维修服务人员可以通过电话等远程手段对客户的车辆情况进行询问和诊断,做好准备工作,保证有充裕的时间对客户车辆进行检查和维修,确保车辆的维修质量和工期。

如果汽车维修服务企业能做到日常工作量以预约为主,就可以做到每日的工位、维修技师、配件等工作要素提前准备妥当,只需再留个别工位和少量人员机动,以应对很少量的没有预约的客户,使接待和维修保养工作井然有序,这样才能更合理地调配和使用人力和设备等资源。

(3)减少备件库存。通过有计划的维修保养安排,合理地准备维修保养备件,在保证工作需要的前提下,减少备件的库存。

(4)让客户明白消费。通过预约,客户可以知道维修保养的内容、标准、维修保养作业时间和大概费用,消除客户的疑虑。

1.1.3 预约工作内容和要求

预约工作的主要内容是受理客户提出的维修保养预约请求;或汽车维修服务企业根据客户车辆状况,结合实际生产情况,向客户建议维修保养的预约时间。

要做好预约工作,必须注意以下问题:

(1)认真接听客户的预约电话。预约服务人员首先记录客户相关信息,明确维修保养工作内容,与客户商定具体的维修保养时间,并告知较为准确的费用估价。若需要准备价格较高的配件时,应该请客户预交定金。

(2)明确无法进行的工作。根据接待主管、车间主管、配件主管等相关人员提供的信息,确定无法实现的预约内容,告知客户并建议解决办法。

(3)合理安排预约确定后的相关工作。预约确定后,要填写相关工作表格,如汽车维修预约登记表(附表1-1、附表1-2)。负责进行预约业务的协调、内部确认,及时通知车间主管提前做好工位、配件、维修工具及设备、维修技师和技术资料等方面的准备工作。

上述工作完成后,对预约情况进行汇总,填写汽车维修预约统计表(附表1-3),定期上报至主管经理处。

(4)预约提醒。预约时间临近时,应提前(半天或一天)与客户确认预约内容和时间,并提醒客户带好相应的维修保养手续。

1.1.4 预约的分类

(1)根据预约的方式不同,可以将预约分为:
①电话预约:是指通过电话的方式进行预约。
②现场预约:是指客户在服务接待处进行预约。
(2)根据预约主动方的不同,可以将预约分为:
①汽车维修服务企业主动预约:是指预约服务人员通过电话主动与客户进行预约。
②客户主动预约:是指客户主动通过电话或到服务接待处与汽车维修服务企业预约服务人员进行预约。

1.1.5 预约工作的基本原则

(1)及时掌握生产状况。通过掌握维修车间的维修能力,合理安排生产作业,可避免出现客户到达后非维修保养等待时间过长的情况。预约专员、服务顾问、车间主管和配件主管要进行及时沟通,确定当天车间维修工位现状、预约维修情况、前一天的遗留工作和配件供应等情况,如有变动要及时通知。

(2)了解客户车辆情况。进行预约服务时,记录客户欲进行的维修保养内容和客户陈述的汽车故障及故障现象等相关信息。

(3)协商预约时间。尽量满足客户的预期时间要求;当无法满足客户要求时,应技巧性地向客户提出可供选择时间的建议。沟通后两个小时内必须给予客户准确的答复以确认预约是否成功。

(4)做好跟进、确认工作。预约时间临近时,应提前(半天或一天)联系客户,提醒预约时间,以免客户忘记;并且还应在预约日期当天再次提醒客户。

(5)创建汽车维修施工单。包括需要使用的汽车零配件、估计费用和维修技师工作安排的详细情况。客户认可该预约后即可执行;若客户不认可该预约,随即取消该汽车维修施工单。

(6)预约确定后,要填写汽车维修预约统计表,并于当日内通知车间主管,做好维修保养准备工作,防止预约客户到达后等待时间过长的情况出现。

(7)返修车辆的预约可优先。

(8)若为现场预约,预约服务人员与客户达成意向后,填好汽车维修预约登记表,并请客户签字确认。

(9)做好预约管理工作。进行相应的服务保险设计,避免失误带来的风险。

链接

沟通时间与期望时间

沟通时间是指客户和汽车维修服务企业进行预约沟通时的时间;期望时间是指客户希望的维修保养时间。

沟通时间与期望时间的间隔为 24~72 小时(即预约客户等待时间不超过 3 个工作

日)较好。

1.1.6　预约的推广

服务经理负责介绍、规划、监督和管理预约制度,确定当前预约率并设定预约工作目标,任命和培养专业人员从事预约服务工作。通过市场调查和客户接触活动,预约服务人员应在工作中加强预约服务的宣传力度,提高预约比例。为了提高预约比例,可以从以下方面着手:

(1)加强预约管理的宣传力度,制作预约宣传单,设置预约电话专线,方便客户预约。

(2)制订有效、可行的预约流程,引导客户预约,调节客户来厂时间。推出低峰时段预约维修保养工时费优惠等活动,吸引客户。

(3)把当天预约客户的名单写在预约展示板(附表1-4)上,欢迎预约客户,让已预约的客户有被重视的感觉。对成功预约的客户,结算时给予优惠或赠送小礼品。

(4)在客户接待区和客户休息区放置告示牌,宣传和提醒客户预约。

(5)跟踪回访客户时,宣传预约业务,让更多的客户了解预约的好处。

(6)经常向未经预约直接入厂的客户宣传预约,鼓励客户预约。在接待未预约的客户时,要尽量满足客户期望,提供人性化的服务,同时要通过预约管理看板(预约排班表)(附表1-5)的使用,把已经安排作业的工位及施工时间标注出来,让客户知道预约的合理性和先进性。

话术

宣传预约

"请看,这是我们车间的预约展示板,在11:00～15:00时间段我们工作都已安排满了,考虑您今天要去机场,通过与车间主管沟通后,我们破例安排在午饭时加班对您的车辆进行维修作业,尽可能在14:00交车,下次欢迎您提前预约,以免耽误您的用车时间。"

链接

我国汽车维修服务企业的预约现状

(1)预约比例低。与其他国家外相比,我国的汽车维修服务预约比例较低,主要原因有两点:一是消费者没有养成预约消费的习惯;二是整个汽车售后市场还不成熟,汽车维修服务企业需要建立一整套预约流程,增加硬件与软件的投入,增加预约服务人员数量并提高预约服务人员的质量。

(2)爽约较多。一般汽车维修服务企业中,预约客户比例不多,在节假日前后和季节更替时,预约比例会略高一些,但是在这为数不多的预约客户中爽约现象也很普遍。

(3)形式上的预约。有些客户在电话预约后马上就到汽车维修服务企业要求进行维修保养,这样的预约实际上是毫无意义的。

1.2 预约的流程和标准

在预约环节,车辆维修保养的时间应由预约服务人员与客户商议决定,预约服务人员要鼓励客户尽量提前预约。对于常规保养,预约服务人员应主动进行保养提醒,引导客户进行预约。

1.2.1 预约流程

(1)预约前的准备工作。预约服务人员在与客户预约之前,应该找出客户资料,包括客户个人信息和车辆维修档案等,并且准备好记录工具,随时记录客户的要求。核对已经列出的本周无法实现的预约内容。

(2)记录信息。预约服务人员在接到预约电话或拨打预约电话时,首先要说明自己所在的部门并介绍自己,然后记录客户的需求或故障现象描述,同时记录客户姓名、联系电话、车型、车牌号、车辆出厂日期、行驶里程、车身颜色等与服务工作相关的且客户方便回答的信息。

(3)确定预约时间。当发现客户要求的预约时间无法满足时,预约服务人员应主动告知客户并提供可供客户选择的确切时间;若出现当时无法提供可供选择的确切时间时,预约服务人员应在确定了可供选择的时间后第一时间与客户联系,并向客户发出预约邀请。

(4)预约确定。针对客户的描述,对客户的需要进行分类。对于保养或小修的客户,若客户认可了预约服务人员的报价和维修估时后,预约服务人员再次与客户确认联系电话与维修预约时间,与客户道别,本次预约暂时成功。

若维修内容比较复杂,需要进行内部协调时,预约服务人员应该告知客户需要进行内部协调,请客户等待回信。

预约服务人员将客户描述的故障现象转入车间,由车间进行故障分析诊断,找出故障原因,并制订相应的维修计划、配件需求和工时等。

配件管理人员根据车间制订的各种维修方案中的配件需求查阅库存,若缺少某种配件,必须告知预约服务人员,并提供大致的配件到货时间。

预约服务人员再次与客户进行联系,将车间找出的各种故障可能原因和制订的相应维修计划告知客户,落实预约。

客户认可了维修计划后,预约服务人员根据相应的维修计划进行报价(总价与明细),并告知客户维修工作需要的大概时间。

客户认可了预约服务人员的报价和维修估时后,预约服务人员再次与客户确认维修预约时间,与客户道别。

(5)维修准备。预约服务人员将暂时成功的预约告诉接待主管,由接待主管分配接车任务。

(6)派工。服务顾问根据相应信息提前准备接车单,当预约工作为保养小修时,还可直接准备汽车维修派工单。

服务顾问在预约日期的前一天确认车间与配件准备情况,包括人员、设备、工具、场地、零部件及相应的辅料等。

(7)提醒客户。服务顾问在预约时间前三小时提醒客户预约时间(可以用驾驶注意事项等温馨提醒的方式再次确认预约),再次确认客户车辆是否进厂维修保养,并告知客户自己的姓名与联系方式。同时,提醒客户维修工位大致的保留时间为预约时间后的20分钟。

(8)客户到达。客户到达汽车维修服务企业后,此次预约结束。服务顾问在礼貌地送客户离开后将客户实际到达时间等信息反馈给预约专员进行备案。

(9)感谢客户。

具体的预约流程参考图1-1-1。

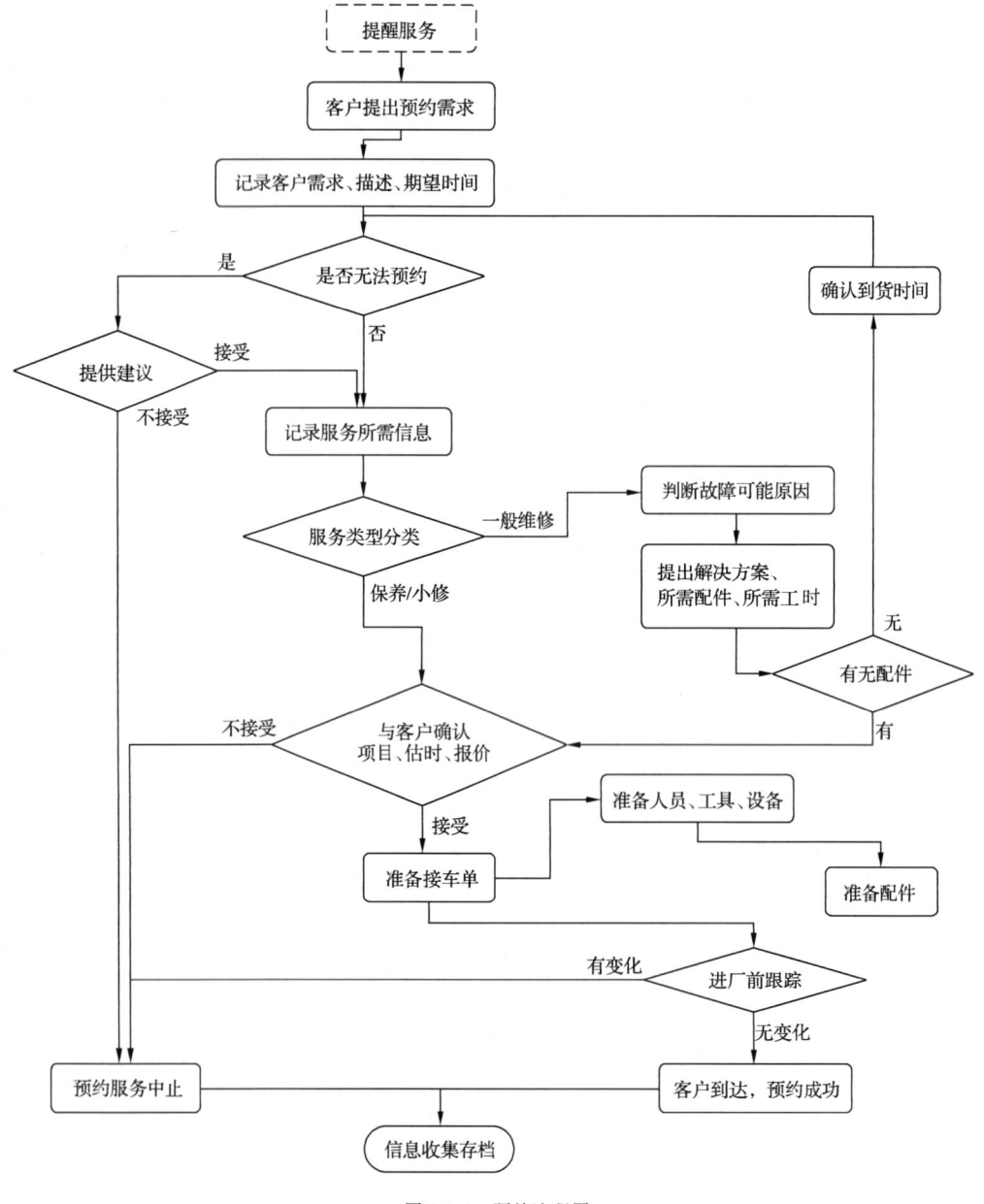

图1-1-1 预约流程图

1.2.2 预约标准

(1)控制好维修技师的工作量。预约的维修保养工作时间一般不能超过维修技师全部可用时间的80%,以便留有足够的时间来服务未预约的客户、完成紧急修理和应对维修工作的延时。

(2)预约客户到达汽车维修服务企业的时间应与预约维修保养的时间错开15～30分钟,以便留有适当的时间填写汽车维修施工单(附表1-6和附表1-7)。

(3)预约客户等待时间不超过3个工作日。

(4)实行预约确认程序,确认失约的客户,并快速联系失约的客户。

(5)设置预约管理看板,以便直观地管理预约。

(6)建设以计算机为基础的预约工作机制,科学安排预约、准备汽车维修施工单和零配件。

1.2.3 预约服务的保险设计

维修预约可以调节客户来厂的时间,合理安排作业计划,调整服务需求与服务供给之间的平衡,既能使客户得到快捷、优质的服务,又能使企业的服务能力得到最大的利用。

但是,如果出现了大量不遵守预约时间的客户,也会打乱原定的维修计划,使维修现场更加混乱。为了避免这种情况的发生,应该做好预约服务的保险设计工作以应付这种情况的发生。

(1)服务顾问要主动提醒客户。客户预约后可能会忘记赴约,服务顾问应该在客户预约日期前一天打电话提醒客户赴约,甚至还应在预约日期当天再次提醒客户,确认是否赴约,以便合理安排客户车辆维修时间,提前做好相应的准备工作。

(2)做好服务现场的接待工作。汽车维修服务企业不能忽视客户的到来,当客户来到服务现场时,如果找不到相应的服务人员,或者没有相关的接待人员,就会使客户心情不愉快。因此,要在相应的地方设置明显的接车流程服务标志,配备专门的接待人员,防止出现上述情况。

(3)合理安排服务顺序。如果业务繁忙,服务顾问可能很难按客户到来的先后次序提供服务,有可能引起客户不满。为了避免这种情况发生,可以使用某些标识牌来区分服务顺序(可在车顶上放置不同颜色和数字的标识牌区分客户到来的顺序),服务顾问很容易在大量的待修车辆中确定服务顺序。

(4)记录客户车辆的基本信息。对汽车维修服务企业来说,大部分客户都是常客,所以这类信息中除了行驶里程外基本上都是不变的,只需要汽车维修服务企业维护好自己的客户档案,提前把信息调出来,避免出现错误。

1.3 建立客户档案

售后服务是现代汽车维修服务企业服务的重要组成部分。做好售后服务,不仅关系到汽车维修服务企业的利益,更关系到客户能否得到满意的服务。

要做好售后服务工作,必须要建立完整的客户档案。客户到公司进行维修保养或来公司咨询、商谈有关事宜,在办完有关手续或商谈完后,业务部应于二日内将客户有关情况整理制表并建立档案,装入档案袋妥善保管。

1.3.1　客户档案资料的内容

客户档案资料的内容包括客户姓名、地址、电话、送修或来访日期,送修车辆的车型、车牌号、维修保养项目,保养周期,下一次保养时间,客户希望得到的服务和车辆在本公司的维修保养记录。客户档案资料表详见附表1-8。

1.3.2　客户档案资料的作用

业务人员根据客户档案资料,研究客户对汽车维修保养及其相关方面的服务需求,找出下一次服务的内容,如通知客户按期保养、参加公司举办的联谊活动、告之本公司优惠活动和通知客户汽车免费检测等信息。

链接

汽车首次保养时的宣传

通过新车的首次保养(以下简称为首保),要让客户建立对汽车维修服务企业的信任。

汽车维修服务企业应该主动邀请客户参观维修保养的过程,并和客户探讨车辆保修政策和车辆养护方法,要让客户知道以养代修的用车理念,并按这个理念使用车辆和进行车辆的维修保养工作。

向客户解释车辆磨合期的相关知识,介绍客户车型的保修条件,同时要向客户介绍本公司能提供的服务项目,必要时进行一些精品件的推销工作。

与客户接触的工作人员要态度热情,说话真诚,要为客户利益考虑,给客户留下一个好印象。

宣传维修预约的优点和维修预约的联系方法。

1.4　预约服务人员的能力要求

1.4.1　观察能力

预约服务人员的观察能力主要体现在目光敏锐、行动迅速、善于察言观色。其目的是理解客户的主要需求,提供优质服务。

通过与客户接触,预约服务人员要发掘客户潜在的需求,了解客户的情绪、偏好、行为特点等,确保客户清楚此次车辆维修保养的内容,说明或推介有可能进行的其他服务项目。

1.4.2 沟通能力

预约服务人员应该具备必要的沟通能力,在与客户沟通时必须要有愉快的心情、发自内心的微笑和温馨的话语。

需要注意的是,事先要详细了解客户车辆档案记录,收集相关信息,缩短客户登记的时间,同时可以发掘客户潜在的需求。

(1)沟通的意义

沟通是为了一个设定的目标,把信息、思想和情感在个人或群体间传递,并且达成共同协议的过程。沟通的要素是要有一个明确的目标,达成共同的协议并交流信息、思想和情感。

沟通就是信息传与受的行为,发送者凭借一定的渠道,将信息传递给接收者,并寻求反馈以达到相互理解的过程。因此,预约服务人员或服务顾问要花大量时间与客户沟通以达成共识,同样,不能达成共识的情况有很大的比例是出现在沟通无效上。

(2)沟通时注意的问题

交流时,客户通常会发出不同信息,预约服务人员必须留心这些信息,切勿转换话题,错失良机,错过了关键时刻。

①积极的倾听。积极倾听的目的是理解客户的需求,站在客户的角度倾听,包容理解客户的各种情绪,站在客户的角度理解客户的感受,让客户感觉你们的立场是一致的,而不要感情用事。

倾听时注意力要集中,目视对方,经常点头表示感兴趣、理解或赞同。不要经常打断对方说话,但可以适当提问题,适当做记录,积极重复所听到的内容,询问客户意见。

②倾听过程中要注意身体语言。倾听客户说话时不要将手背在后面,不要将手插在裤袋里,不要拨弄手指、笔,不要抱膀、叉腰,双腿不要呈现稍息状。

③恰当的提问。用正确的提问方式可以了解客户及其车辆的有关信息,验证客户是否理解自己的意思,发掘客户的需求,恰当的提问能使预约服务人员处于主导地位。表示对客户的话题感兴趣,能尽快地与客户达成共识,找到解决问题的办法。

常见的提问方式及其优、缺点见表1-1-1。

表1-1-1 常见的提问方式及其优、缺点

提问种类	优点	缺点
开放式提问 范围广泛,不能用"是"或"不是"回答	引出对方兴趣; 改善气氛让客户感觉轻松; 获得更多信息	容易跑题、缺乏重点、浪费时间; 难以找到问题的核心
封闭式提问 回答"是"或"不是"	节省时间,答案明确; 容易控制谈话局面	客户有被盘问的感觉,可能产生新的冲突; 无法相互妥协,可能被拒绝; 只能得到一个信息"是"或"不是"
选择式提问 给客户两种以上方案,让客户选择	客户可以自行选择,感到有主动性; 所给出的选择范围可能正是客户需要的	如果选择范围不是客户需要的,可能会再次引起新的冲突
建议式提问 先设问,然后给出建议	总结、概括时多用	客户感觉被强迫,有压抑感; 有时会影响与客户的关系; 不宜经常使用

④交流语言要得当。使用的语言要符合客户特点(一般考虑客户的年龄、爱好和职业等因素),交谈时使用清晰简练的话语,话不要只讲一半。

沟通过程中不能使用"你好像不明白……""你肯定弄混了……""你搞错了……""我们公司规定……""我们从没……""我们不可能……"等话语。

⑤问题要解释说明清楚。对有些问题进行解释和澄清时,要告诉客户解决问题的步骤和方法。应该就事论事,不要说与本案无关的问题。例如,"这是小事一桩,发动机有问题才是大毛病,不都照样修好了吗?"也不要用猜测的语言,如"我估计是空气流量计的问题。"而应该说"有可能是空气流量计的问题,这需要进一步的检测之后才能确定。"

话术

保　养

1. 首保电话

"您好！请问是××先生/女士吗？我是××4S店的预约专员小徐,您于××年××月××日在我们店购买了一辆××汽车,我想了解一下车辆目前的使用状况。"

"首保有没有做过呢？目前行驶里程是多少？如果首保还没有做,请您记得在××日以前在我们店享受免费首保。"

(在得知客户已经在其他4S店做了首保的情况下)"好的,我们只是给您一个及时的提醒,欢迎您下次到我们店来做保养,祝您用车愉快！"

(在得知客户还没有做首保的情况下)"好的,请您一定要在××日以前来我店为您的爱车做首保,另外要记得带上保修手册,我们恭候您的光临。"

2. 定保电话

"您好！请问是××先生/女士吗？我是××4S店的预约专员小徐,根据我们的系统显示,您的××汽车现在需要做××千米的保养,不知道您现在已经行驶了多少千米？现在是否做了保养呢？请您及时为您的爱车做保养,我们4S店将为您提供热忱优质的服务。"

(在得知客户已经做了保养的情况下)"好的,我们只是为了给您一个及时的提醒,欢迎您下次来我们4S店为您的爱车做保养,好吗？祝您用车愉快！再见！"(待对方先挂断电话)

(在得知客户目前还没有做保养的情况下)"好的,欢迎您来我们4S店做保养,只是不知道您最近什么时候有空呢？我们恭候您的光临。"(待对方先挂断电话)

话术

关于服务项目的问题

"××先生/女士,您的汽车的行驶里程数已经到多少了？"

"××先生/女士,服务中还需要包括其他项目吗?"

"××先生/女士,您还有其他什么问题需要我们在服务中关注的吗?"

前车之鉴

歧 义

服务顾问小张询问前来更换润滑油的客户:"刘先生,我们现在正在开展夏季服务活动,请问您车的空调有问题吗?"

分析:说者的意图可能是"我关注您的爱车。""如果您愿意,我们可以提供空调的免费检测。""我想询问您车辆的空调是否有故障。""如果您需要其他修理,请告诉我。"

听者的理解可能是"他想借夏季活动之名,推销新的卖点。""他想让我多修理一些其他的项目,多挣我的钱。""他担心我的车空调有质量问题。""我的车可能是那批质量有问题中的一台。"

由此可见,由于说者没有清晰或完整地表述,听者就可能产生理解上的歧义。

(3)成功沟通的方法

①说服的前提条件。预约服务人员介绍本公司的概况和能够给客户的利益,使客户相信能够得到更省钱、省时、方便、舒适、安全、可靠的服务,如享受质量担保、VIP待遇、特色服务、保险代办、送达服务、年检代办、车辆租赁、车友会等服务。同时,通过自己的专业水平和实际情况,提出最佳的、为客户着想的、具有吸引力的维修方案。

②说服的风险。在对客户进行方案说明时,要避免说服的风险,如果预约服务人员所介绍的服务不是客户最需要的,或者在不具备说服力的前提条件下便去说服,客户可能会觉得预约服务人员只是想急于推销,怀疑其诚意。

③说服技巧。表示了解客户的某种需求是说服沟通的第一步,通过表述客户的需求,可以使客户愿意接受建议,使客户相信设计方案是为客户的利益着想的。

交流时要鼓励客户表达自己的想法,正确对待客户的疑虑。在处理客户的疑虑时要有诚意,真正同情客户在用车或服务上的不悦。只有理解和尊重客户的想法,才会收到好的沟通效果。

④确认内容。将听到的客户有关信息通过加工后再反馈给客户以表达理解。复述时要采用不同的词汇或表达方式,可使客户感到自己被理解,并愿意就这个话题展开进一步的讨论。例如,"我们刚才已谈到了……""让我们核对一下将要进行的维修保养内容和费用情况。"

⑤努力达成一致。沟通时与客户并排而坐而不是面对面坐,这样表示亲近无距离。对客户的不同意见要表现出友好的态度,对于情绪激动的客户要平和对待,绝对不要与客户发生争执。

为了避免沟通出现障碍,应该避免出现沟通过程中被别人打扰、沟通的环境吵闹、地点不合适、工作人员互相推诿、工作人员态度不好、工作人员缺乏充分准备和工作人员注意力不集中等情况发生。

正确对待客户的疑虑,要站在客户的立场上理解,与客户努力达成一致,应该主动去了解客户产生疑虑的原因。注意在表述时,只需表明自己能了解客户的观点即可,不要说类似的话:"您说得对。"或"不少客户都有相同的顾虑。"

面对误解,要了解误解产生的原因,要多从自己身上找原因,例如,"对不起,是我没有表达清楚。""对不起,是我理解错了。"

预约服务人员可以这样问:"是否有的项目我没有说清楚?""您是不是有什么顾虑?""您的想法如何?""除此之外,还有什么问题吗?""准备用这种方法进行,您看可以吗?""对于这个问题,我再稍微解释一下吧!""那么不着急,您可以再考虑一下,我随时……"不能这样说:"刚才我不是说过了吗?""如果您不听我的那么责任自负。"

由于客观条件的限制,预约服务人员不可能满足客户所有需要,但要坦率地面对,给客户留下良好的印象。在处理客户意见时要把焦点转移到总体利益上,重提之前已经接受的建议以便淡化客户的意见。例如,"下一步,我们将打印出汽车维修委托书,咱们共同确认后开始维修工作。维修时,请您到休息室休息,如果变速器拆开后需要更换零件,我会及时通知您。如果一切正常的话,我们会在××点维修完毕并把车辆清洁干净,向您移交车辆。如果您不在休息室休息,我们会电话通知您,您看行吗?"

1.4.3 处理抱怨的能力

客户抱怨的主要方面是对汽车维修服务企业的产品、服务和工作人员的负面评论。抱怨产生的原因主要有理解差距、程序差距、行为差距、促销差距和感受差距。

处理抱怨的原则是对客户的抱怨要表达足够的重视,对客户的抱怨表示理解,并且道歉(宁可为正确的原因道歉)。在处理抱怨时要保持平静友好,绝对不要显示出丝毫的敌意,不论是在言语上还是在肢体语言上都要格外留意。

待客户平静后,询问客户的意见,提供解决方案,注意在提供解决方案时不要自作决断,如超出自己的职权范围,要上报等待指示。如果抱怨升级,在换人或换策略处理时,要通知客户,并且一直跟踪到客户满意。

(1)处理抱怨的流程

①充分理解、用心服务。面对情绪激动的客户,服务顾问要保持心平气和,态度诚恳,让客户宣泄不满情绪,这是处理客户投诉的基本功。用心倾听和理解客户的感受,避免不了解情况就提出解决的方案。

②找出抱怨的原因。受理客户投诉时需要具备良好的心态,能够积极地与客户沟通,用心收集信息并分析得到客户抱怨的主要原因,在处理抱怨时要遵循有关原则。

③协商解决、处理问题。耐心地与客户沟通,取得客户的认同后,快速、简捷地解决客户投诉,不要让客户失望。

④答复客户。答复客户时应该向客户准确说明处理结果。

⑤跟踪服务。对投诉客户的跟踪服务是对处理客户投诉效果的检验,同时也是显示对客户负责和诚信的一种方式。跟踪服务的方式一般有电话、E-mail、信函和客户拜访等。

(2)处理抱怨的要求

处理客户抱怨时,要求工作人员具有分析问题解决问题的能力和团队合作意识,要有积极的心态,具有应变能力和挫折承受力。同时要求具有熟练的专业技能,敏捷的思维和敏锐的观察力,优雅的肢体语言等。

(3)处理抱怨的方法和技巧

当不得不说"不"的时候,一定要采用拒绝技巧,如采用"三明治技巧",即用两片"面包"把"拒绝"夹在中间,这两片"面包"是对客户说"我要做的是……"并且告诉客户"您能做的是……"

当向客户提出建议尤其是批评性建议时,为了让客户能接受,最好在表达自己的核心意见之前,先对客户的相关方面表示认同。意见表达完毕,别忘了给客户希望和鼓励,使客户保持信心和愉悦的心情。

①一站式服务法。是指受理人员从受理客户投诉、信息收集、协调解决方案到处理客户投诉的全过程进行跟踪服务。

②服务承诺法。面对各种各样的客户和不同种类的投诉,经常会遇到客户的投诉是受理人员不能当场解答或处理的情况。尽管不能立即对这些投诉做出一个满意的处理,但是要理解客户希望马上得到妥善解决的焦急心情,要给客户一个明确的承诺,承诺投诉处理的时间、预期的处理过程和结果等。

③补偿关照法。补偿关照法是体现在给予客户物质或精神上补偿关照的一种具体行动补偿方法,如打折、免除费用、赠送、经济补偿等。

④变通法。变通法是预约服务人员与客户之间寻找对双方都有利,并且建立在双赢基础上,特别是让客户感到满意的合作对策。

⑤外部评审法。是指在内部投诉处理过程行不通时,选择一种中立的路线来解决投诉的方法。外部评审机构一般是行业主管部门、行业协会、消费者协会和仲裁委员会等。

链接

沟通的技巧

1.沟通的定义

沟通是指为了达成共识,双方通过互动的方式进行双向交流的一种过程。

2.用心沟通

任何沟通技巧的应用,都应建立在真诚的基础上。真诚的沟通技巧可称为艺术,不真诚的沟通技巧可称为权术。

3.构成沟通的三大元素

(1)双方:表达方和受话方。

(2)双向:包括说与听的角色相互转换,换位思考,相互理解。即听者站到说者的立场上听,说者站到听者的立场上说。

(3)以达成共识为目标。

4.衡量一切沟通技巧的最高标准

要做到"说者,说到听者想听;听者,听到说者想说"。作为说者,如果说得对方不想听下去,说明表达已有问题,因此恐难达成期望的目的;作为听者,如果因为听的表现不好而使对方没有兴趣再说下去,说明倾听已有问题,因此当转换成说者时,恐怕对方也将难以接受甚至达成共识。

5. 如何做到"说到听者想听"

(1) 弄清楚听者想什么,说对方感兴趣的话题。例如,认同、赞美、鼓励、欣赏、关心对方的话;对方想了解的信息资料;对方期望听到的解决问题的方案,而非问题本身等。

(2) 以对方感兴趣的方式表达。例如,不批评、不指责、不抱怨,以友善的方式开始;保持热情、风趣、幽默;以提出问题代替批评或命令;保留对方的颜面,有相反意见时尽量不要当场顶撞。

(3) 在适当的时机与场合中说。在对方有需求的时刻,再推销自己的想法。表达的方式与内容要根据场合不同而作相应变化。表扬时请尽量公开,批评时请尽量私下。

6. 如何做到"听到说者想说"

(1) 认真地倾听对方谈话,不要轻易打断,不要急于发表自己的看法,尤其是不同的看法。

(2) 对对方谈话内容表示强烈的兴趣。当学会对别人感兴趣时,也会很容易吸引别人对你的兴趣。

(3) 听的时候要专注,不可一心二用。

(4) 适时鼓励对方继续表达。例如,适时加入一些类似于"好、行、对、是的、不错、太棒了、没问题、噢、是吗……"这样简短而肯定的话语。

(5) 保持积极倾听的肢体语言。例如,不时点头;不时目光与对方保持交流;有兴趣的眼神;保持微笑、专注、沉思等表情。

7. "三明治"法

当向别人提出建议尤其是批评性建议时,为了让对方能接受,表达者最好在表达自己的核心意见之前,先对对方的相关方面表示认同。意见表达完毕后,别忘了给对方希望和鼓励,以使其保持信心和愉悦的心情,不至于有被打击的挫折感。

直接式的批评也许并没有错,但容易使对方产生抵触情绪。因为为了达到让对方真正接受的目的,有比直截了当批评更好的方式,如"三明治"法,即"认同、欣赏、关爱、幽默感"与"鼓励、希望、信任、支持"夹着"建议、批评"结合使用。

尽量用表扬或鼓励结束批评。就像吃药,目的都是为了治好病,但为了让病人更容易吃下去,药的外面常常会裹上一层糖衣。

例1:批评某人迟到(如作为班干部组织同学开展活动时)

常见方式:"你怎么老是迟到,你什么意思呀?看来我不处罚你是不行了。我警告你,以后别让我逮着!"

"三明治"法:"你一向表现都不错,最近怎么啦,老是迟到?(听他解释)按规定应该对你进行惩罚,对我来说也是不得已。拜托以后别让我太难做了,好不好?(微笑、鼓励、信任的眼神,拍拍对方的肩膀)多帮帮忙。如果有什么困难,请尽管向我提出来,我一定尽力帮你。"

例2:向下属布置新的工作任务

常见方法:"各位,虽然上一阶段大家做得不错,但是希望大家不要有自满情绪。下一阶段任务将会更重,大家千万不要松懈,继续努力,完成任务。"

"三明治"法:"上一阶段的工作大家完成得很好,我们这个团队真令人自豪。按理,我本应该让大家好好休整一下,但是,下一项工作,我想更是一场硬仗。依现在的形势看来,正是考验我们持续作战能力的时候,我愿全力支持大家,将与大家一起继续并肩作战。大家有没有信心?"

建议:在学习、生活和工作中,请多试试用"三明治"法与人交流,然后再试着好好享受一下它的魅力。

(4)特殊客户的抱怨处理

①控制型客户

表现:这类客户通常表现为语言简短,直接找决策者解决,不回答问题,总在质问。

分析:这类客户一般比较注意形象,想要发怒,又有顾虑。同时不愿意耽误时间,希望直接找到决策者解决问题。

应对:尊重客户,多使用敬语,多作解释工作。重复客户说话的重点,让客户感到被重视。

②发泄型客户

表现:这类客户通常表现为不管问题与谁相关,只顾一味地发泄怨气,并且弄不明白其发怒的原因。

分析:这类客户此前已对其他人或某件事心存不满,想找个人出出气。

应对:给客户宣泄不满的机会,同时注意表示认同或体谅客户的感受,做出肯定的、正面的回应,同时找准机会转换话题,让客户一起参与做出决定。注意要勇于提问,小心聆听,找出答案。

③喋喋不休型客户

表现:这类客户话题多,或批评产品或批评服务,或自我吹嘘。

分析:这类客户是以畅所欲言为乐趣,寻求打败对方的满足感。

应对:保持冷静,避免闲谈。用问题来确定客户的目的,用问题来引导客户并取得主动权和控制权,提出建议并获取客户的同意。

④诸多要求型客户

表现:这类客户希望对产品与服务本身提供多项服务与选择,希望对产品的价格给予优惠。

分析:这类客户对产品有一定的兴趣,想得到其他人没有的优惠,客户根据以往的经验,知道有时候提出要求会得到满足。

应对:主动提供帮助,满足客户的合理要求。耐心聆听,了解其对产品与服务的态度,如不能按客户的要求办事,要礼貌地拒绝。

⑤期望值过高型客户

表现:这类客户由于对产品或服务的期望值过高,导致对产品或服务的质量不满意。产品按照国家技术标准已经是合格产品,但是客户对产品仍然不满意(如产品噪音的标准等),要求对已购买的产品进行维修、退换等。

分析:这类客户比较挑剔,对产品的质量和性能要求很高。

应对:详细、耐心地了解目前存在的问题,找出问题的关键,在使用方面提出建议。

1.5 预约服务的实施

1.5.1 预约后的工作

服务顾问根据预约日期和预约内容（车辆年审、保养或维修等），列出预约排班表并汇集成册。在预约保养时间临近时服务顾问应该做好相应的准备工作，及时通知客户，并登记在预约看板上，保证预约客户到来后第一时间享受服务。

(1) 预约前一天，服务顾问根据预约信息确认人员、工具、工位、备件等的准备情况。

(2) 服务顾问提前与客户电话确认，及时填写汽车维修施工单，并传递给相关部门。

(3) 根据维修项目的难易程度安排维修人员。

(4) 备件库管理员应根据汽车维修施工单中列出的备件，将预定的备件单独存放并做好标记。

(5) 若客户有变更或取消预约时，服务顾问应及时撤回汽车维修预约登记表。

1.5.2 提醒服务及预约确认

提醒服务是提醒员（指经销商处执行短信、邮件、电话提醒的人员，一般由客户关系专员担任，有时也可由服务顾问或信息员兼任）主动与客户进行联系并告知一些事项的服务方式。

1. 提醒服务的目的及方法

通过使用客户管理卡或计算机中存储的客户档案，向客户提供定期保养提醒等服务。通过提醒服务，刺激客户的需求或告知客户一些注意事项，提升客户满意度与忠诚度。

提醒服务多在发现客户可能存在的潜在服务需求或发布活动信息、注意事项提示等内容时使用。

提醒内容有换季、天气突变等提醒，节假日祝贺，信息发布（促销、服务活动等），保养提醒（根据客户车辆档案信息，向客户提醒下次保养时间及保养建议，对未实施保养的项目再次进行说明）和宣传预约等。

话术

提醒服务

"您的车辆下次保养的行驶里程是××千米，或日期是××月××日，届时我们会提前××周给您发去保养通知。"

"感谢您的惠顾，3日内我们还会对您的车辆维修情况进行回访，请问您3日内哪个时间段接听电话方便呢，联系方式还是打您现在这个电话可以吗？"

2. 提醒服务的基本原则

针对所有客户随时开展提醒服务,提醒的语言应该温馨简练,注意语气与措辞,禁止使用使客户产生压迫感的语言。

必须要有反馈联系方式。

禁止发布违背国家或地方各项法律法规的内容以及发布与事实不符或带有误导性质的内容。

3. 提醒服务的程序

(1)提醒员分析相关信息,准备提醒名单和提醒话题;分析客户档案,列出祝福名单;分析客户车辆维修档案,列出车辆即将到保养时间或里程的客户名单;查看汽车维修预约登记表中未满足预约的事项,落实目前是否可以满足,列出再邀请预约的名单;查看市场营销部门提供的促销活动信息,以及一些可利用的话题(如天气变化等)。

提醒话题一般包括:

①祝福类。分析客户档案,列出祝福名单,祝福对象除客户本人外,还可以是客户的家人;祝福内容除生日、节日外,还可以是对客户或其家人来说很重要的日子(如购车日、结婚纪念日等)。

②定期保养和首保类。通过客户管理卡或计算机中存储的客户档案,根据客户车辆上次保养日期和行驶里程,计算出下次定期保养日期和首保日期,列出即将到保养时间或里程车辆的客户名单。

如果客户有入厂保养的需求,则对客户进行临时预约,确认客户的入厂时间、保养内容及其他需求。

询问客户车辆最新的行驶里程并输入系统,并记录客户其他特殊需求。

③再预约类。查看汽车维修预约登记表中未满足预约的事项,明确目前是否可以解决,列出再邀请预约的客户名单。

④活动类。查看市场营销部门提供的促销活动信息,以及一些可利用的话题(如天气变化等)。

(2)提醒员对欲提醒客户的名单进行分类,确定短信或邮件、电话等提醒的客户名单。

(3)提醒员编写相应提醒短信或邮件内容并发送。

(4)提醒员拨打提醒电话进行再预约邀请。

(5)提醒员汇总本日提醒情况,备案在提醒业务报表(附表1-9)中。

1.5.3 客户预约后失约

如果预约客户迟到,是否安排实施预约工作内容要根据车间工作情况而定,若客户迟到时间不长,车间又有能力接受维修任务,且与后面的工作不发生干扰时,可以安排作业。一般这种情况只适用于刚开始预约的客户,鉴于现在客户的预约观念不强,可以对这部分具有预约意识的客户给予优惠,强调"下不为例",并且说明预约的重要性和优点。

1.6 如何做好汽车综合维修企业的业务接待工作

1.6.1 汽车综合维修企业的工作特点

(1)维修车型多。来厂进行维修的车辆情况比较复杂,有高档车也有中、低档车。

(2)故障诊断方法及维修方法不同。相同的故障对不同车型有不一样的诊断方法,并且维修保养的方法也不尽相同,所以对维修技师的要求也较高,一般难以找到这种胜任多种车型维修工作的多面手。因此有可能在维修质量和维修工期上与客户产生矛盾。

(3)维修技师"挑肥拣瘦"。由于工作报酬的原因,维修技师一般喜欢修高档车而不喜欢修中、低档车。

(4)配件难以保障供应。由于来厂进行维修的车型复杂,配件部无法配齐各个车型的常用零配件,会导致有的零配件供应不及时,使得在修车辆停工待料,影响工期,客户会产生不满情绪。

(5)保修期内的新车不会来进行保养,因为在特约维修店维修保养才能享受索赔的待遇。

1.6.2 解决办法

(1)由于汽车综合维修企业维修的车型比较多,一般在维修服务接待环节很难准确判断故障,建议使用问诊程序,即服务顾问(前台接待)主要负责客户接待和故障问诊,让车间主要技术人员(技术主管)配合服务顾问进行维修项目的确认。

(2)可以充分利用信息资源进行故障的判断。例如,联系几家维修厂或4S店进行故障信息的沟通,以便更快地解决问题,提高客户的满意度。

(3)重视客户接待流程的细化,对相关人员进行接待流程的强化培训,熟悉接待流程,提高接待水平。

(4)可以通过长期的零配件供应链来帮助解决零配件供应繁杂的问题,不宜把零配件的采购和前台的维修业务接待分离开来。

(5)重视新客户的发展,在事故车来厂、大客户来厂、熟人来厂等外,建议采取现代化的服务营销手段,发展新客户。

(6)对工资分配进行合理优化,引导维修技师不在维修车辆上"挑肥拣瘦"。

要点总结

预约服务是指通过汽车维修服务企业提供的预约维修服务,相关人员根据客户车辆信息进行诊断,初步判断车辆状况,约定维修时间并对预约内容进行充分的准备,从而减少客户在维修过程中的非维修等待时间且避免缺少零配件的情况发生,使客户车辆得到迅速、优质的维修。

预约是为了分流客户,合理分配企业自身资源,避免出现服务瓶颈;提前做好准备工作,提高工作效率。

预约服务人员必须具备观察能力、沟通能力和处理抱怨的能力。

预约流程及要求见表1-1-2。

表 1-1-2　　　　　　　　　　预约流程及要求

步骤 工作要求	准备工作	记录信息	确认车辆情况及估价	结束前的工作	统计和确认
责任部门:前台业务部　　　　责任人:业务接待					
工作标准	记录用具准备	及时接听电话,了解客户需求	预约结束前应与客户达成一致意见	提醒客户携带维修资料 推荐特色服务及促销活动 向客户致谢	预约结束后做好相关统计 确认所需零配件和维修工位
所需工具	预约电话登记表、常用零配件价格表、工时价格表、信息管理系统、维修进度看板				
具体细则及规范	准备好所需工具	礼貌、热情,及时接听电话	了解故障情况	提醒客户携带保养手册、行驶证、汽车维修施工单(如属于返修客户)、其他相关资料及文件	确认配件库存情况
	清楚可能的预约时段	了解客户及其车辆的基本信息	车辆相关数据(车牌、行驶里程等)	建议客户享受新推出的产品和特色服务	确定相应的维修计划
	最多3天的预约等待时间	根据客户需求判断是否需要外协服务	预约时间、费用估算 客户联系方式		
注意事项	将已预约但未实施的客户全部记录在案	及时接听电话;礼貌热情,语言规范;认真听客户讲述	与客户达成明确的意向;提供准确报价	若客户预约后迟到,按未预约客户处理;向客户提供维修保养建议	零配件短缺时及时通知客户
	预约等待时间要短	避免问可能令客户感到尴尬的问题	提供车辆维护保养建议	能够认识到客户的其他需求并满足这些需求	确定当日预约是否可以安排
		不要打断客户的谈话	对客户提出的问题尽量答复		确保客户的车辆问题能够解决

课后练习

〔课后案例〕

汽车首保提醒

某客户的车辆的保修期限还差一个月到期,但行驶里程数已超过了规定的里程数,不能享有免费保修。在对该车辆检查时发现曲轴后油封漏油,与客户协商后,材料费由客户承担,工时费给予减免。但随后又发现发动机后支架破裂,由于后支架价格较高,此时客户不肯承担这部分费用,而是强调后支架质量有问题。工作人员向客户解释造成后支架破裂的原因除了质量问题外,还有可能是在换挡,加、减速或行驶中受到外力冲击引起发动机振动,而且后支架是橡胶件,达到一定的疲劳强度后就会破裂。但客户无法接受,于是产生纠纷。

问题:出现发动机后支架破裂属于谁的责任?遇到此类问题应该如何处理?

〔课后阅读资料〕

1. 汽车保养DIY

保养DIY(Do It Yourself的缩写,即自己动手做)是一种取得客户理解的新方法。只要做好燃油、发动机润滑油、变速器油、制动液、方向机油、发动机冷却液、挡风玻璃清洗液、蓄电池电解液和轮胎的基础保养,就可以有效提高汽车的完好率。

汽车保养是很重要的事,即使对于一位定期会去做汽车保养的客户而言,也会隔5000千米或半年才会进保养厂,在这段时间内,还有许多基本的保养和检查可以自己去做,主要内容如下:

(1)燃油

检查方法:经常查看燃油表,了解油箱的燃油存量。

注意问题:千万不要让燃油表到底了再去加油。

现在的车辆都采用电动汽油泵以及油量电子感应器,要注意让它浸泡在汽油里散热,所以不要超过底线才去加油。

(2)发动机润滑油

检查方法:隔几天检查油表尺,查看发动机润滑油的液面高度及质量。

注意问题:一般而言,发动机润滑油的消耗量并不大,足以度过两个保养之间的时间,但是在夏天由于天气炎热,发动机润滑油的消耗量会比平日高一些。

如果在日常的检查中发现发动机润滑油内有杂质或燃油味,以及排烟呈现淡蓝色,就表示发动机相关部件异常,可能出现异常磨损,应尽快进厂检修。

(3)变速器油

检查方法:当更换发动机润滑油时,也要顺便检查变速器油。

由于检查过程较烦琐,应该请专业人士处理。为了测量精确,变速器必须挂入空挡,发动机以急速运转,并将车停在平坦的地方,且油液必须运转至80~93 ℃的工作温度。

注意问题:油液过多或过少时,都可能损害变速器。油液过多可能会造成机件运转阻力过大,或者会使变速器油起泡变质而导致机件不正常磨损,因此检查变速器油时,务必测量精确。

(4)制动液(刹车油)

检查方法:打开发动机机舱盖,查看制动液壶的液面高低,只要不低于下限即可。

注意问题:在未检查制动液液面高度时,不可添加制动液,以免添加过量而使制动液喷洒至发动机高温部件,导致机件腐蚀甚至起火燃烧。如果制动液中产生了气泡,或制动液变脏,就表示制动液已经变质,请尽快更换,以免制动液沸点降低产生气泡,使制动效果变差,发生危险。

(5) 方向机油

检查方法：当发动机冷却下来，将加油盖及储油筒顶部擦拭干净，将方向机油储油筒盖旋出，并且用无纤维干净纸巾将油尺擦拭干净，然后再装上储油筒盖并锁紧，锁紧后再打开储油筒盖抽出油尺，检查油面。

注意问题：加注或更换方向机油时，必须使用符合要求的方向机油，若使用不当，会导致方向机受损。

(6) 发动机冷却液

检查方法：可在储液罐内检查发动机冷却液的存量。

发动机冷却液中有防冻液，可以降低发动机冷却液的凝固点使之不容易结冰，同时也可提高其沸点。因此在夏天使用时，可以减少发动机冷却液的蒸发，增强发动机的冷却效果。此外，防冻液具有防腐蚀的作用，可避免冷却系统腐蚀，同时也有润滑作用，润滑水泵的运动部件。

注意问题：当发动机和发动机冷却液过热时，取下水箱盖可能会使蒸气及冷却液喷出，故此时切勿打开水箱盖，应该待发动机温度降低后再打开盖子。

(7) 挡风玻璃清洗液

检查方法：可在储液罐内检查挡风玻璃清洗液的存量。

注意问题：最好用专用的挡风玻璃清洗液，仅用清水洗刷挡风玻璃效果并不太好。

使用浓缩挡风玻璃清洗液时，应按照厂商指示加入适量的水。气温很低时，挡风玻璃清洗液不要加得太满，留下一点空间作结冰时膨胀用，以免储液罐受损。

(8) 蓄电池电解液

检查方法：若是免维护蓄电池，就不需要补充电解液。若是普通蓄电池就需要检查和补充电解液。特别是在夏季炎热地区，电解液会蒸发得比较快，因此每到夏季就要勤检查，以防电解液过少对蓄电池造成伤害，降低蓄电池的寿命。

注意问题：靠近蓄电池时，请勿使用明火照明，以免产生爆炸；如果需要照明，请使用手电筒等安全电源。

(9) 轮胎

轮胎应在使用 6000～8000 千米后检查是否有不正常磨损并检查前轮定位，定期检查轮胎气压（胎压）。

若轮胎使用与保养不当，可能产生的危险如下：

- 超载时可能使轮胎过度摩擦而爆胎，所以要注意轮胎的最大负荷量；
- 胎压不足或过大，都会造成轮胎的不正常磨损；
- 使用破旧轮胎可导致意外，胎纹可能因车轮行驶过久被磨平，应尽快换掉旧胎。

注：驾驶室车门后端有一张印有标准胎压的标志，此为轮胎冷却时的压力，即停车至少 3 小时或行驶不超过 1.6 千米时测得的压力。

一个月至少检查一次胎压，检测时要用胎压计，仅用目视方法是无法准确判断胎压的。若发觉轮胎不正常磨损，或车子向一边跑偏，则应做四轮定位检测；若在平坦道路高速行驶时车辆振动较大，则需要对车轮进行动平衡检测。

平时要注意检查备胎的胎压，保证备胎状况良好，以便需要使用备胎时可以随时更换。

2. 电话礼仪

(1)将微笑融入声音。与客户电话沟通时要坐姿端正(有助于清晰地发音),要有喜悦的心情,面带微笑。通话过程中绝对不能吸烟、喝茶、吃零食;结束通话时,要礼貌地让客户先结束通话。

接听电话要注意在电话铃响三声之内接听,礼貌地问候对方,介绍公司、部门和自己,例如,"您好!××特约店/服务站/汽车维修服务公司!我是××(职务)××(姓名),很高兴为您服务!"

拨打电话时注意第一声问候,"您好!我是××特约店/服务站××,××(职务)××(姓名)。"

(2)适当的音量、音调和语速。口与话筒间保持适当距离,适度控制音量,以免音量过小听不清楚而产生误会,或因音量过大让人误解为盛气凌人;使用普通话交谈,语音悦耳,吐字清晰。

(3)倾听。在通话过程中不时地用"是的""我明白"等简短的话语,表示正在倾听。

对方讲话听不清楚时,使用适当的语言进行反问,例如,"对不起,刚才没有听清楚,请再说一遍好吗?"避免使用"哦""啊""什么"等语气词。

(4)服务内容介绍要熟练,专业术语要准确。注意减少使用或不用缩略语和过于专业的用语。

(5)转接电话需要用专业的方式进行转接。首先礼貌地问候对方,介绍自己的公司、部门和本人;询问呼入者姓名和将电话转给谁;当电话是由接线员转入时,只需介绍部门和本人,不需要介绍公司。

不要突然转接电话,转接前要说"请您稍等,我将帮您转给××先生/女士"之类的礼貌用语。

在转接电话前,要先与第三人(第三人是指电话被转接到的那个人)确认,同时告诉第三人呼入者的姓名。在确认了第三人可以接电话后再转电话,并礼貌地告诉呼入者正在转接。在确定对方已经与要找的人通上话后再把电话挂断。如果贸然转接电话,会使客户不清楚与之交谈的人是谁,不得不重新介绍自己;也会使第三人不清楚与之交谈的人是谁,不得不重新开始对话。

如需暂时离开电话去找对方要找的人时,用静音或音乐按钮将对话隔离;将电话放在柔软的平面上,不要置于接待台或坚硬表面上。如果对方要找的人不在时,应主动要求替对方留言。注意不要说你的同事"外出吃午餐""正忙""我不知道他在哪里"而要用正面的语句。如果对方不知道应该找谁时,要问清楚是何事,想办法找相关人员解决,不要让对方有被推诿的感觉。

要立即接听无人接听的电话,如果对客户来电置之不理会使客户不满意。以下简单列举了接听电话时的礼貌用语,仅供参考。

"您好!这里是××公司!"

"您是找××吗?好的,我马上给您转过去。"

"请稍候,我将为您转接。"

"对方占线,请您稍等一下,马上再为您转接。"

"您是找××吗？好的,我马上帮您找一下,请您稍等。"

"他现在不在,我可以帮您留言吗?"

"他现在不在,如果方便,我可以为您效劳吗(在对方已经知道你身份的前提下)?"

(6)电话记录

准备好记录用的笔和便笺簿(使用便笺簿而不是未装订的零散纸张,否则容易遗失);将电话放在不用来写字的那只手旁边,将便笺簿放在用来写字的那只手旁边。

如果是主动向外拨打电话,应先整理好通话要点后再拨打;如果是接听对方电话,要用5W2H(或6W2H)原则记录要点。为避免出错,应适时重复,注意近音字。

接听无人接听的电话可以提高客户满意度。接听无人接听的电话时,要礼貌地问候对方;作自我介绍;向客户解释他(她)要找的人暂时无法接听电话,主动向客户提供选择：留言、呼叫或回复电话等;如果客户留言要按5W2H(或6W2H)原则记录重点,最后要与客户确认,感谢客户并等客户先挂断电话。

(7)结束通话

善于从对方的语气、语调、语言中发现对方即将结束通话的意思。例如,在一件事情陈述完毕后,对方出现几秒的沉默;结束通话前,简要重复刚才通话的要点。用适当的语言提示对方挂机,如"还有其他我可以为您效劳的地方吗?"最后礼貌地结束通话:"感谢您的来电,再见。"

3. 如何缩短客户非维修等待时间

排队等待服务是客户经常碰到的事情,也是每个汽车维修服务企业必须面对的问题。客户等待时往往会有所抱怨。使客户等待时间过长的原因一般是等待办理业务、没有事先预约、保养项目繁多或其他客观原因。

等待时间过长不仅影响客户的服务体验和服务评价,也直接影响汽车维修服务企业的成本和收益,因此不能忽视排队等待现象的存在。

汽车维修服务企业需要了解客户在等待服务过程中的心理感受,采取针对性的措施,做好客户等待过程中的服务工作。

人们对时间的心理感知与实际时间的长度往往是不一致的。客户在等待服务时,他们对等待时间的心理感知一般来说要比实际等待时间显得更长。所以,客户的服务体验往往不是从享受服务开始的,而是从等待服务开始的。汽车维修服务企业不但要提高工作效率,减少客户等待时间,而且要解决好等待服务时客户的心理感受。

(1)做好硬件设施与环境建设

客户为了缩短保养的时间,会提前来排队等待,就是想减少等待时间。

对于客户而言,客户等待往往意味着经济成本提高或经济价值的损失;对于汽车维修服务企业而言,客户等待既意味着赢利机会的损失,又意味着有赢利机会可发掘。

在客户等待时,汽车维修服务企业要用积极的方式去填充客户的等待时间,可以用设置舒服的座位、布置优雅的环境、播放舒缓的音乐、摆放书籍报刊和提供可口的饮品等方法舒缓客户等待时的焦虑。

通过上述措施,让客户感觉到服务已经开始。一旦客户开始接受服务,客户的焦虑程度就会大大降低。

(2)设计排队系统

为了保证"先到先服务"的排队规则顺利进行,可以由专人负责协调、发号。另外还要设计优先服务规则,即预约优先。在优先接待预约客户时,必须向正在排队的客户解释清楚或是在预约欢迎板上标出;或者单独开出一条预约通道,将预约客户与现场排队的客户分开。

(3)提高服务效率

提高汽车维修服务企业的工位利用率;提高客户车辆的维修效率(时间利用率)。

(4)使客户度过愉快的等待时间

客户在等待车辆维修过程中,要告诉客户"您只需去享受等待的时光,我们服务完毕后第一时间与您联系。"时间在享受中度过,就不会觉得等待时间太长。利用"等待时光换取免费服务"的概念,让客户在等待的时间内得到一些免费服务。

〔思考题〕

1. 调研了解汽车维修服务企业的维修保养工作量高峰和低谷出现的时间。每天、每星期、每月和每年的高峰和低谷出现在什么时候?维修保养工作量高峰和低谷对汽车维修服务企业的服务质量有什么影响?如何解决?

2. 汽车维修保养预约的作用是什么?

3. 汽车维修保养预约的方式有哪些?各有什么特点?

4. 与客户沟通时要注意什么?

情境 2

接 待

导入案例 ▶▶▶

保修接待

(接【导入案例 1-2】保修预约)赵先生上周与××4S店电话预约本周二8点30分进行首保,同时解决刮水器异响的问题。

周二赵先生驾车按时来到××4S店,但他不知道应该从哪个地方把车开进维修车间。他试着从主入口处把车开了进去。到了停车场,他好不容易找到维修入口,将车开到了维修车道。

尽管已经到了8点30分,但是在他的前面已经停了好多等待维修的车辆。穿着工作服的4S店工作人员拿着单据、车钥匙、电话和记录板忙碌着,但没有人理会赵先生。

过了几分钟,有一位工作人员走了过来,赵先生说:"我已经预约……"这位工作人员打断他的话,说道:"我只是过来检查一下你的车,服务顾问一会儿就过来。"

那位工作人员拿着记录板围着车转,检查了里程表和车牌号,然后把信息记在一张纸上。

"请问您贵姓?"

"免贵姓赵。"

"您来进行什么服务?"

"第一次保养。"

"好的,您的服务顾问很快就到。"他从笔记板里拿出一张单据,压在了赵先生车辆的刮水片下面后转身离开。

赵先生靠着他的车耐心等着,无意中发现车道边的墙上有些刮擦痕迹,车道边还有一个装满垃圾的垃圾桶,旁边还散落着一些垃圾。在通往等待区域的门上仍显示着"关闭"的标志,外面的填单台看起来又脏又乱。这时终于有一位工作人员走了过来。

"早上好,先生,我是服务顾问××,有什么可以为您效劳的吗?"他从刮水片下拿起检查单据边看边说。赵先生回答道:"我来是想进行第一次的常规保养。"

"好的,我们会处理好的,请过来,我们一起填完这张表。"

【问题】

(1)从此案例中找出该4S店存在的问题。

(2)指出此案例中服务顾问做得不规范的地方。

(3)服务顾问正确的做法应该是什么?

【结论】

服务顾问应具备一定的汽车技术知识、生产组织能力、沟通能力和团队合作能力。接待过程通常由服务顾问完成,对于较复杂的故障,应该通过车间技术人员进行诊断。

服务顾问要以礼貌和友好的态度和方式接待客户,介绍自己并弄清客户的要求。

服务顾问要有干净、整洁的外表,并佩戴客户容易看到名字的徽章。

汽车维修服务企业的服务环境要好。

学习目标及要求

掌握维修接待工作必备的礼仪和知识技能,掌握维修接待的标准和流程。

学习内容

客户到达汽车维修服务企业后,服务顾问等相关人员必须按相关要求接待客户。不但要高质量地完成客户车辆的维修保养工作,还要用优质的服务使客户满意。

通过接待礼仪、沟通技巧的学习,提高接待质量。通过与客户的交流,了解客户的需求,为后续工作打下良好的基础。

2.1 维修接待的目的和要求

2.1.1 维修接待的目的

汽车维修服务企业同时服务两个对象,即汽车和客户。因此,汽车维修服务不仅要求维修质量好、价格低、维修周期短,而且还要求对客户有良好的服务态度、良好的服务技巧和良好的服务环境,用优质的服务,提高客户的满意度。

在服务顾问的接待工作中要充分体现优质服务的理念,一位好的服务顾问在方便客户、给客户一个好心情的同时,还应该在与客户的交谈中知道客户的需求,更好地为客户服务。

服务分为有形服务和无形服务两种。有形服务是为客户提供的在有形产品上所完成的活动;无形服务是为客户提供的在无形产品上所完成的活动,如知识传授、信息传递等。服务通常是无形的并且是在供方和客户接触面上至少完成一项活动的结果。

服务顾问是客户与汽车维修服务企业之间的桥梁。服务顾问除了熟悉各类汽车维修检测作业内容外,还应该能及时为客户提供咨询服务,对所要进行的工作做一个概述(因为服务顾问心中存有最大的不确定感,不知道以后会发生什么事情,因此最好的解决办法是向客户预先说明可能会发生的事情),对进行维修的车辆主要负责交接检查,通过与客户沟通,对维修车辆做出基本故障判断(或协助进行故障诊断),制订维修方案,安排生产。服务顾问在接待工作中还要注意为客户提供增值服务和附加服务;告知客户估价、结算方法及维修工期,与客户签订维修合同,并向客户做出相应的解释。

链接

关键时刻

满意度研究中有一个非常重要的分支称为关键时刻研究,在以人为主的服务中经常使用该技术作满意度研究。20 世纪 80 年代,北欧航空公司卡尔森总裁提出:平均每位顾客在接受其公司服务的过程中,会与五位服务人员接触;在平均每次接触的短短 15 秒内,就决定整个公司在乘客心中的印象。

与顾客接触的每一个时间点即为关键时刻,服务人员的外表、行为和沟通三个方面是影响顾客忠诚度及满意度的重要因素,给人的第一印象所占的比例分别为 52%、33% 和 15%。

2.1.2 维修接待的要求

服务顾问是汽车维修服务企业的代言人,是客户与企业之间的桥梁。通过他们可以向客户提供企业的产品和服务信息,以及优质的服务,为企业争取更多的忠实客户。

服务顾问对客户和客户车辆的服务是在接待客户开始到车辆出厂的一整套的工作流程中体现的。作为汽车服务接待人员,不但要文明礼貌,仪表整洁大方,主动热情,还要有专业的服务水平。在车辆检验的基础上,站在客户的立场,建议最佳维修项目,并且要与客户达成共识。

服务顾问必须具备三个要素,即态度(诚实、谦虚、微笑、信赖感、亲切感等)、技巧(表达技巧、提问技巧、倾听技巧、诊断技巧、顾客应对技巧、电话沟通技巧等)和知识(车辆知识、顾客知识、市场知识、关于服务的话题知识、心理学知识等)。

只有具备了这三个要素,才能使客户对服务工作满意,对服务顾问充满信心,客户才能相信汽车维修服务企业能解决他们车辆的问题。只有做到了这些,才能满足客户的需求,提高客户满意度,使客户成为汽车维修服务企业的忠实客户。由此可知,在维修接待过程中对服务顾问的要求如下:

(1)规范的礼仪。要求是:统一着装,佩证上岗,仪容端正,礼仪规范,态度乐观热情,语言文明;主动迎接客户并问候,了解客户需求,如"您好!请问有什么可以帮助您?"对新

客户还要递交自己的名片,并作自我介绍;客户在接待厅或休息厅坐下等候时,应主动倒茶,并示意"请用茶"。

(2)熟悉工作流程,有一定的组织能力。要求是:懂得尊重人,善于团结人,善于沟通协调,有组织指挥团队行动的能力;做好物品及程序准备,如名片、电话、护车套件、接待系统、派工系统、客户档案及维修记录、车间人员安排、所需配件状况以及其他资料等。

(3)规范的操作。要求是:在车辆检查时要爱护客户的车辆,应使用座椅套和脚垫等防护用品。具有汽车维修保养专业知识和一定的动手能力,对本企业的生产流程和生产能力有比较深入的了解;懂得量化检查结果,会制作各种统计图表。向客户提供适当的维修建议。掌握车间的工作进度,确认维修保养车辆的工作是否顺利完成;适时地向客户报告维修保养的进度。协助客户完成结账程序并礼貌地送客户离开。

(4)与相关部门进行有效沟通。要求是:了解零配件的库存情况;了解财务部付款方式和发票名称等;了解维修部维修进度、保修期政策、客户车辆的维修内容及技术解释;了解接待部客户回访信息和客户预约情况。

(5)正确的客户问询记录。要求是:仔细听取客户叙述的问题,并详细记录;对客户的需求重复确认,并让客户确认无误后签名。

2.2 维修接待的流程

2.2.1 做好准备工作

(1)做好接待管理准备工作。下班前准备好文字资料和相关工具,对当天车间维修车位状况、第二天的预约维修情况和遗留工作等都要详细做好记录。如果由于费用或作业时间使预约发生变化,则应该及时联系客户,向客户解释原因。

根据预约登记表上的资料,与客户进行电话确认,具体内容见预约确认单(附表2-1),落实备件、工具、工位和技术方案。在服务通道准备预约客户的欢迎牌,欢迎预约客户的到来。

(2)查阅预约客户档案资料和预约登记表内容,较全面地掌握其车辆状况,草拟汽车维修施工单,预估维修工作范围和费用;必要时应打印出来,便于和客户或维修技师一同进行车辆故障诊断。

(3)对召回维修或返修的车辆,要做标记,特别关注。注意确保零部件供应,如果需要应该提前领取出来。

(4)通知、协调有关部门的人员(车间、班组、备件、接待、资料、工具等相关人员)做好准备;提前一天检查准备情况(技师、备件等);协调车间,根据维修项目难易程度合理安排维修技师;协调车间制订技术方案。

(5)若客户需要代驾车辆,应该提前准备好。

2.2.2 引导停车

客户车辆进入公司大门(或车辆报修停车区),停车区服务员(或外勤客户服务员、服务顾问等)应主动出迎致意(如是雨天需为客户准备雨具),并引导客户将车开到接待区域(需要时可以指挥客户停车,用手势指挥和语言提示,如"请这边停")。待车辆停好后,走到客户车辆驾驶室一侧向客户微笑点头,当客户走出车门或降下车窗玻璃后,应先主动向客户问好,表示欢迎,如"欢迎光临!""您好!欢迎光临××公司。""您需要什么服务?"询问客户如何称呼(若是熟悉客户此程序可省略),同时作简短的自我介绍。

提醒客户下车,如"麻烦您下车,如果车内有贵重物品,请随身携带。"

注意,如客户车辆未停在公司规定的车位,应礼貌引导客户把车停放到规定车位。若为事故车辆,则引导至事故车辆停车区。

服务顾问在从客户手中接过车钥匙后,应将标有客户车牌号及停车位号的钥匙牌连在车钥匙上,方便找到车辆。

2.2.3 了解来意,合理安排

简短问明客户来意,了解客户需求。

(1)若是简单咨询的客户,可当场答复,然后礼貌地送客户离开并致意,如"请走好!""欢迎再来!"若不能当场答复客户,则引导客户去相关部门。

(2)若不是维修而是办理其他事务的客户,则应带领客户至相关部门。

(3)若是维修预约的客户,应尽快问明情况与要求,填写汽车维修预约登记表,并呈交客户,同时礼貌地告之客户记住预约时间。

(4)若是车辆需要进行诊断、报价或维修的客户,应征得客户同意后进入接待厅商洽;如需进行车辆检测,则先请客户在接待厅休息,待工作人员检测诊断后,再与客户商洽。若维修保养工作内容简单,则可以当场填写汽车维修施工单或汽车维修预约登记表,按要求办理相关手续。

(5)若是新客户,还应主动向其简单介绍公司维修服务的内容和程序。

话术

"您好,欢迎光临!"

"请问先生/女士怎么称呼?"

"××先生/女士,您好!我是××,很高兴为您服务。"

"请问您是否有预约?"

"让我查询一下您的预约资料吧!"

"您是预约××点××分进厂。"

"我们立即优先帮您处理。"

"建议您下次预约,可以减少等待时间,待会我给您一张名片,名片上有我们的预约专线:××。"

2.2.4 洽谈厅或休息厅接待

心理学家的研究表明,一个人只有十秒钟左右的时间给别人留下自己的第一印象。第一印象的产生主要来源于对一个人的仪容、态度、言谈举止和谈话内容的评价。服务接待人员必须给客户留下良好的第一印象,用诚恳的态度和饱满的精神获得客户的信任,让客户认为服务接待人员可以为他们解决问题,放心地交付车辆。如果服务接待人员给客户留下不良的印象或令客户不满意,则会让客户失望,有可能使客户流失。

据相关研究表明,客户对服务接待人员的第一印象中,各要素的构成及比重约为:仪容(穿着、发型、服装等)60%;态度(问候、姿势、肢体语言等)20%;言谈举止(使用词汇、语调、脸部表情等)15%;谈话内容(实质内容、心口如一等)5%。

由此可见,客户对服务接待人员的第一印象中,有约80%是来自仪容和态度。因此工作中要注意随时检查自己的仪容和态度,给客户留下良好的第一印象。

客户不仅对服务接待人员的服务态度和水平有要求,而且对公司的环境也有要求。因此,要求业务洽谈厅或休息厅为客户营造一个舒适的环境,使客户处于舒适区内。

主动、热情地接待客户,可以降低客户的焦躁与不安情绪,增强客户信心。整洁的环境、良好的设施、专业的工作人员、规范的操作将会使客户产生好感,建立起对企业和工作人员的信任。

不仅洽谈厅或休息厅要有整洁的环境、良好的设施和优质的服务,为客户营造舒适区,而且还需要引导客户进入舒适区。客户进入洽谈厅或休息厅时,要礼貌地给客户让座,客户坐下等候时,按客户的要求送上一杯饮料,并向客户示意"请用"。

链接

舒适区

舒适区又称为心理舒适区,是指一个人所表现的心理状态和习惯性的行为模式,人会在这种状态或模式中感到舒适。

舒适区是人们的心理状态和精神状态。当人们感觉到处在固有的习惯、观念、行为方式、思维方式和心理定式中时,便会处在一个只属于自己的心理舒适区内。

在舒适区内,每个人都会觉得舒服、放松、很有安全感。一旦走出这个区域,人们就会感到别扭、不舒服,或者不习惯。例如,习惯了右手写字的人,让他用左手写字则会很不舒服。也就是说,在他的舒适区内,他只能使用右手写字。

舒适区是可以变化的,而且人与人之间的舒适区差异极大。人们对于舒适区的改变有着一定的适应性。例如,刚买来的鞋穿着有些夹脚,穿了一段时间以后就会开始感到舒服了。

舒适区也会影响绩效管理,制订具有挑战性的目标,意味着突破舒适区。心理学研究表明,走出舒适区进入新的目标领域会增加人的焦虑程度,从而产生应激反应,其结果是提升了人的专注程度。新的目标领域会促使人们构建新的舒适区,这个区域称为最佳表现区。在这个区域中,人们的工作表现将会得到改善,并且工作技巧也会被优化。

无论个人还是企业,如果设定了新的目标,就必须离开原有的舒适区,必须挑战原有的能力结构、资源范围、智力水平和知识水平,也就意味着构建新的舒适区。

舒适区与情绪管理也有关系。从情绪管理的角度看,舒适区也意味着情绪的表达方式和宣泄方式。每一个人表达喜悦、快乐、委屈、愤怒、恐惧、怨恨、悲伤等情绪都有其特定的方式,这些特定的方式都属于舒适区的范畴。

2.3 维修接待的礼仪

2.3.1 具体的接待礼仪

服务顾问是直接与客户接触的,代表着汽车维修服务企业的形象,服务顾问的语言、衣着、举止及接待大厅的环境决定着客户对汽车维修服务企业的最初印象和信赖程度。因此,汽车维修服务企业对服务顾问的素质及工作能力的要求是较高的。

1. 规范的仪容仪表

男性服务顾问的仪容仪表要求是:头发为短发,保持清洁、整齐,禁止染色,可用摩丝或啫哩定型。每天刮胡须,保持面部清洁。眼睛不要有眼屎,尽量保持神采奕奕。注意整理鼻毛,不要当众挖鼻孔。保持耳朵清洁,禁止带耳饰。口腔应该清洁,无口臭,无食物残留物。指甲要经常修剪并保持清洁。衣着整洁,领口、袖口无污迹,衬衫领高于西服领约1.5厘米,衬衫袖口长于西服袖口约1.5厘米。领带紧贴领口,领带长度以刚刚盖过腰带扣为宜。一般西装长度以能盖住4/5臀部为佳,西服口袋不放物品。皮鞋光亮,着黑色或深色袜子,裤长以能盖住2/3鞋面为佳。全身衣着颜色在三种以内;不得在制服上加穿其他衣服。在左胸前佩戴工作牌。

女性服务顾问的仪容仪表要求是:头发梳理整齐,长发尽量梳起,露出双耳,保持发型发色文雅、庄重,发饰以不夸张为原则。开朗的表情,化妆以清淡自然为原则。不喷味道浓烈的香水。饰物简洁庄重。勤剪指甲并保持清洁,不涂颜色鲜艳的指甲油。裙子长度不得短于膝盖、宽度不宜太窄。应着无花纹肉色丝袜,无破洞。鞋子光亮、清洁。全身衣着颜色在三种以内。不得在制服上加穿其他衣服。在左胸前佩戴工作牌。

2. 恰当的肢体语言

(1)保持微笑。微笑是一种国际礼仪,能充分体现一个人的热情、修养和魅力;微笑可以感染客户、激发热情、增强亲和力。

(2)传神的眼神。公关交际活动中人们的眼神会受到文化的严格规范,即眼神礼仪的制约,如不了解,在公关交际活动中会失礼。

> **链接**

凝视三角区

与陌生人谈话时,不能不看对方,也不能长时间凝视对方,否则将被视为一种无礼行为。

长时间注视(眼睛注视对方的时间超过整个交谈时间的60%)和注视时间太短(眼睛注视对方的时间低于整个交谈时间的30%)都是失礼的注视。

在目光注视的过程中要根据与交流对象的关系亲疏、距离远近来选择目光停留或注视的区域,正确的眼神礼仪如下:

- 眼睛看对方眼睛到嘴巴的"三角区(社交凝视区)",标准注视时间是交谈时间的30%~60%,这称为"社交注视"。
- 与很熟悉的对象交谈时,宜用眼睛看对方眼睛到锁骨的"三角区(亲密凝视区)"。
- 谈公事时宜用眼睛看对方眼睛到额头中心的"三角区"。
- 眼神动作指眼睛的转动,眼睛转动的幅度与快慢要合适。眼睛转动太快表示不诚实、不成熟,给人轻浮、不庄重的印象;眼睛转动太慢则显得没有活力、笨拙。

(3)优雅的站姿。头部抬平,下巴稍向后缩,但避免出现双下巴;脖子同脊椎呈一直线;胸部挺起;脊椎挺直;收腹;臀部与肩膀平行;膝直而放松。

(4)礼貌问候及规范行礼。问候时应该主动热情;视线不分散;保持自然、明朗的表情;客户进入营业厅时应面带微笑,行鞠躬礼(鞠躬约45°,头与上身始终为一直线,视线自然向前,不要探头)并致问候,如"您好!欢迎光临××维修店!""我是××(职务和姓名),很高兴为您服务!""感谢您的光临!""欢迎您下次光临!再见(再会)!"

向客户行礼前,双手自然下垂、空握;脚跟并拢,脚尖呈V字形分开;女士双手自然交叉搭在小腹前,右手在上,左手在下;男士双手自然搭在小腹前,左手在上,右手在下。站立时女士右脚稍稍向后退半步,双脚呈V字形或人字形;男士双脚分开,双脚与肩同宽。

(5)规范的坐姿。上身正直,胸部向前挺,双肩放松平放,躯干正对前方,目光平视面带微笑。以行礼前的站姿站立在座椅前,一只脚后退感知座椅,向一侧后方回头看座椅边坐下(女性可用一只手向下顺势扫裙后边,一只手轻轻按裙前吊边,以免后面皱褶、前面抬起)。坐下时坐满椅面的2/3,伸直腰,头部与上身仍保持行礼前的姿态。女士双手自然交叉搭在大腿上,右手在上,左手在下,穿短裙时压住裙褶边缘;男士双手自然搭在大腿上,双手空握。

记录时双手自然交叉放于桌面,一手执笔,一手扶纸,经常与客户保持视线交流。女士双腿并齐,可自然向前略伸出,为显示优雅可向侧面自然弯曲;男士略分开双腿,两膝间距为一拳左右。起身时双手扶腿起身。

(6)规范行走。头部伸直,肩部放松,胸部舒展挺起,腹部和臀部适度收缩。腰部和胸部平行向前,脚尖同步向前;脚部着地与离地的顺序均为脚跟、脚底、脚尖;膝盖方向始终向前;视线应自然平视;手臂自然前后摆动;遇到上司或客户时,应在对方前面2~3米时停下,靠边让路,行简单的礼,待对方通过后再前进(引导客户时除外);行进间遇到同事或下属时,微笑点头并简单打招呼;引导客户的途中遇到上司或客户时,应微笑点头同时说"您好"。

(7)礼貌握手。握手的顺序为上级在先、主人在先、长者在先、女性在先。注意动作不宜过大,但也不宜毫无力度;不能戴着手套握手。握手的适当距离约为0.5米;站着握手时,另一只手不要拿东西;右手握手,伸出的手掌应垂直于地面;握手时自然地注视对方,面带微笑,抖动手臂而不是手腕;握手时间以3~5秒为宜,用力适度;不拒绝别人的握手;握手时进行简单的问候;握手后进行简单对话。

(8)交换名片。名片的作用是初次见面的自我介绍,是让对方记住自己的一种方式,也是企业形象的宣传。名片要干净、平整(最好放在名片夹中保存),平时应多准备些,不要在客户面前出现名片已用完的情况。

交换名片时应面带微笑,注视对方,将名片正面对着对方,用双手的拇指和食指分别持握名片上端的两角送给对方。如果是坐着,应当起立或欠身递送,递送时可说"我是××(职务)××,请多指教。""我是××,很高兴为您效劳。""请多关照。""请多指教。"等。一般来说,交换名片的次序是由下级或来访者先递名片,如果是介绍时,应由先被介绍方递名片。

接收他人递过来的名片时,应尽快起身,面带微笑,用双手拇指和食指接住名片下方的两角,并说"谢谢!""能得到您的名片,深感荣幸。"等。接过名片后,从头到尾认真默读,表示重视和尊敬,注意不要马上收起名片或者随便乱放。如果是初次见面,最好是将名片上的重要内容读出来,以示敬重。

第一次见面后,应在名片背面记下会面的时间、内容等资料,最好能简单记下对方的特征。这样积累起来的名片就会成为再次见面或联络的线索和话题。

(9)指引方向。在给客户指引人、物品和场所时,以行礼前站姿站立,手臂自然弯曲,指尖高度与肩膀在同一平面上,从侧面看手臂与身体形成一平面,五指合拢、微曲,指向所指方向,手心向上;视线先落在客户眼睛上,然后转向所指方向作为视线引导,然后再回到客户眼睛上;身体与手臂平面与客户即将前行方向平行,同时可用简洁的语言进行说明,全过程始终面带微笑。

指引用语:"里面请(这边请)。""您是要去××吗?××在那边。""您是要去休息室吗?休息室在那边,请跟我来。""您是要找××吗?这位是××。"

指引者应位于客户左前方两三步,身体呈半开放状态;行进间适时回头为客户指引方向;需超越客户时,应从客户左侧迅速且从容地侧身超越;需突然加速时(例如开门等),快速行进的步数为3~5步,且要从容;如遇到转弯或岔路时,应停驻于转弯处或岔路口,身体平面与行进方向平行,同时面向客户,用手指向即将行进的方向,待客户进入转弯或岔路口后,赶至客户左前方两三步继续引导。行进中遇到需拉开的未上锁的门时,应该轻轻拉开门,用一只手扶好门,另一只手上臂贴靠身体,小臂与手处于同一直线弯于体前,指向前进方向,同时对客户说"里面请!"待客户进入后跟入,轻轻带好门后迅速且从容地赶至客户左前方两三步继续引导;行进中遇到需开锁的门,应先提示客户稍等,待门打开后再提示客户进入。

3. 标准的服务用语

当与客户交流时,服务接待人员的语言应该从生活随意型转到专业型,既要有个性化的表达沟通,又必须掌握许多有共性的表达方式与技巧。

寒暄时要使用真诚的问候、鼓励的话语、幽默诙谐的谈吐和真诚的赞美。寒暄要因人而异,不要对谁都是一个说法;要注意环境,在不同的环境下要有不同的寒暄语言;要注意适度,过多的赞美之词只会给人以虚伪客套的感觉。

与客户交流时要选择积极的用词与方式,沟通用语也应当尽量选择体现正面意思的词语。例如,当客户就车辆的品质问题几次求救于服务接待人员时,不能说:"我不会再让您的车重蹈覆辙。"可以说"我这次有信心,这个问题不会再发生。"又如,想给客户信心时,不能说"这并不比上次那个问题差。"而要说"这次比上次的情况好。"即使是这次的问题比较麻烦,也要用"这种情况有点不同往常"替代"这次的问题确实严重"的说法。

(1)在交流时,应该注意声音的运用。注意控制语音、语速,强调某些关键之处时可运用重音。

(2)标准服务用语。"欢迎光临!""先生/女士您好!""有什么需要帮忙的?""请问先生/女士您需要在这里等吗?""有什么问题,请随时跟我联系。""这是我的名片,请多多指教。"

(3)最常用的礼仪敬语。"请"字常挂在嘴边,注意礼貌用语。说"谢谢"时并不需要有实质的交易、服务或体验发生。说"对不起"是一种过失关怀的礼节,并不一定表示有错误。

(4)禁忌的语言。不能用"不知道""好像""可能""大概""也许"等意思含糊不清的语言。不能用"不能""不可以""这不是我的责任""问题不大""还行"等否定语言。

4. 礼貌地拒绝与道歉

(1)根据实际情况,拒绝时一般采取的方法有:直接拒绝,即拒绝之意当场讲明;婉言拒绝,即用温和曲折的语言去表达拒绝之意;沉默拒绝,即面对难以回答的问题,一言不发;回避拒绝,即避实就虚,搁置此事。

(2)道歉应及时,文明而规范。道歉也可能借助于"物语"。但是要注意,道歉并非万能的。

2.3.2 常用礼节

(1)问候礼仪。早晨上班见面时,互相问候"早上好";因公外出应向部门的其他人打招呼;在公司或外出时遇见客人,应面带微笑主动上前打招呼;下班时也应打招呼后再离开,如"明天见""再见"等。

(2)座次礼仪。离会客室的门较远的席位为上席,如图1-2-1、图1-2-2所示。客人来访时按照职位等顺序从内向外入座。

图 1-2-1 座次图(1)　　　　图 1-2-2 座次图(2)

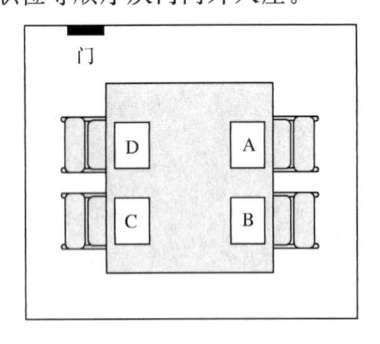

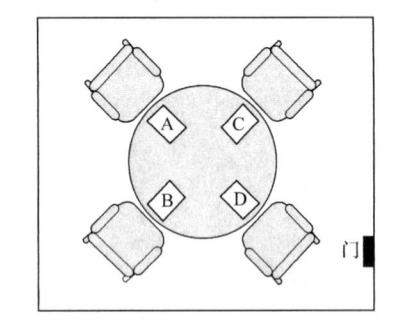

(3)敬茶和咖啡的礼仪。敬茶或咖啡时客人优先,留意敬茶或咖啡的动作(图1-2-3)。敬茶或咖啡完毕,拿起托盘退出会客室。

(4)递交物品的姿态。在递文件等物品时应该站起来,文字正面朝着对方。在递钢

图 1-2-3 敬茶和咖啡的礼仪

笔、剪刀等物品时，物品的尖端应该向着自己。

2.3.3 维修接待的注意事项

1. 及时接待

(1)如果客户需要等候接待，则等待时间不得超过5分钟。如果客户等待时间超过5分钟或有几位客户同时等待时，必须临时增加服务顾问。

(2)汽车维修服务企业应建立安全可靠的早到者(指在上班时间之前到访的客户)服务制度，为客户提供便利。

(3)客户到达维修接待区后就应尽快地受到欢迎和接待。

2. 业务接待厅的要求

业务接待厅的服务设施要配套齐全，具备良好的客户休息环境，提供茶水、报纸杂志等服务，配备冷暖空调、播放系统等。业务接待厅应及时清洁整理，不乱堆乱放物品，保持整洁干净。

3. 维修接待服务区的服务公示

在维修入口、维修接待车道、停车区、早到者维修区、客户休息室等地方要有明显的提示标志，方便客户寻找。除了主要的和辅助的标志外，还必须制作一些其他规范的标志，这些标志除了与有关法规相符外，还应有标准的设计和色彩调配来补充主要的和辅助的标志，帮助控制交通流和指引方向。

4. 首保时需跟客户交流的问题

(1)与客户交流时要体现真诚，给客户留下良好的第一印象。

(2)向客户了解车辆使用状况及存在的问题，交流车辆日常使用中的注意事项，向客户介绍车辆磨合期的相关知识，与客户交流其车辆的优点并简谈一些无关紧要的缺点。

(3)对公司和客户的车辆做一个概述，向客户介绍本公司能提供的服务项目。

(4)为了让客户建立对汽车维修服务企业的信任，可以主动邀请客户参观维修保养的过程，和客户探讨保修政策或给客户介绍车辆的保修条件，让客户初步建立以养代修的用车理念。

(5)向客户进行一些必要的产品和服务推销。

5. 处理好预约客户与非预约客户的关系

服务顾问在接待客户时,要将预约客户和非预约客户严格区分开,让预约客户享受到预约应有的待遇,这是决定客户下次是否再预约的关键因素。同时要向未预约的客户进行预约宣传,让他们习惯预约,可行的做法如下:

(1)让客户知道预约服务的各种好处。

(2)在客户接待区和客户休息室放置告示牌,提醒客户预约。

(3)在对客户回访跟踪时,宣传预约业务,让更多的客户了解预约的好处。

(4)服务顾问向未经预约直接入厂的客户宣传预约的好处,增加预约维修量。

2.4 服务顾问必备的知识和技能

1. 服务顾问必备的知识结构和能力要求

(1)熟悉公司运作流程,掌握服务流程及标准,能够在实际工作中应用。

(2)掌握汽车理论基础知识,具备确定基本维修保养内容及方法的能力,并且能够熟练应用到维修服务中去,有效地服务客户。

(3)掌握常用配件知识,熟悉配件的使用、替代、编码等知识,能熟练应用到工作中。

2. 服务顾问必备的工作技能

(1)故障诊断能力。能够迅速、准确判断汽车常见故障原因。

(2)熟悉维修保养工艺流程,并能根据工艺流程合理安排作业时间和人员等资源,提高维修保养效率。

(3)报价准确。掌握商务谈判的技巧,熟练掌握工时费标准以及常用零配件的价格等业务知识。

(4)索赔鉴定。能够准确判定工作内容是否属于索赔范围,并能按有关要求办理索赔。

(5)电脑应用能力。能够熟练使用接待、维修、管理等相关软件。

要点总结

接待过程中服务礼仪很重要,包括仪容仪表、肢体语言、服务用语、电话礼仪、拒绝与道歉。

接待过程中还需要具备相应的知识和技能,包括服务标准与流程知识、汽车理论知识、产品知识和备件知识等。具备常见故障诊断能力、熟悉维修工艺流程、报价准确、合理安排工作。

迎接客户流程及标准见表1-2-1。

表 1-2-2　　　　　　　　　　　　　迎接客户流程及标准

步骤 工作要求	责任部门：前台业务部　　　　责任人：业务接待主管		
	资料、用品准备	配件、工位、人员准备	迎接客户
工作标准	提前一天准备好接车时要用的各项物品	提前一天确认配件库存并通知车间安排好工位及维修技师	整理仪容，清理工作环境
		维修预约欢迎板	电脑管理系统工作正常
	整理当天的客户资料和接待区域	在客户预约进厂前一小时再次确认	在业务接待室门外迎接客户
所需的工具	护车套件、手写板、接车问诊表	预约电话登记表、维修预约欢迎板	护车套件、手写板、接车问诊表
具体细则规范	准备护车套件、接车单	通知配件部按预约内容准备配件	提前到岗，清洁工作区域
		通知车间安排好工位并适当派工	工作人员佩戴胸牌，穿统一工作服，精神饱满，面带微笑
		对特殊项目（如返修、召回等）应特殊对待	
	整理客户资料	与客户再次确认，问明是否需要替代车	引导客户停车
	清洁接待区域	查证客户车辆维修记录，准备汽车维修委托书、汽车维修预约登记表	按流程接待客户
		设置维修预约欢迎板	准备车辆检查
注意事项	客户维修资料齐全、便于查找	在预约前一天完成准备工作	工作人员衣着符合要求
	接待台干净整洁	替代车应保证干净、能用	
	接车及时	特殊活动应该加以标识	注意仪态语言
	接待室张贴服务标准、服务规范、服务承诺、常规维修价格和配件价格等	提前维护好预约欢迎板	维修接待礼仪规范
		应该提前通知确认客户指定的接待人员或维修人员	其他工作人员对客户的礼仪
		当预约内容不能满足时，及时和客户联系，重新预约	客户车辆能够方便地进入维修接待区

课后练习

[课后阅读资料]

接车要点

1. 礼仪态度

礼仪态度是给客户的第一印象,要用热情、礼貌的态度迎接客户。

2. 及时接待

客户到来时,服务顾问要及时接待客户,尽量做到不让客户等候。如果长时间不接待客户,会让客户产生不悦。

[学生活动]体验一分钟有多长。

3. 了解情况

充分掌握客户车辆的情况,可以让客户感到被重视,同时可以提前做好准备工作。

对于新客户,应该主动了解情况,对客户车辆上次的维修保养内容进行询问,如"请问您的车最近做过哪些保养和维修呢?"

对于老客户,应该主动说明上次维修保养的时间和内容等要素,让客户感到被关注,如"上次您的车维修保养的时间是××,内容是××。"

可以通过赞扬客户爱惜车辆的方法,给客户留下了解客户车辆的印象。

保养手册一定要记录清楚作业项目和时间,便于业务人员及时了解上次保养情况。

4. 倾听交流

倾听客户的述说(客户述说时不要打断),了解客户的想法,通过倾听可以找出客户真正的需求和期待,以便服务顾问提出符合客户需求的维修保养建议。

5. 专业水准

明确告知客户车辆检查的结果,这样不但可以通过行动和准确判断来证明服务顾问的专业性,得到客户认同,也可以使客户对自己的车辆有更详细的了解。

6. 真实坦诚

服务顾问给客户展现出的印象是非常重要的,直接影响到客户对汽车维修服务企业的评价、信任和期望。必须做到真实坦诚不欺骗客户,对客户的车辆提出合理的维修保养建议。

对客户进行作业项目解释时首先要复述客户要求,认真说明工作内容,增加客户的安全感,在说明项目时要逐项逐句,不厌其烦,尽详尽细。

7. 费用估算

进行项目说明后,服务顾问需要对项目进行估时估价,为客户逐项逐句说明详细,对暂时不能告知的内容,必须对客户加以说明。例如,"张先生,按规定应给您准确估时估价的,但有一些零部件需要拆检后经维修技师确认,才能知道是否需要更换。一旦车间检查结果出来,我们将尽快准确报价给您。谢谢。"

8. 交车预告

做好交车时间预计,对客户而言,提前告知客户交车时间能让客户放心,能让客户提前做好安排。对车间而言,将交车时间写在汽车维修派工单上便于及时跟进和督促作业。如时间有变,应该及时联系客户请求原谅。例如,"根据您车辆的作业内容,您的车计划于11∶30完工,完成后我会及时通知您取车,您看可以吗?"

注意:汽车维修派工单上必须填写交车时间,并明确告知客户。

9. 恪守承诺

对客户有了承诺就要兑现,只有客户相信了服务顾问的承诺,并且兑现了承诺,客户才会满意。

注意:对客户承诺要以事实为依据,确保可行性,确保承诺的事宜圆满完成。

〔**思考题**〕

1. 如何接待预约客户和非预约客户?
2. 接待过程中影响客户满意度的关键因素是什么?
3. 维修高峰期的接待技巧有哪些?

情境 3

车辆检查(环检)及维修工作内容的确定

导入案例 3-1

接车环检,避免争端(1)

某车来到 4S 店做保养(已过保修期),完工交车时车主说 ABS 灯亮了,经检查后确认是 ABS 泵坏了,需要更换。客户说他来时 ABS 是好的,灯不亮,要求维修企业免费修好。查询接车单,没有关于 ABS 灯进厂状况的记录,而且车辆是客户自己开上举升机的,维修技师也不知道该车辆接车时 ABS 的状况。服务顾问拒绝了客户的赔偿要求,双方由此产生矛盾。

【问题】

(1)服务顾问是否按规定流程进行了接车环检?车辆情况记录是否全面?客户是否签字确认?

(2)客户自己把车开上举升机符合规程吗?

导入案例 3-2

接车环检,避免争端(2)

某车做保养,保养完成后接车时客户指着前保险杠说道:"你们把我的车刮了,你们要负责赔偿。"服务顾问看了看接车单的环检记录和车辆后说:"这个擦伤来时就有了,您看是旧痕。"客户大怒:"你没资格和我说话,叫你们的老总出来。"服务顾问也火了:"你分明想赖我们。"两人大吵起来。服务主管来了以后,查看接车单,车况登记一栏已经有损伤记号,也就是说车进厂时服务顾问已经发现保险杠刮伤了,并让客户查看。可是客户见到证据火气更大了:"我知道刮了,可是只有一点点,现在变这么大,一定是你们把我的车开出去刮坏了。找你们老总出来,否则我就打电话投诉!"

【问题】

(1)接车环检时若客户车辆有擦伤,应该如何处理?

(2)如果你是服务主管,应如何处理此纠纷?

情境 3　车辆检查（环检）及维修工作内容的确定

【结论】

(1)服务顾问环检及环检记录要规范。服务顾问应该与客户一起完成环检,发现问题后向客户说明位置、程度等情况并记录,请客户签字确认。

(2)不能让客户自己把车开上举升机。

导入案例 3-3 ▶▶▶

接车环检要规范

(接【导入案例】保修接待)为了填写表格,赵先生和服务顾问来到一张桌边,服务顾问将一些信息输进了电脑。

"还有其他需要帮忙的吗?"

赵先生想了一会儿,"我差点儿忘了,使用刮水器时声音很大,您能给我检查一下吗?"

"当然,我们过去看看……稍等一下,我去拿汽车维修施工单。"

几分钟后,他拿来一张表格。

"请在这里签名,还有这里、这里。"

"需要多久才能修好?"

"今天上午我们有些忙,可能需要一个半小时,您可以在休息室等待,那里有茶和点心。"

赵先生本没有打算在这里待这么长时间,但他也没有办法离开,只有等待。

"好吧,我等,需要花多少钱?"

"除了零部件以外,第一次常规保养都是免费的,几乎花不了多少钱。和刮水器相关的东西都在保修范围之内。修好了我们会通知您的,您可以先进去休息一下,过会儿我叫您。"

【问题】

服务顾问有哪些地方做得不规范?

【结论】

(1)预约时要询问客户车辆使用情况。

(2)服务顾问要提前做好充分准备。

(3)要认真进行环检和故障诊断等工作。

(4)告诉客户维修内容、需用时间和费用。

学习目标及要求

掌握接车环检的作用和要求。

掌握接车环检工作的必备礼仪、知识技能和注意事项,熟悉接车环检的流程和标准。

掌握接车三要素:检查外观、确认维修内容、预估时间和费用。

学习内容

服务顾问在确定客户车辆维修项目时的一般工作步骤如下：

①问询故障情况：该故障在什么时候出现（早上、中午或晚上等）；出现了多久；出现故障时的现象；故障在什么路面情况下出现（烂路、泥路、水泥路面或沥青路面等）；故障在什么天气或气温时出现（雨天、雪天、炎热或寒冷等）；驾驶者的驾驶习惯；故障在何种工况（启动、怠速、加速或减速、巡航等）时出现；如果属于周期性故障，还要询问以往是否在其他地方维修过以及维修过哪些内容等。

②核实故障现象：问清楚故障情况后，要进行核实，必要时邀请车间主管或试车员进行路试确认。核实故障的工作是非常重要的，因为客户本人并不是汽车专业人士，对于汽车故障诊断技术不熟，有时很难说清楚是哪个系统出了故障，或者客户认为是故障现象但实际并不是故障的情况也时有发生，如果照搬客户的叙述直接制订工作单而不进行核实，就有可能使下一步的维修工作陷入误区。

③制订维修估价单：服务顾问要将客户的口头描述转化为用专业文字制订的维修估价单，以便车间的维修人员进行专业化维修作业，防止因为文字问题而出现误诊或错诊，这就要求服务顾问具有较系统的汽车维修理论知识和一定的汽车维修技能。

为了进一步做好服务工作，汽车维修服务企业应该做到以下几点：

①在经营场所悬挂全国统一的机动车维修标志牌、营业执照和机动车维修经营许可证等。

②在经营场所公示以下内容：业务受理程序；服务质量承诺；客户抱怨受理制度；维修工时定额、收费标准及结算方法；质量保证期等。

③张贴企业负责人及业务接待、维修（机电、钣金、油漆）技师、检验员、价格结算人员的照片及工号等，便于客户监督。

3.1 环检的作用及要求

汽车维修服务企业的服务质量不被客户认可的原因很多，除了维修管理、技术水平、设备或零件供应等问题之外，还有由于服务顾问缺乏必要的专业技术和问诊技巧，误解了客户的诉求，给下一步维修工作带来误导。因此，服务顾问不但要有热情的服务态度，还要有一定的专业水准。

服务顾问是汽车维修服务企业与客户交流的桥梁，他们的工作是否规范，对下一步的维修工作有着很重要的作用，服务顾问一般是根据客户的故障描述，通过诊断核实，填写维修接车单，而车间维修人员通常是根据维修接车单的内容进行维修操作的，如果接车工作出现问题，特别是技术性错误，那就会对维修工作造成很大的麻烦，很容易给客户带来经济损失。因此，作为服务顾问除了要听清楚客户对车辆故障的描述外，还要针对不同的故障现象引导客户补充必要的故障说明以供维修参考。

在车辆报修停车区,服务顾问与客户一起进行车辆环检,共同检查车辆的基本情况,特别是车辆原有的损伤(如损伤痕迹、凹陷等部位和程度)。如有不正常的情况,则向客户现场说明并请客户签字确认,避免以后产生矛盾;如果一切正常,可不用请客户签字,双方默认没有问题即可。

环检过程中,每个汽车维修服务企业对车辆的外观、车内饰及功能确认都有详细的要求,有的还要求进行底盘的检查和确认。

3.1.1 认真做好环检,防止产生纠纷

环检时,服务顾问要按流程规范要求认真地逐项检查、登记并请客户确认,目的是避免纠纷。此项工作耗时30～40分钟。为了减少客户环检等候时间,可以先清洗车辆外表,再进行环检,目的是让车身干净,便于发现问题。

3.1.2 了解客户需求

只有详细了解客户所遇到的问题和希望接受的服务内容,才能做好汽车维修服务工作。这就需要服务顾问具有熟练的聆听技巧和提问技巧,掌握汽车故障的真正症状和原因,为修理工作提供方便。

(1)简短问明来意,如果是简单咨询的客户,可当场答复,然后礼貌地送客户离开并致意,如"请走好!""欢迎再来!"

(2)如果是维修预约客户,应尽快问明情况与要求,填写维修预约登记表,并呈交客户签字后礼貌告之客户:"请记住预约时间。"

(3)如果是进厂维修的客户,服务顾问直接在接车单上记录车辆情况。

(4)对于需要诊断、报价的车辆,应征得客户同意后进入接待厅商洽;或让客户先到接待厅休息,待工作人员检测诊断后,再与客户商洽。若车辆维修内容简单,可以当场填写维修估价单或预约登记表,为客户办理有关手续。

(5)如果客户不是进厂维修而是办理其他事项,则应带领客户至相关业务部门。

3.1.3 确定工作项目

在客户介绍完车辆情况后,服务顾问要按要求对客户车辆进行全面检查,仔细记录并确认,以便维修工作顺利进行。

对于前来进行车辆保养的客户,服务顾问在进行保养项目记录的同时,应主动询问客户车辆近期使用情况,并参考车辆的维修保养记录进行车辆检查,及时发现隐性问题,提出预约以外的服务内容,与客户协商,经客户同意后进行维修作业。

对有预约的客户,根据预约登记表记录,重述客户的报修项目,根据检查情况确定作业内容。

3.1.4 工作要求

(1)礼貌待客。服务顾问要文明礼貌,仪表大方整洁,主动热情。客户在接待厅坐下

等候后,应主动敬茶,并示意"请用茶"。

(2)分析客户需求。服务顾问在向客户询问时,应该采用5W2H(或6W2H)原则(表1-3-1、表1-3-2),分析客户需求。

表 1-3-1　　　　　　　　　　　5W2H 原则

序号	字母	含 义
1	W	(Why)故障发生的原因
2	W	(Where)故障发生的地点
3	W	(When)故障发生的时间
4	W	(Who)故障发生时的当事人
5	W	(What)故障现象
6	H	(How)故障是如何排除的
7	H	(How much)估时、估价

表 1-3-2　　　　　　　　　　　6W2H 原则

序号	字母	含 义
1	W	(Why)故障发生的原因
2	W	(Where)故障发生的地点
3	W	(When)故障发生的时间
4	W	(Who)故障发生时的当事人
5	W	(What)故障现象
6	W	(Whom)想找谁解决故障
7	H	(How)故障是如何排除的
8	H	(How much)估时、估价

(3)应用引导性的提问方法,用"是不是""对不对"等方式进行提问。

(4)应用顾问式报价,告诉客户接受服务能给他们带来的好处和可以为客户提供的超过他们期望的服务。

3.2　环检前的准备工作

做好环检前的准备工作,可以提高工作效率,减少客户等候时间。同时根据预约资料准备好向客户解释的内容,做好环检的解释工作,可以让客户理解和支持环检工作。

3.2.1　做好准备工作,提高服务质量和工作效率

服务顾问下班前应该查看"预约登记表"和客户车辆维修档案,了解第二天的预约维修情况,明确客户的服务期望,同时准备好预约客户的文字资料和接车用具。

对客户车辆状况要有较全面的了解,包括是否为返修车辆、是否曾被召回等特殊情

况。如果是返修车辆,要优先接待,确保有零部件供应。

要清楚了解当天车间维修工位情况和前一天遗留的工作等,准备好相应的工具、工位、备件和技术方案。

提前对预约客户进行电话确认,同时确认客户预约需求。

准备欢迎牌,欢迎预约客户的到来。

3.2.2 车辆交接检查

(1)铺设好护车套件。在查验车辆的同时,服务顾问应在客户面前将护车套件(如方向盘套、座椅套、脚垫,如果条件许可还应包括换挡手柄、灯光控制手柄和刮水器控制手柄等维修技师可能接触地方的保护套)安置好,随后服务顾问引导客户进行环检。

(2)取走车内的贵重物品。在进行环检时,要注意提醒客户带走车内的贵重物品,并为客户提供放置这些物品的袋子,如"麻烦您下车,如果车内有贵重物品,请随身携带。"

如果有些物品客户不愿拿走,服务顾问可以将物品收纳到前台的储物柜中,并记录在接车单上。

(3)核实客户资料。核实并记录客户及客户车辆的基本信息:客户姓名、客户代码、进厂日期、地址、电话、传真、联系人、车牌号、型号、年份、发动机号、车架号(VIN 号)、行驶里程、车辆颜色、行驶证和汽车钥匙等。

3.3 环检及维修内容的确定

服务顾问与客户一起,在车辆报修停车区内对车辆进行环检。环检时要认真彻底,服务顾问要有条不紊地对车辆的外观、内饰和车辆功能进行检查并记录确认。

服务顾问的接车过程按地点和接车的侧重点不同可分为两个环节:"人车合一"环节,在车辆报修区和客户一起确认车辆状况和确定维修内容,然后将车辆送入维修车间。"人车分离"环节,在接待厅向客户确认有关信息,如 VIN 号、发动机号、客户姓名、电话、地址等。

服务顾问在从客户手中接过车钥匙后,应将标有客户车牌号及停车位号码的钥匙牌连在车钥匙上,登记、编号后存放在统一规定的车钥匙柜内,方便找到车辆。

车辆进入维修车间维修之前,应该将汽车维修施工单录入电脑并打印。

将车辆移入车间的停车位,与维修车间进行车辆交接,将两份汽车维修施工单和车钥匙交给维修车间,并签字确认。维修车间根据汽车维修施工单进行车辆维修安排。

3.3.1 环检的工作内容

(1)车内检查。服务顾问与客户共同检查车辆内部情况并记录,确认有无异常。
①行驶证、车钥匙。
②车内仪表板显示、故障灯、里程数、现存燃油量(标明 F-1/2-E 或在图 1-3-1 上标记)。

③收音机、DVD 播放机、电子钟、空调、音响、点烟器、烟灰缸、刮水器(前、后)。

④车内饰、座椅、坐垫、车窗玻璃升降(前左、右,后左、右)、门锁、天窗、后视镜(左、右、内)、安全带。

⑤全车灯光、方向机。

⑥液面检查(发动机冷却液、润滑油、挡风玻璃清洗液、转向助力液、制动液等)。

接车单的具体内容见附表 3-1。

对随车工具和物品应清点登记,并请客户在随车物品清单(附表 3-2)上签字,同时把随车工具与物品装入为该车客户提供的储物箱内。

服务顾问应尽量记住座椅、后视镜等的位置及角度。接车时在客户面前用纸标签标注客户的座椅位置。

(2)车外检查。服务顾问在与客户共同检查车辆外观情况时,一般是从左前开始,顺时针方向绕车环检。检查的内容包括漆面刮伤、外观损伤(车身变形、凹陷、破损和间隙变化等)、车轮损伤(轮毂和轮胎划痕等)和前后车标损伤等情况。边检查车辆外观边标注损伤部位和程度(常见的备注如图 1-3-2~图 1-3-4 所示),并提醒客户注意车身外观情况。检查完毕,请客户签字确认。如果一切正常,可不用请客户签字,双方默认没有问题即可。

图 1-3-1 现存燃油标记图

图 1-3-2 车身上划痕、凹陷、破损标注图(1)

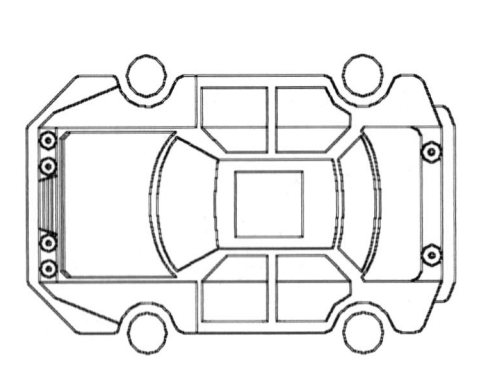

图 1-3-3 车身上划痕、凹陷、破损标注图(2)

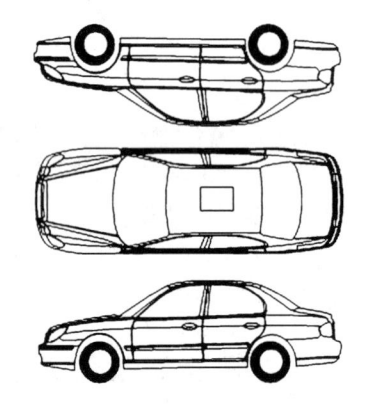

图 1-3-4 车身上划痕、凹陷、破损标注图(3)

(3)底盘检查。服务顾问将车辆用举升机举起,与客户一道检查底盘上一些容易出问题的部件,如车轮、悬架、油底壳和车身损坏情况等,并做好记录。

3.3.2 确定维修内容

(1)确定工作项目。详细了解并记录客户来意及客户希望接受的服务内容。对有预约的客户,根据预约登记表的记录,重述客户报修项目。

在客户介绍完车辆情况后,服务顾问按要求对客户车辆进行全面的检查,必要时要有技术人员参与诊断工作,注意发现客户车辆的隐性问题,并在接车单上详细记录车辆情况,明确工作任务,以便维修工作顺利进行。

话术

故障询问

排气系统:"噪音是从哪儿发出的?前部、中部还是尾部?""这个问题您最近有没有彻底地检查过?"

轮胎:"需要更换的轮胎是前胎还是后胎?""轮胎磨损是不是均匀?"

减震器:"是不是因为减震性能差后,轮胎磨损加大?""是不是因为减震性能差而使悬架系统部件磨损加大?"

蓄电池:"第一次出现问题是什么时候?""您肯定是蓄电池导致这个问题吗?"

制动系统、离合器:"什么时候车辆发生问题?""天冷的时候?""天热的时候?""总是这样?""这种问题持续多久了?""最近是否有人做过路试,测试刹车、离合器?"

(2)业务答询与诊断。服务顾问在问诊阶段,要准确地了解客户的需求,制订合理的解决方案。服务顾问应专注聆听,用通俗的语言回答客户的问题。

如果服务顾问对客户车辆的技术问题有疑惑,需要进行技术诊断才能做出维修决定时,在征得客户同意后,立即通知技术部技术人员到接待车位协助完成技术诊断。在明确车辆故障或问题后,立即打印或填写汽车检测诊断报告单(附表3-3),把诊断情况和维修建议告诉客户,同时把汽车检测诊断报告单呈交客户,让客户进一步了解自己车辆的情况。

链接

常见的诊断项目

- 故障码清除、电脑控制系统。
- 发动机、进排气系统、冷却系统、燃油系统、点火系统、启动系统、电源系统、制动系统、行驶系统、传动系统、SRS系统、转向系统等。
- 灯光信号系统、空调系统等。
- 防盗系统、中央门控系统等。
- 车身及其附件。

(3)隐性故障的发现。车辆隐性故障的发现难度较高,要求服务顾问具备较全面的汽车故障判断能力,通过一些现象的分析帮助找出隐性故障。

①检查轮胎的表面花纹磨损程度和表面损伤情况。正常情况下的轮胎磨损应该是均匀的,如果发现磨损不均匀,就表示车辆存在故障隐患,具体见表1-3-3。

表1-3-3　　　　　　　　　　轮胎非正常磨损的现象和主要原因

现象	主要原因
轮胎两边磨损严重	轮胎充气量不足或汽车长期超负荷行驶
轮胎中部磨损异常	轮胎充气压力过大
轮胎一侧磨损过大	轮胎定位失准
个别轮胎磨损大	车轮的悬挂系统失常、支承件弯曲或车轮不平衡
轮胎斑秃状磨损	轮胎动平衡不好
轮胎锯齿状磨损	前轮定位调整不当或悬挂系统位置失常、球头松动

②检查蓄电池显示窗状态和蓄电池正负接线柱是否清洁,可以知道蓄电池、充电系统是否有问题。

③查看组合仪表各警告灯和指示灯,可以知道相应的故障。

④注意车身的缝隙变化,可以知道车身或钣金件的损坏情况。

⑤查看发动机外部是否有油渍。

⑥发动机启动是否迅速灵敏,发动机运行时是否平稳不抖动、声音平顺,是否有杂音或非固定频率的噪声。

⑦查看润滑油、制动液、方向助力液、冷却液、挡风玻璃清洗液的液面高度及质量。

(4)听取客户问题描述时应该注意的问题。在互动式问诊时,服务顾问通过客户的问题描述,确定故障的基本情况,在听取客户问题描述时应该注意以下几点:

①确定工作性质:免费保养、常规保养、故障车、大修或其他内容。

②问清故障出现时的情况,以便判断故障性质,见表1-3-4。

表1-3-4　　　　　　　　　　故障出现时的情况询问

故障时间	出现了多久
路面情况	烂泥路、砂石路、水泥路面或沥青路面;高速路、平坦路、上坡路、下坡路、弯道(急/缓)等
故障出现时间	早上、中午、晚上、其他
故障发生频度	周期性、经常、仅一次、不定期 注:如果属于周期性故障,还要询问以往是否维修过(维修时间及内容)
故障时工作状态	冷机、热机、启动、行驶时挡位、是否开空调或其他
故障时天气或气温	雨天、雪天、晴天、高温或低温天气
驾驶习惯	熟练者或新手;习惯开快车;驾驶时急加速、急刹车
故障时行驶状态	车速、加减速(急/缓)、滑行、启动、怠速、巡航等

经过环检并确认维修内容后,在有把握的前提下,可以口头向客户预估维修时间和费用。

在接待厅,依据电脑打印的维修估价单向客户书面说明维修内容、预估时间和费用,客户同意后签字确认。

3.3.3 维修估价

在进行维修估价时,一般采用系统估价,即按照故障所涉及的系统进行维修收费估价。对一时难以找准故障所涉及的系统时,也可以采用现象估价,即按照以排除故障为目标进行的维修收费,但是这种估价方式风险大,定价时应考虑估价风险。

估价时要结合维修内容,如果技术含量不高、市场有相应行价或客户指定维修的,可以用项目估价,即按实际维修工作量收费,这种方式有时并不能保证质量,应事先向客户作必要的说明。

维修估价洽谈中,应明确维修配件的质量,并向客户说明质保期,并在维修估价单(附表3-4)上说明。一般拒绝使用客户自购配件和客户要求使用的副厂件。

3.3.4 承诺维修质量与交车时间

业务洽谈中,要向客户明确承诺质量保证,同时向客户介绍公司承诺质量保证的具体规定。要在掌握公司实际生产情况下承诺交车时间,并留有一定的余地。特别要考虑汽车配件供应的情况。

3.3.5 确认与签字

(1)与客户商定或提出维修项目,确定维修内容、费用和交车时间以及确定客户有无其他要求,将以上内容一一填入维修估价单,请客户过目并决定是否进行维修。

(2)如客户同意维修,应礼貌地请其在客户签字栏签字确认,询问客户联系方式,保证及时与客户进行情况通报。

(3)如客户不同意进行维修或预约其他时间进行维修时,服务顾问应主动告诉并引导客户到收银处办理出门手续,领取出厂通知单(附表3-5)。如进行的诊断或估价需要收费时,还应通知客户交纳诊断费或估价费。办完手续后应礼貌地送客户出厂,并致意"请走好,欢迎再来"。

(4)注意提醒客户维修估价单中预计费用是预估费用,实际费用以维修结算单中最终费用为准。客户将车辆交修后,提示客户将车内贵重物品妥善保管。

(5)办理交车手续。客户在签订汽车维修合同(附录中文本3-1)后,接待人员应尽快与客户办理车辆交接手续,接收客户随车证件并审验其证件的有效性、完整性、完好性,如有差异应及时向客户说明,并请客户签字确认差异。

告诉客户公司地址、邮政编码、服务热线、24 小时救援电话、投诉电话等。

话术

"现在让我们一起来确认一下您车辆的外观情况。"

"为了防止在维修过程中弄脏您的车辆,我们要使用方向盘套、座椅套和脚垫等护车套件。"

3.4　维修合同的填写内容及注意事项

(1)服务顾问引导客户环检,同时记录客户及车辆基本信息。

(2)填写公司基本信息。公司基本信息在维修合同中反映,内容为工单号、单位地址、联系电话、传真、投诉电话等。

(3)标明维修类别及维修项目、工时。说明维修项目及收费;换件项目(数量、单位、单价、金额)及工时、工价(机修工时、电工工时、钣金工时、油漆工时等);收费项目(维修工费合计和材料费合计)。

(4)填写进厂时间、约定交车时间或修正交车时间,以及实际交车日期和出厂日期。

(5)解释维修条款。主要说明:客户交修车辆应自行保险,如发生人力不可抗拒的灾损,汽车维修服务企业不负责赔偿。客户本人同意维修服务公司因修理需要进行车辆路试。客户的授权:委托授权汽车维修服务企业对无法修理的零配件予以更换,说明客户是否要求对此进行报价。客户同意支付公司单据所列修理人工费、配件及规定的管理费用,如客户接到汽车维修服务企业通知后七天未取车,同意支付额外停车费及滞纳金。如果客户要求使用替换交通工具,应该提前安排好交通工具(出租车、往返汽车、替换车等)。客户是否带走非索赔旧件。

(6)签字确认。在相关的表格、维修合同等处,应该有相关人员签名,并填写正确的时间。

情境　要点总结

影响汽车维修服务企业服务质量的原因除了维修管理、技术水平、设备或零件供应等问题,服务顾问的专业技术水平和问诊技巧也是一个重要原因。

服务顾问是汽车维修服务企业与客户交流的第一关,他们的工作是否到位,对下一步的维修工作起着很重要的作用。

做好环检工作,不仅对后一步的维修工作质量有着很大的影响,而且还可以减少纠纷。

服务顾问与客户在车辆报修停车区一起进行环检。环检时要认真彻底,服务顾问要有条不紊地对车辆的外观内饰和车辆的功能进行检查并确认。

服务顾问在确定客户车辆维修项目时,工作步骤一般可以分为三步:问询故障情况;核实故障现象;制订汽车维修施工单。

环检流程及要求见表 1-3-5。

表 1-3-5　　　　　　　　　　环检流程及要求

步骤 工作 要求	责任部门:前台业务部	责任人:业务接待员
	环检	确认客户维修内容
工作标准	陪同客户进行环检	初步确认客户车辆的维修内容
所需工具	护车套件、手写板、接车问诊表	手写板、接车问诊表
具体细则规范	使用护车套件 与客户一起进行环检,并签字确认 提醒客户取走贵重物品	询问并记录客户车辆故障 提出合理的维修建议 客户在接车单上签字确认
注意事项	注意车辆内部检查时的细节(音响、时钟、灯光、仪表、安全带、手刹车等),发动机室内是否漏水、漏油及各种油液面指示,环检后与客户确认检查结果	切忌不进行环检 认真听取客户对其车辆问题的说明 接待人员要关注、理解客户的需求 确定车辆故障 详细解释将要进行的服务内容和相应的费用

课后练习

〔课后案例〕

进行环检,避免争端

某车有异响,检查结果是风扇皮带与皮带张紧轮需更换,维修完成后交车。过几分钟客户驾车返回维修站,说播放机坏了,并说是维修工搞坏的。

经过技术主管检查,确认播放机有损坏但并非新伤,然而客户仍坚持说是维修工弄坏的,要求赔偿。

【问题】

(1)此纠纷产生的原因主要是什么?

(2)如果你是服务主管,应如何处理?

〔思考题〕

1. 环检的作用是什么?

2. 环检的具体步骤和注意事项有哪些?

3. 服务顾问在确定客户车辆维修项目时的主要工作步骤有哪些?

情境 4

故障诊断和维修

导入案例 4-1 ▶▶▶

怎样准确描述汽车常见故障(1)

李先生星期一早晨上班时,发现自己的汽车不能启动,于是打电话给维修服务公司。

客服专员:您好,××维修服务公司,请问有什么可以为您服务的吗?请问先生贵姓?

李先生:我姓李。我的车不能发动,请问怎么回事?

客服专员:李先生,很抱歉,我把电话转给服务顾问,让他为您服务,请稍候。

服务顾问:李先生您好,我是××维修公司服务顾问小张。很高兴为您服务。请问您这两天用车了吗?

李先生:没有。

服务顾问:您把车钥匙转到点火位置(ON),仪表盘上的各种指示灯亮不亮?

李先生:亮,但是比原来暗一些。

服务顾问:启动时,听到发动机转动的声音吗?

李先生:没有,只听到"咔嗒、咔嗒"声。

服务顾问:现在请您检查一下汽车蓄电池极桩(接头)是否松动?极桩上是否有白色或绿色氧化物?

李先生:有白色氧化物。

服务顾问:请您用开水冲一冲,然后紧一紧蓄电池极桩再启动试试。如果还不能启动,就请您附近的朋友或邻居用他们车的蓄电池帮助启动。如果启动后一切正常就可以了。注意充电指示灯在发动机启动后,不能亮或闪烁。您先试试,如有问题我们会赶去帮助您的。

十五分钟后,李先生来电称汽车已经启动了,一切正常。

【问题】

服务顾问在请李先生描述故障现象时要李先生检查和做了哪些事情?李先生在叙述故障时进行了哪些描述?

【结论】

(1)汽车上蓄电池有电,但是电压过低,没有达到启动发动机的电压要求(灯光暗表明电量不足)。

(2)启动时,听见"咔嗒、咔嗒"声,表明汽车启动线路基本工作正常。

(3)蓄电池极桩上有白色氧化物,表明蓄电池极桩和电源线可能存在接触不良,产生线路电压降,造成启动机端电压不够,使启动机不转动或转动很慢,达不到发动机的启动转速,使发动机不能启动。

导入案例4-2

怎样准确描述汽车常见故障(2)

张先生开车时感到汽车有振动,就打电话给维修服务公司。

张先生:今天在高速公路上开车时,我感觉到车的噪音比原来大了,而且汽车也有振动,请问还能不能继续使用?

服务顾问:是怎样的振动?是车整体振动还是某些部件感觉振动?比如:方向盘、制动踏板、加速踏板(油门)、车门或者挡风玻璃?

张先生:我感觉是方向盘振动。

服务顾问:您感觉振动的时候,车速大概是多少?

张先生:85千米/小时以上。

服务顾问:低于85千米/小时时,是不是感觉振动很小或不明显。只要超过85千米/小时振动就明显增大?在普通公路开车时是不是没有感觉?

张先生:是。

服务顾问:汽车振动时您感觉方向盘是不是左右晃动。

张先生:是。

服务顾问:可能是您的车辆前车轮动平衡有问题了,请不要高速行驶了,离开高速公路,尽可能走普通公路。有时间您来做一下车轮动平衡检查。

后来,经检查确认是前车轮动平衡不良造成的。前车轮动平衡做完后,故障消失。

【问题】

服务顾问是如何请张先生描述故障的?张先生在叙述故障时进行了哪些描述?

【结论】

(1)行驶的道路是高速公路,指出了汽车出现故障的地点。

(2)故障出现时的车速比较准确,是高速状态。

(3)在服务顾问的提示下,表明了汽车振动的部位。

(4)汽车前车轮是转动部件,在动平衡不好的情况下且高速行驶时,前车轮会产生很大的不平衡力,这时较大的不平衡力就会传到方向盘上,引起方向盘振动。

学习目标及要求

掌握如何快速、准确地判断汽车故障的原因、部位,以及用最小的成本解决问题的方法。

掌握汽车出现故障的原因、相应的外部使用条件和汽车运行时的状态。

熟悉提问方法,准确有效地向客户了解汽车故障。

熟悉各类汽车检测与维修的作业内容,能及时为客户提供咨询服务。从客户角度出发,进行维修方案的最佳设计。

> 学习内容……

服务顾问要掌握车辆常见故障的诊断方法并做出准确判断,正确确定维修项目和维修方案,保证客户车辆维修保养质量,要从客户的立场出发制订维修方案,不让客户过度消费,用最小的成本解决问题。

维修过程中要掌握车间工作进度并在需要时向客户通报。

4.1　故障诊断及项目确认的重要性

在故障诊断阶段,服务顾问通过查询客户车辆维修的历史记录,通过问诊全面了解车辆使用情况和存在的问题,倾听客户对故障的描述,并认真做记录。对客户提出的问题进行解释和澄清,提出解决问题的最佳方案。

故障诊断及项目确认是整个服务流程中最重要的步骤之一,服务顾问必须做好以下几点。

(1)了解客户。通过服务顾问与客户的交流沟通,了解客户的类型(主导型、分析型或友善型)。对于不同类型的客户,交谈的方式应该有所不同,同时通过提问与倾听确定客户的需求,明确是维修客户、保养客户还是有其他需求的客户。在询问时一般采用引导性的提问方法。在了解客户车辆情况和要求后,应该消除客户对维修保养工作及车辆故障的疑虑。

在交流沟通时,将客户的报修语言转换为维修语言并向客户解释,让客户明白二者的共同点,做到公正、透明。

链接

主导型、分析型和友善型客户

主导型:客户主动向服务顾问讲述故障,语气比较强硬,多用"你必须……""为什么……"等语言。肢体语言丰富,衣着比较前卫、大胆。

接待这类客户时,应明确表明自己的态度,要显示出自信和果断,给对方一种坚定的感觉。不能被客户引导,要引导客户随着自己的思路考虑,给出相应的方案让客户自己选择。

分析型:客户说话比较少,总在倾听,有时会提问,坚持自己的见解,多用"换这个有用吗?"等语言,对于服务顾问提出的方案会产生怀疑。衣着比较正规。

接待这类客户时,应针对客户的疑问做出相应的解释,让客户了解故障的原因,给出相应的维修方案,分析结果,让客户选择。

友善型:客户没有明确意见,有耐心,问题针对性不强,会附和服务顾问的解释。衣着比较随意。

接待这类客户时,要引导客户说出故障现象,做出合理解释消除客户的疑虑,讲解维修项目及其效果,让客户选择维修方案。

(2)确定维修工作内容。维修工作内容确定得是否准确,对下一步的维修工作实施起着很重要的作用,决定着维修工作的效率和质量。

服务顾问要认真细致、善于倾听、善于对客户进行专业引导,让客户正确地描述故障现象。根据客户描述的故障现象,做出准确的检测诊断或故障判断。确认故障后填写维修接车单。

维修技师通常是根据维修接车单的内容进行维修操作的。由此可见,维修接车单可以引导车间主管派工的方向、指明维修技师的维修方向、掌握质检时所需确认的关键项目。如果维修接车单出现问题特别是技术性错误,那将对维修工作造成很大的麻烦,很容易给客户带来经济损失。

同时,问诊是服务顾问接车流程中的一项重要工作,是客户所看重的一个环节,若未能做好问诊,就会引起客户的不满,影响合作关系。

因此,作为服务顾问除了要听清楚客户对车辆故障的描述外,还要针对不同的故障现象,引导客户补充必要的故障说明以供维修参考,同时,在诊断过程中,服务顾问还要善于发现客户故障描述以外的问题。

对客户车辆问诊的一般步骤如下:

①问询故障情况。服务顾问应该了解客户车辆故障的一些特点,例如,该故障出现在什么时候(早上、中午或晚上等),出现了多久,出现故障时的现象是什么,在何种路面情况下出现(烂路、泥路、水泥路面或沥青路面等),在何种天气或温度下出现(下雨、下雪、炎热或寒冷等),何人驾驶(驾驶习惯),何种工况(启动、怠速、加速或减速、巡航等)。如果属于周期性故障,还要询问以往是否在其他地方维修过以及维修过什么内容等。要注意,不同的故障所询问的内容不尽相同。

②核实故障现象。问清楚故障现象后,要根据故障情况进行核实,必要时邀请车间主管或试车员进行试车确认。做好核实工作是非常重要的,因为客户本人并不都是汽车专业人士,有的客户对于汽车的认识不是很全面,有时很难说清楚是哪个系统出了故障或者客户对故障判断有误,如果照搬客户的叙述直接制订工作单而不进行核实,就有可能使下一步的维修工作陷入误区。

③制订汽车维修施工单。在与客户交流以后,要准确地判断故障,用专业的描述制订汽车维修施工单,以便维修技师进行专业化维修作业,这就要求服务顾问具有较系统的汽车维修理论知识和实践经验。

我们可以通过下面的案例加深对上述内容的理解,并且可以知道,服务顾问不能作为一个简单的"传话筒",不能认为只要把客户的要求直接写在工作单上交给维修车间就算是完成了接车任务,要知道接车工作是整个维修工作的开端,而这个开端的好坏对维修工作能否顺利完成起着不可忽视的作用。

案例 1-4-1：故障现象询问得不清楚

客户报修说发动机早上有时启动困难。

服务顾问按照客户描述的故障制订了"早上启动困难"的维修接车单。车间维修技师按照发动机启动的三要素（压缩压力、点火及空燃比）进行检查，两天过后却没有发现异常，在试启动时也没有出现启动困难的现象。无奈之下只好交车，就在准备交车的时候却发现发动机真的不能启动了，同时也发现了不能启动的真正现象，即在转动车钥匙启动发动机时，启动机一点反应也没有。

经检查，问题是启动机的蓄电池供电端子的线插头腐蚀松动，造成蓄电池电源不能供给，使启动机不能工作。经过处理，很快排除了故障。

问题：此故障诊断错误的原因是什么？

案例 1-4-2：不能"听信"客户的故障现象描述

客户报修说车辆行驶在上坡路段时自动变速器有打滑现象。

服务顾问通过问询客户后得知该车在平坦路面行驶没有问题。但在上坡行驶时发现发动机转速有时会突然升高。客户是从其他人那里得知该现象可能是变速器打滑的表现。客户认为此种故障属于比较严重的故障（维修周期长及维修费用可能较高），而且故障的原因可能是多方面的。

为了确诊该故障，服务顾问请求车间主管进行试车确认，按照客户指定的路段进行试车，发现在上坡行驶时的确有发动机转速升高的现象，但车间主管判断该故障并非自动变速器打滑，而是因为车辆在上坡路段行驶时发动机输出动力不够导致自动变速器自动降挡升扭，因为降低了挡位，发动机转速自然升高。

由于故障确诊准确，在更换了火花塞、汽油滤清器及清洗喷油器后，发动机动力得到改善，故障消除。

交车前再试车，该故障不再出现，并向客户解释原因，车主满意地将车开走。

问题：故障确认的重要性和故障确认的方法是什么？

案例 1-4-3：不是故障的"故障"

客户反映车辆在紧急制动时，制动踏板有弹脚的感觉，很不舒服，要求修理。服务顾问告诉客户这是 ABS（防抱死制动系统）在工作，是正常现象。但该客户半信半疑，并说以前开车没有这种现象，通过问询得知客户以前开的车是没有 ABS 配置的，所以在进行紧急制动时没有弹脚的感觉。为了彻底打消客户的疑虑，接车员陪同客户亲自试车，进行现场解释，客户满意离去。

问题：应该如何指导客户正确使用车辆？

4.2　故障诊断的方法

（1）故障问诊的一般方法。故障诊断时一般采用互动式问诊方法，因此必须做好倾听、询问和互动式诊断三个方面的工作。服务顾问通过与客户的交流，了解车辆故障情况,同时与客户建立感情,方便工作的进一步开展。

提问的目的是引出话题,同时给出对话方向,在客户参与的情况下双方建立信任,获得客户的认同,使合作关系更融洽。

向客户提问和回答客户问题时,要用通俗易懂的语言,对客户的不同意见要进行耐心的解释。

(2)向客户介绍故障问诊的内容。向客户介绍即将进行的故障问诊工作,目的是消除客户对未来的不确定结果而产生的心理影响。一般采用客户利益与服务或产品本身特性相结合的介绍,即从客户感兴趣的地方开始,目的是给客户一个具体的印象,满足客户理性与感性的需求。

问诊时注重说明:即将开始的工作"它是什么",即具有什么特性;"它具备什么",即具备的优点;"它能做什么",即客户能获得的益处。

(3)有目的地询问。在互动式问诊时,通过分析客户的故障描述,确定故障发生的基本情况。可通过查看维修记录、试车、请求技术支持会诊(当服务顾问自己解决不了时)等一系列手段进行诊断,如根据路况、故障出现的时间、现象、发生频度、工作状态、行驶状态、工况等对故障做出快速、准确的判断。

如果有必要应该同客户一起试车,试车时要爱护客户车辆,切忌猛加油、急刹车、高速倒车与转弯等操作,特别是车上的高级音响、车载电脑,不要轻易触碰。

向客户了解故障现象时要全面,询问时要认真细致,问诊的时间不能太短,对于客户描述的情况,在记录要点的同时应及时重复确认无误。通过问诊,可以更多、更准确地了解客户的需求,同时也可以为公司挖掘潜在的利润。

(4)确定此次工作的类型。通过上述工作,可以确定此次维修工作属于免费保养、常规保养、故障维修、车辆大修或其他类型。

话术

对故障的处理

应该说"请相信我们能够处理",而不能说"所有客户都有这个问题""其他车都有这个问题""这是车辆的设计问题"等。

4.3 维修工作内容的确定

4.3.1 维修项目的确定

服务顾问应该预先向客户解释说明维修项目。如果是常规的维修项目,则服务顾问可预先在接车时口头向客户说明。如果是不常见的维修项目,则在接车时只记录维修项目,待维修估价单打印之后再正式向客户说明维修项目。

若即将进行的项目中存在索赔项目,应及时向客户解释说明清楚。

4.3.2 维修费用的确定

维修费用解释与确定的内容包括换件项目、数量、单位、单价和金额,以及工时费用估价、材料费用估价和总价估算。

(1)预估费用。服务顾问应灵活选用不同方式的估价,估价要准确,预估费用与实际发生费用相差不要大于10%;如果属于保修范围,应该明确告知客户。

如果是常规维修项目和常用的维修备件,则服务顾问可预先在接车时口头向客户说明维修预估费用,并口头征得客户的同意,但是仍然要打印维修估价单并请客户签字确认。如是不常用的维修项目和维修备件,则在接车时只记录维修项目,并向客户说明维修项目,待维修估价单打印之后再正式向客户说明预估费用。

如是免费的,则向客户说明此次减免的费用金额,并请客户在维修估价单上签字。

(2)追加费用。由于有些故障的涉及面广且具有隐蔽性,因此会发生追加的维修内容(维修内容变更),所以相关的费用就只有在维修过程中进行计算。

(3)实际发生费用。应该向客户说明目前的费用是预估费用,实际费用要在维修工作完成后才能确定。

话术

维修费用

"您车辆的故障比较特殊,需要经过维修技师的诊断后才能确诊,不过您放心,我们的故障诊断是免费的。"

"您此次维修的工时费是××元,材料费是××元,共计××元。"

免费项目说明:"按规定此次作业是免费的,免费金额为××元。"

4.3.3 维修时间的确定

(1)按维修计划预估维修所需的时间。服务顾问向客户预先说明维修预估时间,如果是常规维修项目和常用的维修备件,则可预先在接车时口头向客户说明,并口头征得客户的同意,但是仍然要客户签字确认。如果是不常用的维修项目和维修备件,则在接车时只记录维修项目,向客户说明维修预估时间,待确定后正式向客户说明维修时间。

维修预估时间不包括新发生的追加维修项目所耽误的时间。注意,维修预估时间与实际维修时间相差不要超过30分钟。

(2)实际维修时间。实际维修时间要考虑追加项目、配件短缺和外协服务所耽误的时间。

①根据确定的维修项目,确认配件库存。如果发现配件库暂无配件,应该向客户表示

歉意,同时说明配件到货时间和价格,请客户确定是否进行维修。如果客户取消作业,礼貌地送别客户。

②如果需要外协服务,应向客户说明并得到客户确认后才可以进行维修。如果客户取消作业,应该向客户表示歉意,礼貌地送别客户。

4.3.4 建议客户自述问题以外的维修内容

对于保养客户,服务顾问在进行保养项目记录的同时,应主动询问客户车辆近期使用情况,并参考车辆的维修保养记录,以便及时发现隐性问题。

对于一般维修客户,在倾听客户描述故障情况并进行需求分析后,还应该适当进行相关的促销活动推介。

话术

促　销

"我店现在正进行××促销活动,请问您有兴趣参加吗?"如客户同意,则在手工记录单上记录。

4.3.5 工单制作

客户确认同意上述内容后,就可以进行工单制作工作。

(1)核实车辆信息。为满足车辆及客户资料输入电脑的需要,服务顾问应该向客户索取车辆资料和客户的基本情况资料。

注:此时可带着手写汽车维修派工单由移车员将车辆开至车间交给车间主管或调度作车辆调度和维修准备。

服务顾问请客户在接待厅入座并奉茶招待。具体做法可参照以下几点:

①引导客户到接待台前就座,递交名片。
②请客户出示保修服务手册并核实车辆信息。
③持续与客户做交流,交流并不只限于本次维修,也可以交流用车体会、维护保养建议或交通法规等。

在与客户交流时要注意:

①认真地聆听和交流是本项工作的关键,服务顾问与客户交流时一定要态度认真、真诚,把客户反映的问题如实、全面地记录在汽车维修委托书上,除常规保养外,与客户交流的时间不得少于5分钟。

②在制作汽车维修委托书时如有其他客户光临,应先向正在接待的客户道声"对不起"然后站起来与新来的客户打招呼:"您好,请坐,请稍待片刻!"然后继续接待先前的客户。

> **话术**

索取客户资料

递名片，介绍自己。"您好！我是服务顾问××，非常高兴为您服务！（熟客除外）"

"××先生（女士），不好意思，为了方便将相关信息录入电脑，请您将车辆的保修手册、行驶证和驾照（名片）交给我。"

（2）资料录入电脑

手工记录单和相关输入电脑的资料准备齐全后，服务顾问（或输机员）将资料录入管理系统，生成维修估价单及汽车维修派工单（附表4-1）。

向客户重述维修项目，告诉客户预计的完工时间和价格，客户确认后打印汽车维修派工单，请客户在接车单和汽车维修委托书上签字。

电脑输入和打印维修估价单（在电脑输入时可通过对讲机与车间沟通以确定预计完工时间）。维修估价单的信息要与维修（汽车经销商管理系统）相一致（维修估价单上显示的是车主信息而不是联系人信息），如送车来修的联系人不是车主，则在打印完维修估价单后，由服务顾问在"车主"和"联系电话"两栏对应的空白处，手工填写送修人的姓名和联系电话。

汽车维修委托书是一个合同，要注意在客户签字之前必须向客户说明并核实以下问题（即"五项确认"）：

①汽车维修委托书中确定的服务项目。
②汽车维修委托书中确定的服务项目的总费用。
③完成汽车维修委托书中的服务项目所需的大概时间。
④是否要保留更换下来的旧件，存放在什么地方。
⑤是否洗车。

另外还要注意将客户的车钥匙拴上钥匙卡，记明车牌号、汽车维修派工单号、服务顾问姓名、车型、车辆颜色和车辆停放位置等。如果客户有钥匙链，还要在汽车维修派工单上明显处注明。

得到客户确认后打印汽车维修委托书（附表4-2）（至少打印三联，一联用于客户提车，另一联前台保存备份，第三联用于随车作业）。

> **链接**

DMS

DMS即汽车经销商管理系统，不仅涵盖了针对4S店的整车销售、零配件仓库、售后维修服务（含车间管理）和客户服务等方面，而且还在主机厂和经销商之间搭建一个互动交流的信息桥梁，全面满足经销商对汽车销售、维修服务、配件供应、信息反馈、客户关系等业务的信息化管理的需要。

DMS的功能有查询(在修车辆及作业单内容等)、预览(维修估价单、作业卡、维修结算单、会计单、车历卡等)、打印(维修估价单、作业卡、维修结算单、会计单、车历卡等)、车辆维修历史、车辆功能检查(最后一次来厂记录的有缺陷的车辆功能检查项目及其故障缺陷描述)、车辆外观检查(最后一次来厂记录的有缺陷的车辆外观检查项目及其缺陷描述)。

DMS的服务维修和配件仓库部分的功能如下：

接待管理(维修套餐设置、预约管理、维修报价、维修工单、维修回访管理)。

销售管理(零件销售报价、零件报价历史单据查询、零件销售订单、零件销售历史单据查询)。

入出库管理(零件采购入库、零件采购入库退货、零件维修领料出库、车辆维修退料入库、零件销售出库、零件销售退货入库、零件调拨入库、零件调拨出库、零件其他入库、零件其他出库)。

仓库管理(零件库存盘点、零件盘点查询、零件库存查询、零件仓库台账查询、库存警戒查询、零件逐月消耗查询、零件月结、零件库位调整)。

业务报表(客户预约业务报表、维修报价业务报表、维修接车业务报表、维修结算业务报表、维修反结算业务报表、车辆维修明细报表、流失客户车辆清单、班组工时明细报表、信息提醒中心、零件入库历史单据查询、零件出库历史单据查询、零件入库实绩查询、零件采购入库实绩查询)。

基础数据(资源类型、汽车品牌、汽车车系、汽车车型、汽车外观颜色、汽车内饰颜色、维修工时、维修类型、维修工种、维修班组、维修工人、维修工位、维修作业类型、维修价格设置)。

系统管理(专营店设置、部门、员工、用户权限、密码修改)。

话术

打印及客户确认

"请您稍等片刻，按规定我们要打印正式的电脑单请您过目和签字。"

"您车辆的维修项目是××，材料费是××元，工时费是××元，预计总维修费用是××元，预计××时间可交车，请您核对一下姓名、电话和地址，如果没有问题请您在这里签字。"

4.3.6　办理车辆维修交接手续

在签订汽车维修委托书(维修合同)后，服务顾问应先建议客户去休息室休息，再将车辆送入车间修理，并与车间接车人员办理交接手续。最后向客户说明车辆已经送入车间并再次与客户确认预计交车时间。办完送修手续后，服务顾问应告知客户手续已经全部办完，礼貌地暗示客户可以离去。

接车服务就此告一段落，转入维修跟踪阶段。

话术

引导休息

服务顾问让客户在汽车维修委托书上签字后,将客户联交给客户作为提车凭证。同时要向客户致谢,"谢谢您,很高兴为您服务,您的车会在××时间完成维修。这边请,到休息室休息一下。""谢谢您对我工作的支持,请到休息室休息,汽车维修委托书请收好,它是接车的凭证,请放心,如果车辆有任何问题,我们会及时与您联系。"

引导客户到休息室,并简单介绍休息区功能。

客户坐下后,为客户递上一杯茶或咖啡等,并对客户说"请您稍候"再离开。

链接

休息室的要求

休息室应配置标准的桌椅、空调、排烟机、音响视频设备、报纸杂志读物、产品宣传资料、净水器、一次性杯子、烟灰缸、盆景花卉等。

休息室要保持干净整洁,所有物品放在指定位置,不随意挪动。

休息室要设置专门的服务人员,对休息室定时进行清扫,保持休息室的干净,同时服务人员应该及时为客户提供相应的服务。

4.4 汽车常见故障的原因及诊断方法

汽车因设计、材料、生产工艺、使用方式、维修保养等原因,在使用过程中不可避免地要发生故障。汽车故障有的是突发性的,有的是逐渐形成的。当汽车发生故障时,要能够用科学的方法和丰富的经验准确、快速地判断故障原因,找出损坏的零部件和部位,并应用合理的维修方法尽快地排除故障。因此,熟悉常见故障的原因、掌握故障分析和故障诊断方法,有利于对汽车故障做出准确而迅速的判断。

4.4.1 汽车故障产生的一般原因

(1)汽车的易损零件损坏。汽车设计时,因各种因素和各种功能的要求和影响因素不同,各种零件的寿命会不同,在恶劣环境下工作的零部件容易提前损坏。

(2)零件本身质量差异。汽车零件是大批量和由不同厂家生产的,不可避免地存在质量差异。

(3)汽车消耗品质量差异。汽车消耗品主要有燃油和润滑油等,若油料品质差就会造成燃烧室积炭、运动接触面超常磨损等,严重影响汽车的使用性能而发生故障。

(4)汽车使用环境影响。汽车在野外露天等恶劣、不断变化的环境里工作,会使汽车使用工况发生变化,容易发生故障。

(5)驾驶技术和日常保养的影响。驾驶技术对汽车故障产生很大影响。汽车使用和日常保养不善,不能按规定进行磨合和定期维护,野蛮驾驶等都会使汽车提前损坏并出现故障。

(6)汽车故障诊断技术和维修技术的影响。现代汽车高新技术应用较多,在汽车使用、维护、故障诊断和维修作业中,要求维修人员具备较高的汽车使用和维修保养技术,按照规范进行作业,保证维修质量。

由此可见,汽车故障广泛地存在于汽车的制造、使用、维护和修理等全过程,对于每一个环节都应十分注意,特别是在使用中要注意汽车故障的征兆,要及时发现故障隐患并及时排除,减少汽车故障的发生。

4.4.2 汽车常见故障现象和征兆

汽车故障的征兆由于形成原因不同而各具特点,归纳起来有以下几种情况:

(1)汽车性能异常。汽车性能异常主要反映在汽车的动力性和经济性上,主要表现是汽车最高行驶速度明显降低,汽车加速性能变差,汽车燃油消耗量变大,润滑油消耗量变大,汽车乘坐舒适性变差,汽车的振动和噪声明显加大,汽车操纵稳定性变差,汽车行驶时方向跑偏,车头摆振,制动跑偏,制动距离增大或无制动等。这些现象均表明汽车技术状况已恶化并产生了故障。

(2)汽车使用工作状况突变。所谓工作状况突变,是指汽车的工作状况突然出现异常现象,这是比较常见的故障征兆,应该注意。

一般表现为发动机突然熄火后启动困难,甚至不能启动;发动机在行驶中动力突然降低,行驶无力;行驶中突然制动性能降低,制动时跑偏,甚至失效;行驶中转向突然失灵;行驶时感觉方向盘变紧、汽车偏向一侧,或在一定的速度范围内出现异常的振动等。

这些故障征兆表现比较明显,容易察觉,但是发生原因比较复杂,主要是汽车内部原有故障没有被发现,发展成突发性损坏。

(3)汽车响声异常。汽车使用中的很多故障以异常响声的形式表现出来,驾驶人员和乘坐者都可以听到。若汽车在行驶中突然发出异响,驾驶人员应意识到车辆出了问题,应立即停车检查,切不可让车辆"带病行驶"。

有经验的驾驶人员,可以根据异响发生的部位和声音的不同频率和音色判断汽车故障,一般发动机响声比较沉闷并且伴有较强烈的抖振时故障比较严重,应停车、降低发动机转速或关闭发动机来查找;低沉的嗡嗡声可能是轴承的故障,也可能只是某个轮胎的问题;尖叫的声音可能需要更换刹车片,或者传动皮带松动打滑。服务顾问在听取客户描述故障时,最好能请客户说明在什么时候或什么使用条件下有异响发出,以便找出原因。

(4)有特殊气味。汽车行驶中最忌发生异味,若有异味首先要判断是否是汽车产生的异味。汽车异味产生的主要原因和部位有制动拖滞、离合器打滑时摩擦片发出的焦臭味;

蓄电池电解液的特殊臭味；电路短路、搭铁导线烧毁时的焦煳味；发动机过热、润滑油窜缸燃烧时发出的一种特殊的气味（润滑油的烧焦味）和燃油泄漏产生的异味。

（5）排气颜色异常。发动机在工作过程中，正常燃烧的产物主要是二氧化碳和少量水蒸气。如果发动机燃烧不正常，废气中会掺有未完全燃烧的炭微粒、碳氢化合物、一氧化碳、氮氧化合物和大量的水蒸气等，这时尾气的颜色可能变黑、变蓝或变白，也就是说排气颜色不正常。

发动机正常的排气颜色应该是无色的；如果润滑油上窜进入气缸，排气呈蓝色；如果燃烧不完全，排气呈黑色；如果气缸中有水，则排气呈白色。

（6）工作温度过高。通常出现在发动机、变速器、驱动桥主减速器、差速器及制动器等总成上。例如，发动机过热，多为冷却系有问题，即缺少冷却液、水泵不工作或发动机热负荷过大；变速器和驱动桥过热，多为缺少润滑油所致；制动器过热，多为制动摩擦片不回位所致。

有些部位的温度过高可以通过仪表盘警示灯直接反映出来，驾驶人员应该注意观察；有些部位的温度过高没有仪表显示，只能用手的感觉测试外表温度或用温度仪测试。

（7）油液渗漏。油液渗漏是指汽车发动机的燃油、润滑油（或齿轮油）、制动液以及动力转向系油液等的渗漏现象。这也是明显的故障现象，细心观察即可发现。

（8）仪表盘指示信号。仔细阅读汽车的使用手册，了解各种仪表和信号灯的含义，可以帮助驾驶人员及时发现故障。

（9）汽车外观异常。汽车停放在平坦的场地上，检查外形状况，如有横向或纵向歪斜等现象，即为外观异常。其原因多是车架、车身、悬架、轮胎等出现故障，会引起行驶时方向不稳、跑偏、重心转移和轮胎异常磨损等故障。

通过观察车身外观钣金件的配合是否协调、轮廓线是否平齐、配合间隙是否均匀等情况也可以判断隐性故障。

4.4.3 如何通过汽车外部现象寻找隐性故障

（1）通过轮胎异常磨损的特征判断汽车隐性故障。正常情况下汽车轮胎磨损应该是均匀的，如果发现磨损不均匀（异常磨损），就说明汽车存在隐性故障。具体内容可详见第3.3.2小节。

（2）通过车身钣金件的配合判断汽车隐性故障。在实际事故车修复中，对于局部变形产生的损伤，可以很直观地做出判断。但对车身整体变形造成的损伤就不那么容易查明。只有通过精确的测量才能确定变形的具体位置及损伤程度。

一般来说，车身外观钣金件的安装通过简单的调整就可以达到装配质量要求。然而，如果修复后车身结构性部件的关键测量点没有达到原始标准，那么将有可能从车身钣金件的配合上直接反映出来。通过观察车身钣金件的配合是否协调、轮廓线是否平齐、配合间隙是否均匀等情况，可以对车身变形区域、隐性故障进行判断。

案例 1-4-4：隐性故障(1)

一辆事故车，前部左侧受到侧向撞击，造成前保险杠、角灯破裂损坏，客户根据保险公司提供的定损单来汽车维修服务企业要求更换上述部件。

在维修前经过仔细检查发现该车辆经过撞击后，左前门与左前翼子板的间隙为8毫米，而右前门与右前翼子板的配合间隙为2毫米。发动机盖前部与左、右前翼子板的配合间隙也发生了明显的变化，如图1-4-1所示。在发动机机舱盖前部端角上的两点分别与左、右翼子板前端角上的两点平齐的情况下，发动机机舱盖与左、右前翼子板的配合间隙后端均为正常值4毫米，右侧前端为9毫米，左侧前端已没有间隙，甚至出现了翼子板与发动机机舱盖的重叠现象。发动机机舱盖强行打开后，发现锁柱已发生偏移变形，无法再次锁紧。

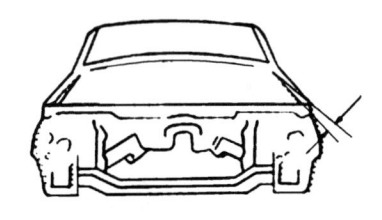

图1-4-1 车身钣金件装配间隙(1)

根据现象分析，上述情况应为车辆前部框架已发生向右侧偏移的变形，而发动机机舱盖仍在原始位置，最终导致上述钣金件配合不协调的现象出现。

为证实上述分析结论，将车辆置于车身校正仪上，用电子测量系统对车身上的控制点进行测量。当测量到车身前部下横梁上的测量点时，电脑显示此点比标准数据向右偏移了7毫米，发生了较严重的变形。

问题：

(1)根据此检查结果，说明能不能直接更换前保险杠和角灯？

(2)如果不能直接更换前保险杠和角灯，说明其原因，同时说明应该如何修理。

(3)结合此案例谈谈自己的体会。

案例 1-4-5：隐性故障(2)

一辆轿车与前面大货车发生追尾事故，造成车身左侧上部严重变形。

维修车间对变形部位进行了修复，修复后底盘数据打印报告显示，车身下部各重要控制点和工艺孔都在其正确位置上。

更换了左前侧悬挂系统的所有变形部件，做完四轮定位后，对车辆进行路试。行驶时明显感觉车辆向右侧跑偏，转向时发沉、费力。

再次检查车辆外观时发现左前门轻微下垂，铰链处有改动痕迹，且左前翼子板上部与左前纵梁螺丝连接处有明显的改孔现象，如图1-4-2所示。

问题：

(1)修复后车身下部各重要控制点和工艺孔都在其正确位置上，为什么路试时还会跑偏？

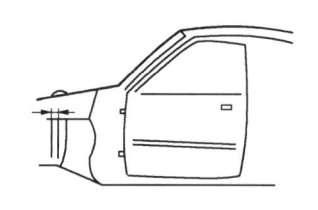

图 1-4-2　车身钣金件装配间隙(2)

(2)此车上次修复后存在的"左前门轻微下垂,铰链处有改动痕迹,且左前翼子板上部与左前纵梁螺丝连接处有明显的改孔"等现象说明什么问题?

4.5　维修及完工

服务顾问应善于利用维修进度看板(附表 4-3)、工时标准等辅助工具,随时掌握车间工作进度。在客户需要了解工作进度时,服务顾问有义务为客户进行确认。

4.5.1　送修车辆办理维修手续

客户离去后,服务顾问要迅速整理汽车维修委托书等资料,进行统计登记,如属单组作业的,将汽车维修派工单直接由业务部填列承修作业组;如属多组作业的,应将汽车维修派工单交车间主管处理。

由服务顾问通知清洗车辆,然后将送修车辆送入车间的车辆待修区,移交给车间主管或调度,并同时移交随车的汽车维修派工单,口述故障及车主要求。并请车间接车人在汽车维修派工单上签字,并写明接车时间,时间要精确到分钟。

送修时要求车辆维修信息完整,明确地传递到车间,并且确保车辆快速转移到维修区域,根据汽车维修委托书要求合理安排维修进度。

具体细则规范如下:

(1)收到接车通知,车间主管快速到业务接待区接收车辆,服务顾问应该主动、详细地向车间主管讲解维修内容和注意事项。

(2)车间主管与服务顾问核对下列内容:

①汽车维修委托书中维修项目、故障描述等内容。

②确定预计交车时间是否可行,若车间主管发现无法按要求时间交车,应提出可行的交车时间与服务顾问协商。不能在承诺的时间内交车时,服务顾问应该提前给予客户合理的解释。

(3)根据汽车维修委托书要求,考虑维修技师的专长,合理安排维修技师和工位,开出汽车维修派工单,并注明派工时间(也可以直接使用汽车维修委托书)。

(4)车间主管在车间的维修进度看板上标识进度。

(5)维修完工时间(含洗车)应控制在预计交车时间前 10 分钟。

(6)对于返修车辆,如果属于非人为原因,交给原维修技师优先安排维修;如果属于原维修技师的原因,则将此项维修交与技术专员或更高水平的维修技师完成。

4.5.2 车辆维修进度控制

为了掌握生产进度情况,服务顾问要定期向车间询问维修任务完成情况,询问完工时间、维修有无异常。询问维修情况一般在维修预计工期进行到70%~80%时进行,要准时询问,掌握交车时间,如有异常应立即采取应急措施,尽可能不拖延工期。

维修技师要严格按照汽车维修施工单的要求,参照技术资料,使用恰当的工具及检测设备进行维修,保质保量完成任务。具体要求如下:

(1)在规定的时间内完成所有项目的维修。维修技师应该将所有检查情况、检测数据以及使用建议完整地记录在汽车维修施工单上并签名,同时记录维修车辆的维修进程,填写车辆维修时点追踪报告(附表4-4)。

(2)当发生维修内容变更时,应严格遵照维修内容变更确认流程进行操作和确认。维修技师及时通知车间主管,车间主管确认后通知服务顾问,由服务顾问通知客户并征得客户同意且服务顾问签字确认后,方可实施变更项目维修。

(3)需要延长维修时间时,应提前通知车间主管和服务顾问,服务顾问应及时与客户沟通。

(4)维修后应清洁车辆。

(5)旧件擦拭干净后包装及回收。小件包装后放在副驾驶座位地板上;大件标识车号后放在车间指定位置,并在工单上注明;保修旧件交付给保修员。

(6)完工后在汽车维修派工单上注明完工时间,通知车间主管验车。

4.5.3 维修变更

维修技师在施工过程中需要维修变更(维修变更是指延长交车时间、改变维修项目等所有变更汽车维修派工单要求的情况)时,应该写到汽车维修委托书上,经技术主管确认、备件部报价后通知服务顾问。服务顾问接到车间关于维修变更项目的信息后,应立即与客户进行电话联系,尽可能陪同客户到车间确认故障,或电话征求客户对维修变更的意见,对维修变更向客户报价,同时应告之客户由维修变更引起的工期延期。若是通过电话确认,则需要在汽车维修委托书上注明电话号码、时间、对方姓名和确认内容。若维修内容变更使得费用增加较多时,需发传真请客户签字认可并发回后再进行有关维修工作。

客户确认签字(或电话同意)后,即开具维修追加项目单,填列维修变更项目内容后立即交车间主管或调度,然后通知维修技师执行。维修追加项目具体内容及要求见维修追加项目单(附表4-5)。

如果客户不同意维修变更项目,服务顾问应在汽车维修委托书上注明,口头通知车间并记录通知时间和车间受话人。

在向客户解释维修变更项目时,要从技术上进行解释,对于涉及行车安全的故障要特别强调利害关系,若客户拒绝维修变更时请客户签字确认。若客户对维修变更有抱怨时,要冷静对待客户的抱怨,不可强求客户,应当尊重客户的选择。

情境 要点总结

故障诊断及维修作业项目确认是整个服务流程中最重要的步骤之一,服务顾问必须快速、准确地判断汽车故障的原因,确定维修工作内容,并用最小的成本解决问题。因此要求服务顾问要熟悉常见汽车故障的原因、掌握故障分析和故障诊断方法,对汽车故障做出准确判断。

维修内容的确定包括确定维修项目、维修费用、维修时间和发掘客户自述维修内容以外的维修内容。

服务顾问应该随时掌握车间工作进度。在客户需要了解工作进度时,服务顾问有义务对客户进行答复。

预检和问诊流程及要求见表1-4-1。

表1-4-1　　预检和问诊流程

步骤 工作要求	责任部门:前台业务部　　责任人:业务接待				
	问诊	预检	故障判断	车间协助与试车	工作内容确定; 客户休息
工作标准	了解客户期望和车辆状况	与客户一起对车辆进行检查	故障诊断正确	对于疑难杂症,请车间协助完成诊断	诊断时间较长,向客户解释并请客户休息
所需工具	接车单、接车问诊表				
具体细则规范	问诊、故障判断、工作内容确定	对行驶里程较长、底盘故障的车辆仔细检查	遇故障复杂时请车间协助诊断	征得客户同意,专业人员试车	待客热情、礼貌
注意事项	不能准确诊断的故障不要妄加定论	在预检工位仔细检查;向客户推销其他服务	不能轻易地将诊断的责任转移到车间	对于疑难杂症,应该按照规定申请技术支持	若诊断时间较长,可提供代用车或其他服务

制单流程及要求见表1-4-2。

表1-4-2　　制单流程及要求

步骤 工作要求	责任部门:前台业务部　　责任人:业务接待				
	核实车辆信息	输入接车单	费用、配件	确认、签字	引导客户休息
工作标准	核实车辆信息无误	输入电脑重新确认故障描述及需求	确认配件,估算费用、说明是否属于保修	解释项目、费用和时间,汽车维修委托书签字	开好汽车维修委托书后引领客户到休息室休息
所需工具	接车单、汽车维修委托书、管理系统				
具体细则规范	客户接待台前就座,出示保修服务手册并核实车辆信息	输入电脑并确认	确定无库存的配件,告知客户配件到货时间和价格,确认修理是否进行	当可能会有附加成本时,应向客户建议一个成本范围	让客户在汽车维修委托书上签字,将客户联交给客户,引导客户到休息室
注意事项	持续与客户交流	返修、专项服务等内容要有特殊标识;保险维修车辆应签汽车维修委托书	解释服务内容、费用和交车时间	及时通知车间主管,维护工作进度板	引导客户到休息区休息敬茶或咖啡;保持休息室整洁

课后练习

〔课后案例〕

一辆轿车右前下部曾发生过拖底事故,在某家修理厂维修后发现右前门开启时与右前翼子板下部有咬边、剐蹭现象,需要维修。

接车检查时发现右前门开关正常并无下垂现象,与右后门配合良好,但与右前翼子板的配合间隙上端为 8 毫米,下端仅为 1.5 毫米,如图 1-4-3 所示。当右前门开起到一定程度时,下部门边与右前翼子板下部(间隙小处)确实有剐蹭现象,剐蹭部位出现锈蚀现象。

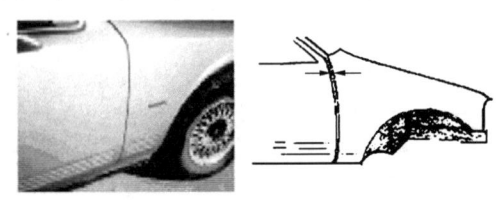

图 1-4-3 车身钣金件配合间隙(3)

根据上述现象判断,在上次维修时右前部下侧梁头处没有充分修复到位,最终导致上述现象发生。经过测量发现车辆前部梁头确实低于正常值 11 毫米。与车主协商后进行修复,对翼子板简单调整,使之与车门间隙均匀,剐蹭故障排除。

问题:由此案例可以得到什么启示?

结论:

在实际工作中有很多通过观察车身钣金件配合情况,分析、判断隐性故障的例子,如通过前、后门的配合分析中立柱(B柱)、车身下部的变形情况,从后门、后翼子板、后备厢盖之间的配合分析后部车身的变形情况等。

在没有车身校正仪及测量系统时,钣金技师都是利用经验修车。这种检验方法虽然不够精确,但对初步分析与判断车身变形情况、发现隐性故障等是一种快捷的方法。随着精确电子测量系统的出现,钣金修复工作变得更加科学有效。

〔思考题〕

1.〔案例分析〕维修内容和维修方法的争议。

某车行驶里程为 37000 千米,在某维修公司进行了制动系维修,但是在使用过程中汽车高速行驶(约 110 千米/小时)制动时方向盘会发抖,客户认为是维修质量不好造成,而服务顾问建议光削前制动盘解决故障,并表示不是维修质量问题。客户明显表示不满意,认为前刹车盘在这么短的时间产生这个故障是不正常的。后来请车间检验员进行试车确认,决定对前刹车盘进行免费光削处理,并按一般维修程序接待,维修后客户离开。

在客服部门跟踪时,客户对服务表示明显不满意。

问题:应该如何对待此问题?请设计相应的对策。

2.〔问题讨论〕工时费、保修。

一位客户更换火花塞和分缸线后,对收费不满意。

"换配件居然还要收工时费,人家都是包安装。""10分钟收工时费40元,你们太黑了吧?""说是保修,却从来都没有享受过免费,每次都收费。"

问题:应该如何应对客户的抱怨?

3.汽车故障诊断及维修项目确认的重要性是什么?

4.汽车维修工作内容确定方法和注意事项是什么?

5.汽车维修过程中服务顾问有哪些工作要做?

情境 5

交 车

导入案例 5-1
竣工检验不认真

某车辆进行局部油漆作业,完工后质量检查时发现喷漆的那扇门还有一个凹点,但不是很明显。按工艺要求应该返工,可是现在返工时间不够,于是商量后决定交车,理由是损伤不是很明显,客户接车时也不一定能发现。同时因为此车主是老客户,与汽车维修公司比较熟悉,每次来接车时都是稍微看看,没什么大的问题就算了。

接车时,客户检查后发现了该凹点。客户拒绝接车,要求返工。

【问题】

(1)是什么原因造成客户拒绝接车?汽车维修公司的做法有什么不妥?

(2)如何保证维修车辆的合格率,避免在临近交车时发现维修缺陷?

(3)如何正确解决本案例中客户拒绝接车的问题?

【结论】

(1)维修保养完成后,应该进行质量检查和内部验收。

(2)如果交车时发现问题,应该及时与客户联系说明,返工解决问题。如果延迟交车,请客户谅解。返工合格后再通知客户接车。

导入案例 5-2
交车作业不规范

(接【导入案例 3-3】接车环检要规范)一个多小时过去了,服务顾问还是没有告诉赵先生车辆的维修保养消息,赵先生决定去问问。他走出休息室,向遇见的一位员工询问。

"您好,我想问一下我的车什么时候修好?"

"请问您的服务顾问是谁?"

"我不知道他的名字。"

情境 5　交　车

"那好吧,我从电脑里查,请问您的名字是?"

查询后,赵先生得知他的车仍在车间里,虽然已经保养完毕,但忘了检查刮水器,车间正在安排维修技师检修刮水器。

"什么时候能够修好? 我还要上班,现在已经迟到了。"

"可能还需要十分钟。您的服务顾问是钱进,我把他叫进来和您谈吧。"

赵先生回到休息室继续等待。刚刚喝完茶,赵先生就听到扬声器里传出的声音:"赵明先生,请到维修车道来。赵明先生,请到维修车道来。"

在别人的引导下,赵先生找到了服务顾问钱进。

"很抱歉那样呼叫您,我们今天实在是太忙了,这边离不了人,您的车子已经修好了,这是汽车维修施工单。"

"我要这个有什么用?"赵先生问道。

"带着汽车维修施工单去找收银员,他们会向您解释的。"

赵先生找到了收银台,耐心排队等待。

收银员看了下汽车维修施工单,打出来一张发票。

"一共是 240 元。"

"我的车还在保修期内,怎么还要花 240 元?"

"您需要支付磨损项目费用,包括润滑油、润滑油滤清器,还有更换刮水器刮片的费用。我也不是很清楚具体有哪些项目,一共 240 元。"

对于所需支付的费用,赵先生觉得有些疑惑,但他的服务顾问又不在身边,不能向他问询原因,另外他又要赶着去上班,所以他有些不情愿地缴了费。收银员找完零钱,递给赵先生发票,"您可以去提车了,谢谢。"

赵先生出去取车的时候已经是上午 10 点 30 分,此时维修车道已经没人了。他等了会还不见有人送车来,他只好又回到收银员那里。

"我已经等了好一会儿了,为什么车还没有送过来?"

收银员回答道:"他们可能正在给您洗车,不过提车不归我管,请联系您的服务顾问,谢谢。"

赵先生又走了出去,几分钟后,他的车开过来了,上面还流着水。最初在外面给他检查车辆的那位工作人员为赵先生打开车门。赵先生发现三件套还没有摘下,他满心不悦地摘下三件套,塞进了堆满垃圾的垃圾桶。

赵先生把车开出了汽车维修公司。他试了一下刮水器,异响依旧。

【问题】

(1) 本案例中,汽车维修公司的工作有哪些做法不符合规范? 规范的做法是什么?

(2) 讨论如何做好交车工作。

【结论】

(1) 维修保养完成后,应该进行质量检查,进行内部验收。

(2) 客户在休息室等待车辆维修保养完工时,服务顾问应该与客户沟通维修工作的进展情况。

(3) 结算时要向客户解释维修项目和费用。

(4) 必要时请客户试车。

学习目标及要求

熟悉维修保养车辆完工检验的目的,掌握降低返修率和提高客户满意度的方法。
掌握完工检验的流程和要求。
掌握客户接车时有关准备工作的内容和要求,能够按要求处理延期交车。
熟悉结算时向客户解释作业项目及费用的方法。

学习内容

高质量完成交车,不是维修环节的结束,而是提高客户满意度工作的开始。此环节不仅决定客户是否满意此次维修保养服务,而且决定着客户是否在该汽车维修公司继续消费。因此,竣工交车环节起着承上启下的作用。

向客户交车前要进行内部验收,确保维修保养工作高质量完成。同时准备好客户接车和下次保养提醒等资料。

如果不能按期交车,要及时向客户解释并争取客户谅解。

5.1 完工检验

5.1.1 完工检验的重要性

对维修保养车辆进行完工检验,是对服务质量的综合检查,也是对维修技师技术水平评判最有效的手段之一。

对维修保养车辆进行完工检验的目的是降低返修率;消除车辆使用隐患,防止重大事故的发生;提高客户满意度。

维修工作完成后,首先进行内部交车,确保维修质量。内部交车的流程主要是自检并签字、互检并签字和终检并签字。注意要保证原始资料的可追溯性。具体步骤是:检查流程执行、检查车辆内外状况、车辆清洁、准备交车材料等。

5.1.2 内部交车

(1)车间检验。车间维修完工后,要进行维修质量检验,经车间主管确认后在汽车维修施工单上签字,或车间调度审核合格为完工。完工检验内容如下:

①确认维修项目按要求完成,所有安全项目均已检查合格。
②检查相关单据是否按要求填写完成。
③旧件的处理按与客户的约定执行。

④确认在维修保养的过程中没有损坏客户车辆。对通过质检的车辆进行外部清洗、内部吸尘。清洁时注意保护漆面,车身及玻璃上的水渍要擦干。工作完成后填写车辆清洁检查表(附表5-1)。

⑤清点随车工具和其他物品。

⑥确认实际维修换件项目和费用是否与汽车维修施工单相符。

(2)服务顾问接车。将竣工车辆从车间开到竣工区,服务顾问与车间进行内部交车,车间将车辆和汽车维修施工单在竣工区交给服务顾问,汽车维修施工单上的异常笔录应该向服务顾问解释清楚。

服务顾问对完工车辆进行检验,包括依据汽车维修施工单进行维修内容确认,检查车辆外观技术状况及随车物品,检查车辆清洁情况。

①车辆清洗完毕后,将车辆开至竣工车停车位上,通知服务顾问验车。必须注意车辆要停放整齐,并保证车头面对通道或大门口,便于客户将车辆驶出。关闭车辆音响、车窗,锁闭车门。在汽车维修施工单上注明停车位置。

②车间交出竣工验收车辆后,服务顾问要对车辆做最后一次清理:清洁、整理车厢内部,查看外观是否正常,将座椅、后视镜等的位置及角度调回客户进厂时的状态。清点随车工具和物品,并放入车上。

③交车准备做完后,服务顾问与客户取得联系,确定客户方便的接车时间。具体见车辆问诊及维修记录单(附表5-2)。

5.2 客户接车

5.2.1 通知客户接车

通知客户接车前,要准备好客户接车资料,将该车全部单据汇总核算,此前要通知并收缴车间与配件部有关单据。同时准备好有关下次保养提醒的内容。

一切准备工作完成之后,提前(工期在两天之内一般提前一小时,工期在两天以上一般提前四小时)通知客户接车,并致意:"谢谢合作!"如不能按期交车,也要按上述时间或更早时间通知客户,说明延误原因,争取客户谅解,并表示道歉。

话术

"您好,我们对您的车辆检查后发现刹车片厚度仅为1.5毫米,而刹车片厚度的最小值为1毫米,接近了这个值就要及时更换新的刹车片了,否则会影响车辆制动性能。为了确保安全,在这次保养中建议追加更换刹车片项目。"

"张小姐,实在抱歉,因为零部件到货时间比预期晚了半天,耽误了我们的维修时间,所以不能按原计划交车,我们尽量会赶在18:00交车给您,给您带来不方便请谅解。"

5.2.2 对接车客户的接待

在交车及结账时要向客户解释此次维修的项目和追加项目,给客户查看更换后的旧零件;向客户解释发票及有关资料;宣传预约优势;陪同客户做最后验收。

交车及结账的工作要求是保证准时交车;对维修项目和其他相关事情进行详细解释;确保车辆内外清洁;向客户传授维修保养及使用等方面的知识;提出关怀性建议。这些做法的目的是提高交车的满意度。

在业务厅接待前来取车的客户时,向客户介绍车辆维修情况,引导客户检查竣工车辆,"谢谢您的等候,您的车现在已经维修好了,让我陪您去验车吧。"

5.2.3 客户验车

客户接车时,服务顾问要用细微的行动让客户知道车辆已被认真清扫过,即要达到"设置复位,车内清洁"的要求。

服务顾问应携带一条白毛巾及委托单陪同客户一起验车,对没有安置护车套件且维修人员可能接触到的位置用毛巾进行擦拭,并在客户面前将护车套件取下。

"您的车已经通过完工检验,您需不需要验一下车?"

若客户需要试车,服务顾问应坐在副驾驶的座位上(此时副驾驶的座椅套和脚垫不能取下)陪同试车,试车完毕下车后将接触过的地方用白毛巾进行擦拭。

验车时如果需要进行旧件交接,服务顾问应告诉客户更换下来的旧件的放置位置,并请客户当面核对。

服务顾问提醒客户对座椅、后视镜等进行设置复位。在客户面前撕下用来标注客户座椅位置的纸标签。

实施15秒车内清洁,用干湿毛巾对驾驶员周边(如中央控制台、仪表板和方向盘等处)实施清洁。

5.2.4 客户接车

服务顾问向客户解释维修结算单的内容和价格,并签字确认(客户接车签名、服务顾问交车签名)。

如果客户无法及时来接车,在条件允许的情况下,服务顾问应为客户送车。送车前要先准备好维修结算单,并通过电话向客户解释作业项目及费用。在抵达客户处陪同客户验车并进行结算工作。

在向客户交车时,注意向客户展示更换的旧件。通过展示旧件,说明更换原因并解释更换的必要性,可以让客户相信维修内容的真实性,同时让客户感觉到此次维修保养是必要的,对车辆的性能和寿命是有益的。

"请看这是从您车上换下来的旧刹车片,最薄处仅为××毫米,新片厚度为××毫米,如果不及时更换将会大大降低制动力,而且在每次刹车时会发出'吱吱'的金属摩擦声,最糟糕的情况是会完全失去制动力,出于安全行车考虑,刹车片残留××毫米以下时,建议更换刹车片。换下来的刹车片您需要带走吗?"

在向客户说明维修项目和费用时,要对照汽车维修施工单和维修结算单逐项说明,说明重点是高价项目和免费项目,"这是您的车辆在这次维修保养中的汽车维修施工单和维修结算单,请您过目。"

5.2.5 交车时的超值服务

在客户基本需求得到满足并且客户比较满意后,可以向客户推荐以下项目:车辆保险、漆面清洗养护、室内清洗、轮胎上光、装饰用品和发动机养护产品等。

若客户购买了新的汽车用品,应该指导客户学习所购产品的使用方法,并给予专业的使用建议。

链接

满意度下的增值链

高质量的服务接待,可以提高客户满意度,在客户满意的基础上,可以实施满意度下的增值链的合理运用,扩展公司业务。

提高客户满意度的两个关键方面:解决客户的问题,合理收费。

满意度下的增值链的合理运用,就是让客户在满意的业务接待中,形成消费意识。

增值业务链主要包含汽车精品业务、汽车保险业务、汽车会员俱乐部业务、汽车售后服务和原厂备件业务、汽车深化养护业务和备件促销业务等。

服务顾问接待客户时要做到思行合一的"人到、言到、心到、做到",具体做法如下:

(1)见到客户,车到人到,主动问好,开展相应的工作。

(2)看见车辆交强险的标签,确认保险到期的日期和验车日期,推荐会员俱乐部服务。

(3)看见车辆有损伤,询问保险公司的归属和修理时间,并推荐公司的一站式服务的好处,甚至复印保险单据,留存信息。

(4)推荐汽车精品、汽车美容和装饰等产品。

(5)推荐零配件促销活动。

(6)推荐原厂备件和深化养护,培养客户的深化养护意识。

(7)推荐会员卡、折扣和救援服务。

5.3 结　算

服务顾问引领客户到收银处结算时,结算员应主动礼貌地向客户问好,示意台前就座,迅速拿出维修结算单呈交客户。当客户同意办理结算手续时,应迅速办理。当客户要求打折或有其他要求时,结算员可引领客户找业务主管处理。

"谢谢您选择我们的服务,我们已经完全按照您的要求完成了车辆的维修项目,请您多提意见和建议,以促使我们今后的工作做得更好,也希望您能继续选择我们的服务。"

财务人员进行结算审核,确认维修结算单记录的维修项目、所用零配件的价格以及维修工时费用,由系统自动计算实际维修费用,生成维修结算单(附表5-3)。

在客户面前打印维修结算单,服务顾问需针对客户进厂时描述的情况,将维修结算单中所涉及的作业项目及发生的费用向客户进行解释。如果有新增项目,也要向客户再次解释。

在支付费用时,人们总有些不情愿和抵触情绪。为了使客户心情愉快,服务顾问应提供更亲切周到的服务,陪同客户进行结算、办理手续和付款。

"我们这里付款很方便,刷卡和现金都可以,让我带您过去吧。"

"王先生,很高兴为您服务,您这次的费用为××。"

结算完毕,应即刻开具该车的出厂通知单,请客户在维修估价单上签字。最后将该车的维修估价单、维修结算单、维修质量保证书(附表5-4)以及随车证件和车钥匙一并交给客户,然后由服务顾问引领客户到停车场,为客户打开车门,并主动帮客户将保养提示卡(附表5-5)置于不妨碍客户驾驶且醒目的地方。与客户道别并感谢客户惠顾:"××先生/女士请走好。""祝一路平安!欢迎下次光临!"服务顾问应目送客户车辆离开,直到客户车辆顺利驶出公司大门后再回到接待区(接待室)。

整个结算交车过程的操作和用语要简练,不要让客户觉得拖拉烦琐。

5.4 业务统计报表的填制、报送

由业务部门完成业务统计报表的填制、报送工作,主要有周、月维修车辆的数量、类型,维修类别,营业收入与欠款的登记、统计及月统计分析报告,并按时提供给财务部、分管经理、总经理,以便经营管理层进行分析决策。

按规定时间完成报表填报,日报表当日下班前完成,周报表在周末下班前完成,月报表在月末最后一天下班前完成。车辆维修准点交车统计表和工期统计报表,见附表5-6和附表5-7,注意统计要准确、完整。

情境 要点总结

维修保养完成后要进行内部验收,确保维修保养质量,提高客户满意度。

通知客户接车前要准备好客户接车资料,同时准备好下次保养提醒的资料。

如不能按期交车,要及时通知客户,说明延误原因,表示道歉并争取客户谅解,完工后再通知客户接车。

结算时要向客户解释作业项目及费用。

维修保养项目完成后,要制作业务统计报表供管理层分析决策。

交车作业流程及要求见表1-5-1。

表 1-5-1　　　　　　　　　　　　交车作业流程及要求

地点	担当者	作业流程	注意事项	辅助工具	应对条件	对应 CSI 调查项目	强调点
车辆竣工区	服务顾问和质检员	车辆终检	与质检员共同确认维修或保养项目完成情况	汽车维修施工单、接车单、车辆清洁检查表（如客户当天取车）	维修完毕并检验合格	完成所有项目；车辆内外清洁	车辆清洁检查表由质检员填写，服务顾问复查
			车内外清洁，车内是否留有修护用品	薄膜袋	对于小的维修旧件，可用专门的薄膜袋存放	工作质量	确认工作项目完成，小旧件随车，车辆清洁达标
客户休息区	服务顾问和客户服务员	通知取车	通知客户维修或保养完成，可以取车	接车单、维修估价单、汽车维修施工单、维修结算单、车辆清洁检查表	通知客户取车	维修结束时通知	若客户在休息室，可由客户服务员通知客户取车
车辆交车区	服务顾问	交车说明和确认	根据维修估价单的维修项目说明项目完成情况	维修估价单		按时完成；单据说明；清洁车辆	避免反结算
			展示旧件并按要求处理	旧件	有旧件的维修		
			说明外观及当面检查"五油三水"	外观检查报告、车辆清洁检查表			
			解释维修费用，说明免费的金额	维修结算单			
	服务顾问	安排结账	引导客户至出纳处结账	维修估价单（客户联）			
出纳柜台	出纳	结账	确认取车联上客户资料是否变动	维修结算单	自费维修的客户		
			请客户签字	维修结算单			
			收款开票	发票			
			开出门证	出门证			车辆凭出门证出门

续表

地点	担当者	作业流程	注意事项	辅助工具	应对条件	对应CSI调查项目	强调点
接待柜台	服务顾问	联系电话提醒	提醒客户有无联系电话	联系电话表		服务电话	接待处摆放服务电话表
	服务顾问	单据装袋	向客户说明单据的清单				
	服务顾问	保养提醒	填写保养提醒卡并递名片	单据袋	向第一次见面的客户递名片		
交车区	服务顾问	送客上车	拆除座套等五件套				为加深客户的印象
			提醒车辆外观（含备胎和工具）正常				提醒客户对车辆外观进行当场确认
			帮客户关上驾驶侧车门				
			向保安递交出门证	出门证			由客户服务代表向保安代交出门证
			必要时协助出厂指挥				
			挥手示意并说谢谢				

补充说明：
如果是免费项目，则可省略客户到出纳柜台的结账程序。当服务顾问向客户作交车确认和说明后，由服务顾问请客户在维修结算单上签字，再由服务顾问凭客户签字的维修结算单找出纳开具出门证

〔思考题〕

1. 如何提高交车质量？
2. 维修保养完成后，为什么要进行内部验收？内部验收的内容和要求有哪些？
3. 如果交车时发现问题，不能按时交车，应该如何处理？
4. 通知客户接车前，应该准备好哪些资料？
5. 维修保养结算时要注意什么问题？
6. 业务统计报表的内容有哪些？

情境 6

跟踪服务

导入案例 6-1

客户档案的作用

在一起交通事故现场,已有五六家汽车维修公司的工作人员围着车主,希望车主到他们的公司去维修车辆。我感觉其中一辆车以前好像到我公司维修过,于是打电话让信息员查了客户档案,客户档案中记录这辆车确实在我公司维修过两次,车主姓李。我决定抱着试试看的态度接触一下。李先生这时正被几个人围着,被"师傅""老板""经理"地叫着,他显得很烦。我走上去热情地向他打招呼:"李老板,您好。"他以为遇到了熟人,对我的态度明显比其他人好。我帮他在现场与交警一起处理完了事故,他很感激,临别时我给了他我的名片,他看了名片说:"我们以前见过,你们公司挺正规的,这次处理完事故,修车还要麻烦你。"于是我公司承修了他的车辆。

【问题】
客户档案在维护客户关系中的重要性体现在什么地方?

【结论】
平时积累,"战时"得利。

导入案例 6-2

如何冷静地面对客户的抱怨

某车刚刚检修完"偶尔熄火"的故障,维修厂更换了火花塞,检修了相关电路。维修后不久,该车在高速公路上再次熄火,被高速公路清障车拖至修理厂。

客户(司机):"刚刚修完的车就这样,你们修理厂还能修车么,哪一位说了算。"(客户激动地边说边拍击前台办公桌)

接待员:"您请坐,有什么事情请您慢慢说,请您告诉我事故发生时的情况。"

客户描述故障过程。

接待员:"给您添麻烦了,对此深表歉意。不过这个问题超过了我的权限,这样吧,我带您去见我们经理。"

(服务经理办公室)

客户:"老板仍在高速公路上等待,赶快给我解决办法"。

服务经理:(让座、上茶、递烟)"我马上安排人员去接您的老板。"

客户:"这次车辆故障使我们老板很不满,害得我还要挨骂,耽误我们多少事情知道不?"

服务经理:"您知道这种偶尔发生的故障是很难查的,我们可能在技师安排上有问题,我马上给您安排技师彻底检查。对这次事故给您带来的不便我深表歉意,一会麻烦您把老板的电话给我,让我向他解释一下,别让他认为是您的错。"

客户:"这倒不用了。"

经过协商,问题得到圆满解决。

【问题】

(1)本案例中接待员和服务经理做得正确和不正确的地方有哪些?

(2)应该如何接待正在发火的客户?

【结论】

因为人冲动时容易犯错,所以客户激动时要先让客户冷静下来,也许就容易与客户沟通了。

导入案例6-3

如何面对客户的愤怒

客户发动机大修后,在高速公路行驶时,连杆断裂把缸体敲破,客户到厂后抱怨。

客户(老板型):"刚刚大修的车辆就出现这样的问题,你们要马上拿出处理意见并且马上修好我的车,我的时间很宝贵。"

服务经理:"经过调查,这个问题确实是由于我们工作不细致导致的,首先我代表公司向您道歉(施礼),另外会尽全力把您的车子修好。"

客户:"怎么,修好车就算了?我这次出差可是去谈很重要的生意,现在耽误了时间,我们的损失怎么办?"

服务经理:"没问题,只要是我们造成的,我们肯定承担责任。相信您是做大生意的人,诚信对你我来说都很重要,今后我们肯定还会有合作的机会。一旦我们在赔偿上有什么分歧,没有办法达成共识,那么我们可以到政府的相关部门或第三方机构进行仲裁。"

客户:"那我在高速上的拖车费怎么办?"

服务经理:"没问题,您知道拖车的费用是有发票的,我们凭发票给您补偿。"

客户:"那么车几天可以修好?"

服务经理:"大概需要两到三天,我们会加班为您修理,而且提供最好的技师。"

客户:"那我这几天怎么办?"

服务经理:"我们会为您提供替代车使用。"

【问题】

如何控制发火的客户并使之回到解决问题的现实中来?

【结论】

处理客户抱怨时应该做到"承认错误、调查事实、柔中带刚"。

学习目标及要求

熟悉客户档案建立和保管的方法和要求。
掌握客户投诉处理的相关流程和要求。
掌握跟踪服务的具体内容和要求。
掌握客户满意度的调查方法和分析方法。

学习内容

汽车维修服务企业必须做好跟踪服务,掌握服务的不足之处,了解客户对服务的评价和期望。同时还可以了解客户对员工的评价,改进他们工作中的不足。

跟踪服务的要求是跟踪和处理要及时和高效,专门的机构和专业的人员负责,建立和使用高效的跟踪系统。

要求做好跟踪服务计划,采用合适的跟踪服务形式。对跟踪服务人员进行培训,授予他们适当的处置权,确保在第一时间处理好客户的抱怨。

利用跟踪服务的资料进行结果分析,提出改进意见,做好内部改善工作,提高客户满意度和忠诚度,降低客户流失率。

6.1 客户档案管理

客户进厂后业务接待人员当日要为每一位客户建立业务档案,老客户的档案资料表填好后,仍存入原档案袋。

建立档案要细心,不可遗失档案规定的资料,也不可随意乱放,应放置在规定的车辆档案柜内,由专人保管。

6.1.1 客户档案的建立方法

客户是企业的重要资源,建立客户档案的前提是要有准确的客户信息来源。准确的客户信息常有以下三种来源:

(1)销售纪录。如果一个企业刚刚开始建立客户档案,查阅企业销售记录是一个最直接、最简单的方法。从销售记录中,可以看到现有客户和曾经进行交易的伙伴名单。

(2)车辆管理部门档案。从车辆管理部门获得所需的客户信息和客户车辆信息。

(3)维修服务登记。在维修服务时进行登记是一个最简单的办法。在建立客户档案时,很多企业都采取请客户自己登记的方法,以获得更多、更准确的客户信息,但是采取这种方法需要得到客户的配合。很多客户不愿花费时间和精力填写登记卡,即使填了也难以保证质量。企业可以用某种方式对自愿登记的客户进行奖励,如赠送小礼品等。

在客户办完车辆送修手续后,或客户到公司访谈咨询业务完成后,两日内建立相应的客户档案。如是老客户则在客户档案中进行此次内容的备案。

客户信息收集流程如图1-6-1所示。

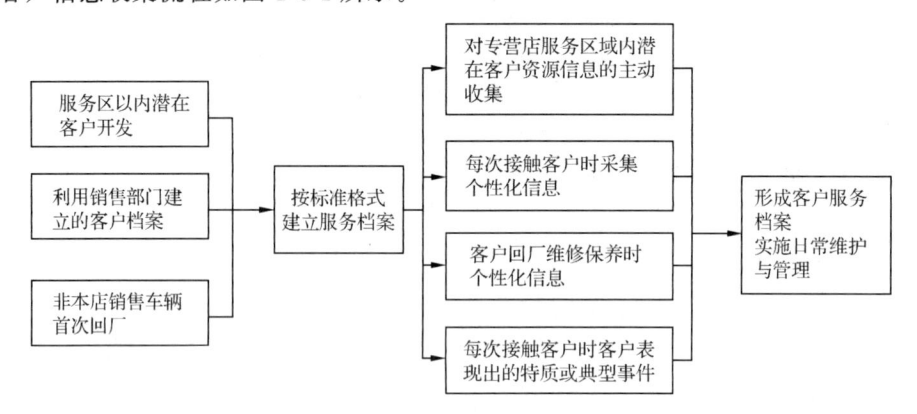

图1-6-1 客户信息收集流程

6.1.2 客户档案的建立内容

建立客户档案可以更好地记录客户资料,详细地了解客户。

当客户到汽车维修服务企业进行车辆的维修保养或咨询、商洽有关事宜时,在办完有关手续或商谈完后,业务部应及时将客户有关情况整理制表并建立档案,完成档案归档整理工作。

客户档案包括客户车辆档案、客户个人资料档案和客户车辆维修档案等内容,具体包括客户有关信息资料(姓名、身份证号、联系方式等);客户车辆有关信息资料(车型、车牌号、底盘号、发动机号、车身颜色、购车日期、首次保养日期及里程等);维修保养信息资料(维修保养项目及结算情况、汽车维修派工单编号、维修日期、维修内容、更换配件名称、各种费用、保养周期、下一次保养日期等);观察得到的有关信息(客户学历、收入、单位及其地址、感兴趣的服务、来站间隔时间、付款方式等);客户投诉情况(来访日期、内容、要求等)、客户咨询情况(希望得到的服务和解决的问题等)。

客户档案是客户数据库资料的基本内容,完善的客户档案是企业与客户联系的纽带,通过客户档案,企业可以了解客户的性格、工作背景、收入状况、车辆状况以及与企业合作的情况等。

(1)基本资料:主要包括客户姓名、家庭住址、工作单位、联系方式、出生日期、性格特征等。

(2)教育背景:接受教育经历、目前学历层次等。

(3)家庭及个人生活:婚姻状况、家庭的结构、重要的纪念日、配偶及子女的情况,本人的健康状况、饮食及休闲习惯,喜欢的运动及聊天话题等。

(4)人际关系:与亲人、朋友及邻里相处的情况,接触的频繁程度,对人际关系的看法等。从事的职业、年收入、对目前公司的态度、对事业的态度、事业目标、最开心的个人成就、与本公司的业务往来情况、与本公司关系如何等。

（5）个性阅历：个性特征描述、特长、业余爱好、忌讳、是否有宗教信仰、专业能力、购买车辆的动机和偏好、目前所在的俱乐部或社团、对目前经历的综合看法、未来的人生目标等。

（6）客户个性：与这位客户交谈有哪些道德顾虑，客户对本公司或竞争对手的意见看法，是否愿意接受他人建议，是否重视别人的意见，是否固执，待人处事的风格。

（7）其他可供参考资料。

具体见附表6-1客户档案资料的内容。

6.1.3　客户档案信息的分析和应用

客户档案一般使用汽车维修管理软件系统进行管理，目的是方便记录、更新、管理和查询。

利用客户档案，可以使客户得到更合身、更高效的服务。服务顾问可以从电脑管理软件系统中调取客户相应资料，能够知道该客户是老客户还是新客户，该客户是处在什么样的消费群体之中；能够知道该车上次进行了什么样的维修，能够预测到本次应该进行什么维修保养等。这样就能够在维修价格、维修质量、维修工期、付款方式、维修保养建议等方面与客户进行友好的沟通。

利用客户档案便于进行跟踪服务，使经营活动由被动变为主动。根据客户档案，可以知道该车什么时候进行年审、保险到期、驾驶证审验、下次维修保养等确切的日期，便于在适当的时间开展提醒服务，为客户提供增值服务，同时提高售后服务的业务量。了解客户的满意度和汽车维修服务企业存在的问题，便于企业进行相应的经营决策和及时解决存在的问题，提高客户的满意度。

通过了解客户的信息，可以加强与客户的交流。例如，在客户的生日当天，为他送去生日蛋糕，给他一份惊喜；也可以利用客户的业余爱好，与他们进行沟通。汽车维修服务企业要以对待朋友的态度，运用这些客户资料，与客户建立密切关系。

在掌握了客户的档案信息后，就要积极着手分析客户档案。客户档案分析的内容取决于客户服务决策的需要，由于不同企业、不同时期这种需要是不同的，所以进行客户档案的分析和利用的内容也不同。一般说来，常用的客户档案分析内容有客户经济状况分析、收入构成分析和客户地区构成分析。

（1）客户经济状况分析。利用客户档案记录内容可以详细地、动态地反映客户行为及状况的特点；进行客户经济状况分析，确定针对不同客户的付款条件、信用限度和价格优惠等。信用分析也是客户档案分析的重点内容之一，利用档案中客户经济情况资料、付款方式、付款记录等，还可以对客户的信用进行定期的评判和分类。因此，对于信用分析中信用等级高的客户，作为业务发展的重点，并给予更丰富的资源投入，如优先服务、特殊服务、优惠价格和信用条件等，这对于维护汽车维修服务企业资金良好运行有着很重要的作用。

（2）收入构成分析。即统计分析各类客户及各类客户中每位客户在汽车维修服务企业总收入中所占比重，以及该比重随时间推移的变动情况，用以表明汽车维修服务企业服务的主要对象,由此划分不同类型的客户。这对于明确促销重点、按照二八定律来分类管理客户是十分重要的。

(3)客户地区构成分析。利用客户档案分析客户地区构成是一种最普遍、简单的档案分析方法,分析汽车维修服务企业客户总量中各地区客户分散程度、分布地区和各地区市场对汽车维修服务企业的重要程度,是设计、调整分销和服务网络的重要依据。值得指出的是,这种构成分析至少要利用5年以上的资料,才能反映出客户构成的变动趋势。

除以上档案分析内容外,在实践中一些汽车维修服务企业还可以利用客户档案进行追踪与评价、客户与竞争者关系分析、客户占有率分析、开发新客户与流失客户分析、企业营销努力效果分析、合同履行分析等。

建立客户档案、收集客户资料的目的是为了利用这些信息,使其在实现企业的客户导向中真正发挥作用,实现信息的价值。因此,要在建立客户档案的基础上,不断开发利用档案信息内容。

客户档案不仅在客户关系管理方面,而且在汽车维修服务企业面向客户服务的各项工作中都具有广泛而重要的作用。业务人员根据客户档案资料,研究客户对汽车维修保养及其相关方面服务的需求,找出下一次服务的对象和内容,如通知客户按期保养、通知客户参与联谊活动、通知客户进行免费汽车检测等。

链接

二八定律

二八定律又称为帕累托定律、巴莱多定律、80/20定律、最省力的法则、不平衡原则等。

二八定律是19世纪末20世纪初意大利经济学家帕累托发明的。他认为,在任何一组东西中,最重要的只占其中一小部分,约20%,其余约80%的尽管是多数,却是次要的,因此又称为二八法则,并被广泛运用到生活和企业管理方面。

与传统的二八定律相悖的是长尾理论,图1-6-2所示为长尾理论的模型,横轴表示种类,纵轴表示数量。典型的情况是只有少数产品销量较高,其余多数产品销量很低。传统的二八定律关注其中主体部分,认为20%的品种带来了80%的销量,所以应该只保留这部分,其余的都应舍弃。长尾理论则关注长尾部分,认为这部分可以积少成多,可以积累成足够大,甚至超过主体部分的市场份额。

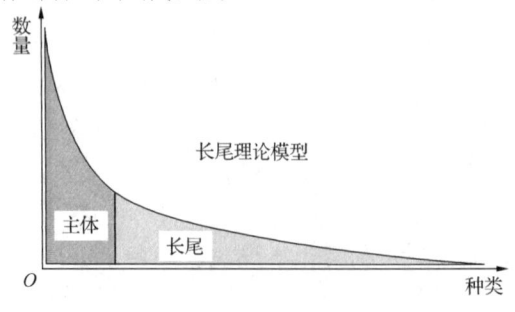

图1-6-2 长尾理论模型

运用二八定律,还可发现针对老客户营销的意义。长期以来,在生产观念和产品观念的影响下,企业营销人员关心的往往是产品或服务的销售,他们把营销的重点集中在争夺新客户上。其实,与新客户相比,老客户会给企业带来更多的利益,在努力创造新客户的同时,想办法将客户的满意度转化为持久的忠诚度,把与客户建立长期关系作为战略目标。

盲目地争夺新客户不如更好地保持老客户。老客户对企业发展的重要性表现在以下几个方面:

● 老客户的长期重复消费是企业稳定的收入来源,给企业带来直接的经济效益。
● 老客户推荐新客户光顾可以给企业带来间接的经济效益。
● 老客户是企业长期稳定发展的基石,忠诚的老客户不会因为竞争对手的诱惑而轻易离开。

运用二八定律还可以帮助企业挖掘出一些关键客户的价值。在营销过程中,汽车维修服务企业不仅要对客户进行量的分析,而且还要进行质的分析。有些关键客户,或许他们的购买量并不大,不能直接为企业创造大量的利润,却可以产生较大的影响。

链接

顾客的重要性和使顾客满意的要素

1. 顾客的定义

顾客就是具有消费能力或消费潜力的人,是服务的接受者或使用者。要想提供使顾客满意的服务,首先必须了解顾客的分类,只有在对顾客加以区分之后,才能因人而异,提供针对性的服务。满足顾客的需求和愿望是汽车维修服务企业追求的永恒目标。

顾客分为两类,即外部顾客(汽车维修服务企业以外的人)和内部顾客(汽车维修服务企业内部的工作人员,他们依靠我们所提供的服务或信息来完成工作)。

2. 顾客的重要性

顾客是汽车维修服务企业生存和发展的基础,市场竞争的实质就是争夺顾客。汽车维修服务企业要有效地进行顾客管理,首先要树立"顾客就是上帝"的经营理念,汽车维修服务企业的一切政策和行为都必须以顾客的利益和要求为导向,并贯穿到汽车维修服务企业经营的全过程。

(1)工资是顾客发的。汽车维修服务企业要得到社会的承认,顺利地开展工作,就要确保必要的经费。员工工资和获得的利润都是从顾客购买汽车维修服务企业的服务所获得的。可以说工资是顾客发给我们的。

(2)工作时间都是属于顾客的。我们的工作就是将我们的"服务"转换成"时间"来向顾客出售。也就是说,向顾客收取的维修费用都是以每一项作业所花费的时间为基础。因此,要遵守预定完工时间,工作时要想到不能浪费顾客的时间。

(3)失去顾客等于失业。汽车维修服务企业是靠拥有顾客而得以生存的。我们的工作也是一样。如果顾客对我们公司失去信心,就会到其他的公司去获得服务,我们的经营就会滑坡。

(4) 客户的期望值分析

客户对维修服务企业的一般期望是真诚地对待客户、准确可靠的故障诊断、合理的收费、快捷有效的维修。不同客户的期望会有所不同,如果按照客户车辆档次划分,则拥有不同档次车辆的客户的期望值也会有所不同,见表1-6-1。

表1-6-1　　　　　　　　　客户期望值(按客户车辆档次划分)

分类	特征	应对原则
高档车客户	注重品质服务和环境的舒适性,希望受到特别尊重	服务的档次要高,过程要细致、周到,服务人员形象要好,服务应主动、热诚,让客户有优越感。坚持优质优价的原则,可以签订协议价,不宜每次商讨价格
中档车客户	注重服务质量,也要求环境舒适性,重视是否受到尊重	规范化服务,注意环境卫生,注意礼节。做好客户档案,注重发挥个性化服务的作用。价格要准确,也应优质优价,谨慎处理结算时的折扣问题
中低档车客户	注重服务质量、速度、价格,希望环境舒适并受到礼遇	满足客户特别提出的要求(如工期或价格),适当加强用车护车技术指导(可以引导维修消费)
低档车客户	特别注重价格、办事效率	在保证质量的前提下给予价格优惠,服务过程规范化(不简化环节),适当加强用车护车技术指导

(5) 客户的类别分析

① 按车龄划分(表1-6-2)

表1-6-2　　　　　　　　　客户类别分析(按车龄划分)

分类	特征	应对原则
保修期内客户	对车辆的关注度非常高,对服务站的依赖度也相当高,大部分车辆的保养与维修都在服务站进行	是最基本的目标客户,要引导消费,建立良好的关系
2~5年的客户	客户的定期保养的积极性逐年降低,车辆的故障率逐年增大。比较关注服务质量、服务过程和费用,对消费积分或其他服务优惠活动有兴趣	是重点目标客户,积极地接触沟通,提供高质量的服务,创造客户的忠诚度
5年以上的客户	车辆老旧,客户的消费欲望降低到最低值;一旦车辆出现大的故障或出险,客户仍然会首选到服务站维修	有针对性地开发客户新的兴趣点,挖掘客户深层需求

② 按车辆用途划分(表1-6-3)

表1-6-3　　　　　　　　　客户类别分析(按车辆用途划分)

分类	特征	应对原则
私家车	对消费质量和价格敏感,希望得到清晰的服务,同时也希望得到服务人员的理解和尊重	创新并提供个性化的服务
公务车	对车辆维修质量的关注度是最高的,对服务环境、服务享受、服务人员的礼仪等比较在意	提高服务质量,紧密的私人交往等必不可少
营运车	价格、时间、效率是此类客户接受服务时三大考虑因素,对服务态度、礼仪、环境等方面不足的容忍度较高	服务应体现在快速和适当的价格上

③按客户价值划分(表 1-6-4)

表 1-6-4　　　　　　　　　客户类别分析(按客户价值划分)

分类	特征	应对原则
A 类客户 (忠诚客户群)	消费金额高、消费频率高、对品牌忠诚度高、信用度高、对质量问题承受能力强、素质高、对服务站依赖度高、对价格敏感度低、宣传价值高,是最重要的客户资源	一对一专人服务,第一时间安排技师、工位和配件。优先发布重要优惠和服务提醒信息,严控维修质量、高度重视客户抱怨,区分、熟记、挽留,赢得他们的信任,防止滑向 B 类客户
B 类客户 (机会客户群)	与客户接触时间短,未完全挖掘客户潜力,品牌忠诚度尚未形成,对服务存有疑虑,服务尚未得到客户认可	为客户提高优质服务,促使这类客户向 A 类客户转化
C 类客户 (边缘客户群)	接受服务以获取己方单方面利益为驱动(如只做保修或免费服务,不做付费维修),与公司的服务业务联系极少,消费周期超过 6 个月或更长时间,也称为潜在流失客户	经常举办免费检测等特色优惠活动,严控维修质量,展示专业技术水平,提供养护、改装等特色服务,加强客户关怀,促使其转化
D 类客户 (流失客户群)	过保修期就不再来消费,价格敏感度极高,忍耐力低,极易产生不满情绪,评估服务质量容易以点盖面	宣传展示专业技术能力和水平,定向举办优惠活动,定期回访客户,加强客户关怀,提供优惠的特色服务,招揽客户回流。丰富俱乐部活动,增加凝聚力,分析客户流失原因,及时纠正并改进

6.2　客户的投诉处理及避免

客户的抱怨行为来自对产品和服务的不满意。不满意是一种内在的情绪因素,客户的抱怨行为在一定程度上能够帮助汽车维修服务企业提高客户满意度,因为客户对服务提出了抱怨,就给汽车维修服务企业提供了为客户提供服务补救的机会,也使得汽车维修服务企业知道服务存在的问题,帮助汽车维修服务企业找出服务质量不高的原因和相应的整改办法。

由此可知,客户向汽车维修服务企业发出抱怨和提出投诉是坏事更是好事,可怕的是客户有抱怨而不投诉,这样汽车维修服务企业就不知道服务质量的优劣。不是所有的不满意客户都会抱怨,也不是所有投诉的客户都对服务不满意,抱怨中也包含了满意客户的意见和建议。

有怨不发的客户可能觉得他们的抱怨无关紧要,或者认为没有必要向汽车维修服务企业提出抱怨,或者认为说了也白说。因此,这些客户会采取观望、减少消费或转向其他汽车维修服务企业消费。

调查表明,直接向汽车维修服务企业抱怨的客户约占被调查客户的 5%,大部分客户对不满意的反应是什么都不做,所以不能以抱怨的多少来衡量客户满意度,也不能将客户满意度研究建立在客户对产品和服务的反馈和抱怨上。

(1)客户抱怨时的期望。在投诉时,客户尤其想要正义和公平。有关的服务补救专家总结出客户投诉后所寻求的三种"公平"的类型:

①结果公平。客户希望公平的交换,汽车维修服务企业要为其错误付出至少等于他

们所遭受的损失。他们还希望获得的赔偿与其他客户赔偿一样。例如，客户对于同一问题的第二次维修，如果汽车维修服务企业仅仅只是把问题处理好，客户是不会满意的。他们还可能需要其他的一些补偿，如价格优惠、未来免费的服务等。另一方面，如果客户得到了过度的赔偿，他们也会感到不舒服。

②过程公平。过程公平主要是客户希望抱怨过程（服务补救）的政策、规定和时限公平。他们希望投诉方便，并且所投诉的问题能很快地解决，最好是通过他们第一个接触的投诉受理人员（客服专员）解决。很多情况下客户的要求会低于公司预先估计的程度。

过程公平的特点主要是投诉解决的过程清晰、快速和无异议。不公平的过程使客户感觉到拖延和不方便。

③相互对待公平。除了结果和过程的公平外，客户还希望被礼貌、细心和真诚地对待。是否公平对待的主要影响因素是员工的态度、对客户是否漠不关心或对客户是否粗暴等。

如何管理失误以及客户对失误的反应都会影响客户未来的决策，即客户是继续保持忠诚还是转向其他的汽车维修服务企业。其影响因素主要有：客户和汽车维修服务企业之间的关系，客户对更换行为本身的态度等，不管补救工作怎么样，失误越严重，服务补救越不符合客户的期望，客户就越有可能更换服务商。而对于汽车维修服务企业来说，在尽量提高服务成功率的同时，还必须完善服务补救策略。

（2）服务补救。服务补救是汽车维修服务企业在出现服务失误时所做出的一种具有即时性和主动性的补救反应，通过这种管理模式更有利于提高客户满意度和忠诚度。服务补救的原则是客户满意、员工满意和从服务补救中学习正确的观念。

如果服务顾问第一次就能把事情做正确，则对服务的补救需求会越来越少，距离零投诉的管理目标也会越来越近。

①争取第一次做正确。服务补救应以预防为主，补救为辅。服务质量的第一条规则是在第一次就把事情做对，如果能做到这点，所有的补救都是没有必要的，客户和汽车维修服务企业都能获得满意。所以，可靠性是服务质量最基本的要求。

②欢迎并鼓励抱怨。抱怨应该是被预期、被鼓励和被跟踪的。给汽车维修服务企业"找麻烦"的客户是最有价值的客户，他们不仅带来利润，还带来了改进的动力。

汽车维修服务企业应该鼓励客户抱怨，同时要追踪处理好客户抱怨。例如，开展满意度调查，定期进行电话回访，进行重大事件研究和流失客户研究等工作。另外，还应该鼓励一线员工发现客户的不满意，并在服务失误后主动进行补救且报告这些信息。

鼓励客户抱怨也同样能教会客户怎样抱怨。客户会知道与谁讲、怎样讲，当他们感觉服务质量有问题时就会主动与某一层面的人员协商解决，不会一有问题就越级投诉。

汽车维修服务企业应该建立相应的免费客服电话、电子邮箱和公司网页等客户投诉渠道，使抱怨变得更简单、更直接。

③尽快解决问题。有效的服务补救技巧包括认真倾听客户抱怨、确定解决办法和灵活变通的能力。抱怨的客户希望快速解决问题，汽车维修服务企业则必须具备快速应对的程序。一旦发现服务失误，服务人员必须在失误发生的同时迅速解决。否则，没有得到妥善解决的服务失误会很快扩大并升级。在某些情形下，还需要服务人员能在问题出现

之前预见到问题即将发生而予以防范及杜绝。

客户一般希望听到其抱怨的人来解决问题,这就需要对一线员工进行服务补救培训,使其具备相应的应变能力,熟悉补救程序并掌握服务补救的技巧,同时一线员工必须被授予使用补救的权力。当然这种权力的使用是受限制的,指在一定的允许范围内用于解决各种意外情况。一线员工不应因采取补救行动而受到处罚,相反,汽车维修服务企业应鼓励一线员工大胆、正确地使用服务补救的权力。

④公平对待客户。在任何时候公平对待客户都是至关重要的,这也是客户抱怨时的期望。

⑤从补救中汲取经验教训。服务补救不只是弥补服务质量低下的方法,而且也是增强与客户联系的良机,它还是一种极有价值但常被忽略或未被充分利用的具有诊断性的且能够帮助企业提高服务质量的信息资源。通过对服务补救整个过程的跟踪,管理者可发现服务系统中一系列亟待解决的问题,通过这些问题的改进,可以提高服务的可靠性。

⑥从流失的客户身上学习。汽车维修服务企业要正确面对客户的流失,要找出客户流失的原因并改进自己的服务失误。只有实事求是地汇总、分析客户抱怨,采取相应的措施,才能避免更多的客户流失。

一些服务转换事件的研究表明,促成服务转换的主要原因是:价格、客户不方便、核心业务失误、客户服务失误、企业对投诉的反应、竞争、商业道德和不自觉转换。虽然失去的客户对汽车维修服务企业已无利可图,但汽车维修服务企业仍有必要围绕这几个方面对他们进行调查,找出原因,避免以后发生同类失误。

链接

客户满意度与客户忠诚度的关系

客户满意是指客户通过对一种产品或服务的感受与他的期望值相比较,所形成的愉悦或者失望的感觉状态。

提供的服务小于客户的期望值时,客户满意度是"不满意",则客户的忠诚度是"负值";若客户满意度是"一般",则客户的忠诚度是"零"。

提供的服务等于客户的期望值时,客户满意度是"基本满意",则客户的忠诚度是"大于零"。

提供的服务大于客户的期望值时,客户满意度是"非常满意",则客户的忠诚度是"大于零"。

链接

客户满意的三大定律

杠杆比24倍:一位客户的抱怨背后会有24个相同抱怨的声音。

扩散比12倍:所谓"好事不出门,坏事传千里",坏事扩散的速率要远远大于好事。一位不满意的客户所造成的企业损失,需要12位满意的客户创造出的利润才能平衡。

成本比6倍:吸引一位新客户的成本是维持一位老客户成本的6倍。

在竞争环境中,企业的策略应该随着外界的环境而改变,唯一不变的就是客户的终身价值。一个公司若没有客户,其他的资产就没价值,所以公司的首要任务就是吸引客户,然后创造客户的终身价值。客户只有经由高价值服务而得到了满意,公司才能真正掌握这个客户,才能得到客户的忠诚,用服务而不是用价格把客户的终身价值创造出来。传达给客户真正的满足,才是绩效真正的表现,即在竞争环境下,要做到让客户因为喜欢公司的产品和服务而建立对公司的忠诚。

创造客户终身价值的前提就是先让客户满意。

随着时代的变化,消费已经从过去的理性消费走到现在的感性消费,并且正在走向感动消费。理性消费重视的是品质、性能、价格、产品或服务,它们的好坏是判断的主要依据。感性消费重视的是品牌、设计象征,喜不喜欢是判断依据。感动消费重视的是客户需求的满足感,判断的依据是客户满不满意,感动消费一定要做到客户满意。

客户满意可以归纳为品质、价值、服务三方面,可以看到不包含价格,价格是一个企业最不愿意使用的手段。在今天,一个成功的企业在激烈的市场竞争中能够维持较高的利润,很多情况下是因为他们不打价格战,而是从客户端着手,维持产品和服务的高价值,让客户感动,让客户享受的不是价格。

6.2.1 投诉的概念

投诉是指客户认可的产品或服务的质量和价格与实际得到的承诺之间存在差别,在客户心理上造成不满情绪后,向企业表达此情绪的方式。客户投诉时,企业要负责处理或提出相应的弥补措施,或寻求其他相关单位协助处理。

6.2.2 正确对待客户投诉

大多数客户不会公开抱怨,因此,企业要对客户的投诉心存感激。客户的投诉对企业来说是机会,意味着告诉企业其产品或服务的缺陷,企业则可以知道改进的方向。

处理投诉也是一种服务。处理客户投诉时要积极主动,不仅需要安抚和服务好投诉者,更要把投诉反映出的问题与不足进行改进与提高,用来对同类客户进行预先处理和优化提升。

投诉的客户是优质客户,可能是企业继续服务的对象。他们对企业倾注感情,指出企业存在的问题,帮助企业改正错误,希望企业进步。

面对客户投诉,汽车维修服务企业应该认识到投诉是机会。

(1)客户投诉可以使企业反思。面对投诉,汽车维修服务企业可以反思其产品、维修品质和服务质量是否已达到客户的期望水准;服务内容、方法、手段是否符合客户的需要;忽略了客户的哪些需求等。

(2)正确处理投诉可以争取改进的机会。将客户投诉而产生的危机转化为促进企业产品和服务提高的转机,通过正确处理客户投诉,能够"转危为安",争取客户的信任,赢得客户的认同,展现企业品牌的积极形象。如果对客户投诉处理不当,会使客户投诉产生的危机转化为对企业的产品和服务的危机。

6.2.3 投诉的原因

导致客户投诉的原因主要有企业自身的原因、客户的原因和环境因素等。

1. 企业自身的原因

①产品质量或服务质量不高。良好的产品质量和服务质量是提高客户满意度的主要因素,服务是一种经历,在服务系统中客户满意与不满意,往往取决于某一个接触的瞬间。服务质量评估不但贯穿了客户接受服务的全过程,还会延伸到客户对服务所产生的物质的使用过程中。

②对客户期望值管理失误。如果服务企业对客户期望值管理失误,就会导致客户对于产品或服务的期望值过高。在一般情况下,当客户的期望值越高时,购买产品的欲望相对越大。但是当客户的期望值升高时,就容易使客户的满意度降低;相反,客户的期望值降低时,就容易使客户的满意度升高。因此,企业应该适度地管理客户的期望。当期望管理失误时,就容易导致客户产生抱怨。

2. 客户的原因

(1)弥补损失。客户提出投诉的动机有两点:一是为了获得财务赔偿(退款或者免费再次获得该产品或服务);二是为了挽回自尊(当客户遭遇不满意产品或服务时,不仅承受的是金钱损失,还经常伴随遭遇不公平对待,对自尊心、自信心造成伤害)。

②性格的差异。不同类型客户对待"不满意"的态度不尽相同:理智型的客户遇到不满意的事时,不吵不闹,但会据理相争,寸步不让;急躁型的客户遇到不满意的事时必投诉,且大吵大闹,不怕把事情搞大,最难对付;忧郁型的客户遇到不顺心的事时,可能无声离去,决不投诉,但永远不会再来。

3. 环境因素

环境因素是指客户与企业所不能控制的,在短期内难以改变的因素,包括经济、政治、法律、社会文化、科学技术等。

①文化背景。在不同的文化背景下,人们的思维方式、做事风格有别,因此客户投诉行为也存在差异,文化背景可以影响客户投诉行为的观念和态度。

②环境因素。除了文化背景和行业特征之外,一个国家或地区的生活水平和市场体系的有效性、政府管制、消费者援助等都会影响客户的投诉行为。

6.2.4 投诉的内容

客户投诉的内容一般有服务质量、维修技术、维修价格、配件质量、维修不及时和产品质量等方面。

(1)服务质量。为客户提供服务时,服务态度不好或与客户沟通不充分。

(2)维修技术。因维修技术欠佳,故障一次或多次未能排除。

(3)维修价格。客户认为维修价格与其期望相差太大。

(4)配件质量。由于配件质量差或没有与客户沟通而使用了进口件或副厂件。进口件价格太高,客户接受不了;用副厂件,客户认为被欺骗了。

(5)维修不及时。在维修过程中,未能及时供应维修车辆所需零配件,或维修技术不熟练,或对维修工作量估计不足而又没与客户进行沟通。

(6)产品质量。由于设计、制造或装配不良所产生的质量缺陷,与客户沟通不充分。这种情况一般发生在特约维修服务的3S店或4S店。

接受客户投诉时要填写客户投诉登记表(附表6-2)。

6.2.5 投诉的方式

当客户对服务不满意时,可能采取的投诉方式和投诉渠道如下:

(1)一般投诉。客户会将不满直接发泄给接待他的人,如业务接待、结算员、生活接待,或者是投诉到汽车维修服务企业的领导处。采用方式一般有来信投诉、电话投诉、互联网投诉或直接投诉。

投诉汽车生产厂家的情况一般发生在特约维修服务的3S店或4S店,由于客户对服务网点的处理结果不满意而投诉汽车生产厂家。

(2)重大投诉。一般向行业主管部门投诉、向消费者协会投诉,希望能帮助他们解决其投诉的问题。向电视、广播、报纸等新闻媒体等表示不满,在互联网上发布信息,此目的一是希望引起社会人士的关注,给汽车生产厂家施加压力;二是如果不解决问题,希望此举能给汽车生产厂家造成负面影响。也有的客户通过法律手段解决其投诉的问题。

6.2.6 客户投诉处理原则

如果对客户的投诉处理不当则会带来很大的危机,对汽车维修服务企业造成的危害会影响企业品牌形象、影响企业的正常工作并使企业的业务减少。对客户的影响是增加客户的心理负担和增加客户经济负担。

在互联网时代,客户可能通过互联网工具进行投诉或表达不满。客户和潜在客户可能会互相联系,信息可向无数人散布。信息有可能被歪曲,可能因团体成员所提供的其他信息使得投诉被夸大,可能在很短时间内向大量潜在的客户传播。如果这样,客户的投诉会给汽车维修服务企业带来更大、更坏的影响。因此,妥善地处理好客户的投诉显得尤为重要。

客户投诉处理应该遵循的原则是了解事实,明确客户投诉的关键所在;平定心情,同意并中立化;根据实际情况,提供解决方案;先处理心情,再处理事情。

(1)第一时间处理。对于客户投诉必须遵循第一时间及第一人负责制的处理原则。接到客户投诉后,必须在30分钟内与客户取得联系。投诉处理后三天内进行电话回访,了解客户是否满意并作记录。

(2)热忱接待。接待投诉客户时绝对不要有敌意(包括肢体语言),宁可为正确的原因道歉也不能冒昧地反驳客户。

(3)界定问题范围。要正确面对客户投诉,不回避问题。充分了解和掌握客户的要求,充分了解客户抱怨的主要问题,找出投诉原因,注意界定投诉控制范围,在自己授权范围内处理。必要时让上级参与,运用团队的力量解决问题。

(4)不作过度的承诺。对客户的投诉要表达足够的重视和理解,保持平静友好,要坚持原则,不要自作决断,一定要遵守与客户约定的事情。

(5)提供解决方案。必须站在客户的立场上进行投诉处理,征求客户意见,探寻解决方法,向客户提供更优质的服务。

(6)处理升级。如果投诉处理不成功,应该考虑采用更换调解人、更换调解策略的方法,并且一直跟踪到客户满意为止。

(7)礼貌地对待客户。投诉受理人员在处理客户投诉时,不能凭主观臆断,要以事实为依据,不能与客户辩驳争吵,要冷静而合乎情理地进行处理。投诉对话结束时,要致意:"××先生/女士,感谢您的信任,一定给您满意的答复!"

6.2.7 投诉处理的步骤

1. 受理投诉

受理投诉时要礼貌地接待客户(语调轻柔,谈话间要有停顿,要时刻表示出对客户尊敬等),注意适时地安慰客户。对客户投诉要快速回应,首先要向客户道歉。

用5W2H方式与客户交谈,要认真听客户的述说并记录要点,记录时要注意记录客户投诉的原话,以便真实地了解情况,客观地分析理解客户投诉的原因。

与客户交流后,要告诉客户拟定解决对策所需的时间。在拟定解决对策时,如果接待人员要请示经理或咨询技术人员,所用的时间就会更长。当解决问题需要客户再来一次时,要向客户说明,并请客户谅解和配合。

不要将认同和理解与同情相混淆。表示认同和理解是切身感受客户的问题和烦恼,显示出乐于帮助的诚意;表示同情并不代表会解决客户的问题。例如,"我理解您的感受,如果我车辆的发动机漏油,我也会不高兴的。(此为认同和理解)""很抱歉您的车辆发动机漏油。(此为同情)"

2. 处理投诉

在处理到公司后产生抱怨的客户或专程来公司抱怨的客户时应该注意以下几点:
(1)提供安静的会谈室让客户畅所欲言。
(2)采用专人说明及专案处理的办法处理。
(3)不要与客户争辩,冷静地处理。如果处理人员已经无法忍受或无法处理时,应该换人或由相关主管来处理。

在处理电话投诉的客户时,按电话礼仪、处理流程及要求处理。

3. 对策的说明与实施

通过与客户交流,明确了解客户的主要要求后,应告诉客户处理对策和处理结果,向客户说明时要注意:

(1)主要向客户说明解决对策的纲要,告诉客户能得到的结果。
(2)说明工作进度和预算。
(3)听取客户对处理纲要和结果的意见,对客户的疑虑和要求进行解释并争取客户对解决对策的认同,以免在执行之后客户产生新的焦虑和不满。
(4)再次向客户道歉,对客户的认可表示感谢。
(5)实施客户已经认可的解决对策。

4. 实施跟进

(1)制订计划,防止同类问题再次发生。
(2)在实施对策之后,继续通知客户定期保养等事宜;开展维持信任度和提高客户满意度的活动。具体内容见客户投诉处理表(附表6-3)。

6.2.8　投诉处理的技巧

在处理客户投诉或抱怨时,要根据不同的客户和不同的投诉抱怨内容,采取不同的处理方法,使得问题圆满解决,让客户满意。投诉处理的技巧如下:

1. 有效沟通的技巧

(1)迎接客户的技巧。向客户致意,确认客户的姓名,为给客户带来的不便道歉。如果是客户到汽车维修服务企业投诉,则要引导客户入座、敬茶。

(2)听取投诉的技巧。认真、诚心地听取客户投诉,态度真诚,自信,不要畏缩。如果是电话投诉,在接电话时要记录必要的信息,确认客户电话的内容。

(3)让客户平静的技巧。为给客户带来的不便道歉;对客户的不安表示认同、理解;认真听取投诉,做好安抚工作,直至客户平静下来。

当客户产生抱怨而投诉时,服务顾问必须将客户引领至一个安静的环境(如业务洽谈室)进行处理,避免因环境嘈杂导致客户心烦而进一步激化矛盾,也避免投诉客户的情绪影响其他客户。

在与客户沟通时,不能让客户站着述说,要想办法引导客户到接待室坐下,如"在这里可以仔细听您的宝贵意见,请坐!"向客户表示出真心实意的态度,会使客户的心情舒缓下来。

换一个时间沟通也是让客户平静的一个方法。当同样的事情翻来覆去地说还解决不了的时候,换个时间也是一个好办法。经过一段时间的冷却,也可使客户的心情得以舒缓,从而找到解决问题的突破口。

通过调换一个接待人员,也可以有效地使客户平静。例如,客户面对接待人员和维修技术人员的态度是会有一些微妙的不同的。通过这些不同点,可以了解客户的真实意图。另外,如果是维修主管、负责人或精通业务的维修工程师(技师)出面调解,会使客户觉得被重视,谈话也会进行得更顺利。

(4)向客户传递正面信息的技巧。处理客户投诉时服务接待人员要向客户传递正面的信息,要用自信去感染客户。服务接待人员要表情自然放松,面带微笑,与客户交谈或倾听时保持目光交流。肢体动作放松,自我控制得体。

(5)有效沟通的技巧。整个过程中服务接待人员的神情要专注,要积极倾听客户述说。对于客户的遭遇表示同情,并对给客户带来的麻烦表示歉意。处理完毕后要进行跟踪确认,最后要向客户表示感谢,希望未来能有更愉快的合作。

2. 了解原因的技巧

(1)将真相与情绪分开的技巧。整理投诉内容,将真相(现实)与客户谈话的情绪(主观感受)分开,并引导客户理性对待问题。

(2)确定真相的技巧。客观地了解问题并将引起客户投诉的各种因素分类,分析各种因素的相互关系,找出客户投诉的主要原因。

(3)确定真实原因的技巧。明确客户投诉的主要原因是针对公司的人员、组织或技术中的哪一类,并确认汽车维修服务企业内部可否解决。

(4)确认客户要求的技巧。根据记录确认客户要求,若解决对策与客户的要求有差异,应该向客户解释,求同存异,尽量使双方观点一致。

(5)说明汽车维修服务企业态度、立场的技巧。解释汽车维修服务企业处理投诉的基本流程和要求,明确说明此次投诉的解决对策,争取客户对汽车维修服务企业处理决策的认同。

3. 解决对策的说明与实施的技巧

(1)说明解决对策的技巧。只需清楚地向客户说明解决对策的纲要和结果,不要太涉及细节。

(2)取得客户对解决对策认同的技巧。听取客户对解决对策纲要和结果的意见,取得客户的认同。

(3)解释并确认解决对策细节的技巧。主要说明解决对策的时间表、预算和其他细节。

(4)实施对策的技巧。实施客户已经认可的对策。

4. 实施跟进的技巧

(1)感谢客户的技巧。再次为给客户带来不便道歉,对客户与汽车维修服务企业的沟通及对解决对策的认可表示感谢。

(2)建立未来关系的技巧。询问客户是否还有其他需求,介绍今后可向客户提供的服务。

(3)防止问题再次发生的技巧。向员工说明目前存在的问题和解决对策,拟定相关计划,进行必要的员工培训,防止同类问题再次发生。

(4)跟踪服务的技巧。在实施解决对策之后,继续通知客户定期保养等事宜,开展维持信任度和提高客户满意度的活动。

客户投诉/抱怨处理流程如图1-6-3所示。

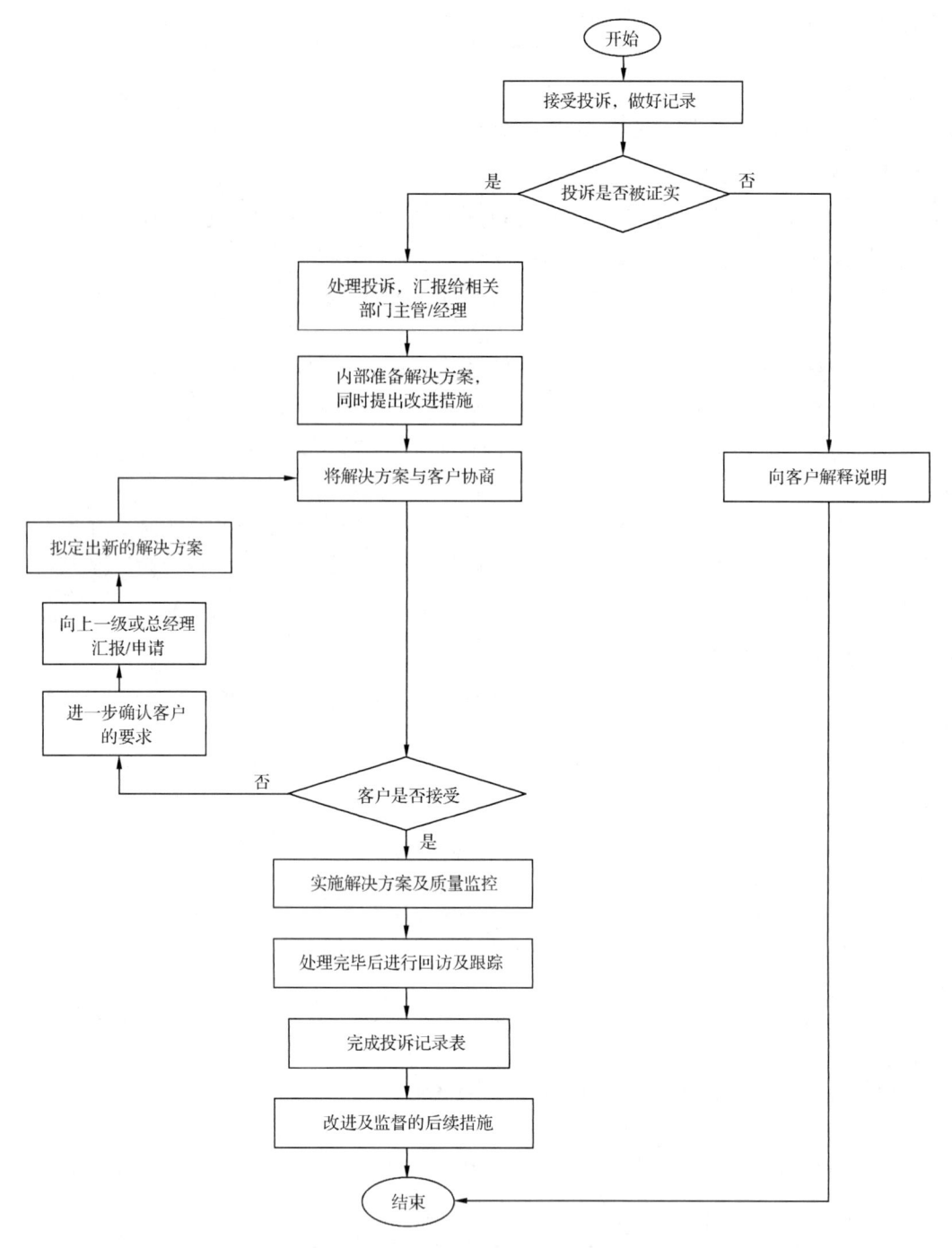

图 1-6-3　客户投诉/抱怨处理流程图

6.2.9　避免客户投诉

(1) 充分理解客户的期望。充分理解客户的期望,是最关键的一项服务质量管理工作,只有了解并且满足了客户的期望,才能有效地提高客户满意度,避免客户投诉。

很多时候客户期望的服务与公司对这些期望的理解是有差别的。有很多因素使得汽车维修服务企业的管理人员不了解客户的期望,例如,管理人员不能直接与客户沟通,不愿意了解客户期望,或者不准备满足客户的期望。如果负责制订决策的人不能充分理解客户对服务的期望,就有可能形成一些错误的决策和错误的资源分配,从而无法达到客户的期望,更不用说超越客户的期望。

要了解客户期望,主要的方法就是通过正式和非正式的调查方法来获得客户期望的信息,包括询问和聆听客户的建议、跟进服务电话、客户调查和员工意见反馈等。

(2)分析客户的抱怨和投诉。认真分析客户的抱怨与投诉,是深入了解客户期望的重要方法。客户投诉为详细了解客户意见提供了极好的机会。例如,对保养的投诉(如费用过高、进行了一些没有必要的维护项目、服务人员对费用的解释不清等)一方面可反映出汽车维修服务企业目前存在的问题,同时也可反映出客户的期望,为改进服务质量指明了方向。因此,汽车维修服务企业应该安排专职人员处理客户投诉并详细记录客户意见,及时把客户的意见整理后反馈给相关部门,做好客户投诉的分类整理和分析工作,通过对客户投诉的分析,了解服务中的薄弱环节,真正了解客户的期望,使之能正确指导汽车维修服务企业做好服务工作。

(3)管理人员要不定期深入服务现场,亲自观察服务情况,关注服务细节,与客户交流,体验客户的消费经历,甚至亲自从事面对面的服务工作,直接了解客户的需求。通过现场接触,售后服务部管理层就能更清楚地了解客户的需要和期望。

(4)倾听一线员工的意见。通过从一线员工那里获得的信息,公司管理人员能够更深刻地了解客户的期望。一线员工与客户直接接触,最了解客户的意见与期望,公司管理人员应该鼓励一线员工经常反映情况,感谢一线员工对公司工作的批评与建议,对他们提出的合理化建议进行奖励。

6.3 跟踪服务

汽车维修跟踪服务是目前汽车维修服务行业中普遍推行的服务流程之一。通常来说,汽车维修跟踪服务就是汽车维修服务企业在规定的时间段内,根据档案资料,由客户服务部门对已经接受并完成了维修服务的客户进行联系和沟通,以获取相关信息的过程。

通过跟踪服务,可以及时了解客户的动态,解决客户抱怨,发现客户潜在的服务消费需求。做好跟踪服务信息的统计和分析工作,及时向业务主管汇报。

跟踪服务是与客户建立感情和保持日常联系的最佳方法之一。跟踪服务在服务行业是一项很重要的工作,决定着服务及产品的销售是否能够完成。

美国专业营销人员协会和国家销售执行协会统计报告的统计数据表明:2%的销售是在第一次接洽后完成,3%的销售是在第一次跟踪后完成,5%的销售是在第二次跟踪后完成,10%的销售是在第三次跟踪后完成,80%的销售是在第4~11次跟踪后完成。由此可见跟踪服务的重要性。

跟踪服务的第一次时间一般选定在客户车辆维修出厂、业务访谈或咨询后三天至一周之内,跟踪服务人员要主动电话联系客户,作第一次跟踪服务,并就客户感兴趣的话题与之交流。

在第一次跟踪服务的7~14天,业务人员应电话联系客户,进行第二次跟踪服务。电话内容仍要以客户感兴趣的话题为主,避免内容重复,要有针对性,要体现出公司对客户的真诚关心。

跟踪服务之前,通过研究客户档案,发掘客户的潜在需求,拟定下一次的服务内容,设计针对性的内容,选择合适的方法和时间进行跟踪服务。

跟踪服务交谈时,业务人员要主动询问到公司进行过车辆维修保养的客户的车辆是否使用正常,确认客户的满意度,并征求客户对本公司服务的意见。告知客户有关驾驶与保养的知识,或针对性地提出合理使用的建议。同时介绍公司服务的新内容、新设备、新技术,以及公司免费或优惠的服务活动,提醒下次保养时间,欢迎保持联系。

电话跟踪时,要文明礼貌,尊重客户,在客户方便时与之通话,不可强求。要做好交流准备,要有针对性,不能漫无主题,语言要简明扼要,语调应亲切自然。要善于在交谈中了解相关市场信息,发现客户潜在的维修服务消费需求,并及时向业务主管汇报。

在服务上要追求尽善尽美。记录客户谈话要点,特别是客户的要求、希望或投诉一定要记录清楚,并及时予以处理。能当时答复的应尽量答复;不能当时答复的要尽快加以研究,找出办法;仍不能解决的,要在两日内报告业务主管,请示解决办法。在得到解决办法的当日告知客户,一定要给客户一个满意的答复。

通话结束前,要致意:"非常感谢合作!"

跟踪服务时,应该让客户感受到公司真诚的谢意,业务人员要主动征求意见并重视客户提出的改进意见;让客户有机会参加亲情活动,获得积分、奖励等;不要给客户带来太多烦恼;如果客户有问题需要解决,要及时安排专人解决。

6.3.1 跟踪服务的意义

客户满意度(简称CSI),是现代企业服务营销理论中关系营销的重要策略,是客户对产品或服务消费经验的情感反应状态,是企业用以评价和增强市场业绩、以客户为向导的一整套指标,也可以被理解为客户消费服务获得的总价值与消费服务付出的总成本的比例。

目前国内汽车维修服务市场的竞争是非常激烈的,虽然汽车保有量大幅度攀升,但是汽车维修服务企业的数量却在下降,主要原因是客户流失严重,使得汽车维修服务企业重新洗牌,汽车维修服务市场由过去的市场份额规模增长转向了服务质量的提高。因此,客户满意度在汽车维修服务行业有着重要的现实意义。

客户满意度的核心是追求客户的满意并使之成为忠诚的客户,使汽车维修服务企业具有规避市场风险和冲击的实力。

维修跟踪服务是一种有效留住客户的方法,可以使汽车维修服务企业与客户保持联系,获得大量信息,通过对这些信息的分类和筛选,找出共性的内容,以此作为下一步服务流程改善的依据。判断客户是否对这些服务感到满意,弄清客户需求并找到缓和客户关系的机会和方法。

实行维修跟踪服务的人员有服务专员、保修专员、与客户有联系的职员、专业的跟踪服务公司等。

汽车维修服务企业实行维修服务跟踪的意义如下：

(1)有助于完善企业内部管理。汽车维修服务企业一般都根据客户的需求建立了一整套的服务流程与规范，这些流程与规范对于客户满意度的提升有着至关重要的作用，例如，目前国内多数品牌授权的汽车维修服务企业均采取了跟踪回访的工作流程。尽管如此，由于企业内部各方面的管理存在某些不足，员工往往会在执行这些规范的过程中与标准产生一定的差距，直接影响到服务质量和客户满意度。如果企业通过维修跟踪服务这种方式，与客户进行交流，可以帮助企业的管理层发现员工在执行这些标准中存在的问题，并根据这些问题有针对性地完善企业内部的管理。

(2)有助于降低客户资源流失。当客户在汽车维修服务过程中受到了某些不公正待遇或经历而产生抱怨时，这些客户很可能就会流失，不仅如此，他们还会向可以沟通范围内的人群进行负面宣传，给企业造成更大的损失。因此，必须对这些存在抱怨的客户给予高度的重视，通过维修跟踪服务帮助企业及时发现这些抱怨，在第一时间内进行妥善处理，及时平息客户的不满情绪，避免抱怨升级和客户流失。

话术

在电话回访时，客户抱怨他在汽车维修公司所受的待遇，为了表示对客户的理解，应该说"我完全理解您的苦衷"，而不能说"您说得不错，这个部门表现很差劲"。

当不能满足客户的要求时，可以说"对不起，我们暂时还没有解决方案，但我一定尽力而为"，不能说"我也没办法"。

(3)对客户惠顾表示感谢，有助于提升客户满意度与忠诚度。维修跟踪服务还是一种与客户保持沟通的重要形式，通过与客户的沟通，企业可以向已经完成维修的客户传递出对其车辆乃至本人关注的信息，让这些客户感受到被关心和被尊重，而并非是简单的交易关系，从而帮助双方建立更牢固的关系，增加客户的忠诚度；同时可以提醒客户下次保养时间。

(4)有助于了解客户的需求，优化服务流程。客户满意度是由企业所提供的产品或服务质量决定的。造成服务质量差异的重要原因之一是服务流程的设立与客户的实际需求有一些差距，这就需要对服务流程进行优化，使之更加适应客户的需求。在包括市场调研等众多方法中，维修跟踪服务是一种非常有效的掌握客户需求的方法。

6.3.2 跟踪服务的内容及要求

执行电话跟踪回访的人员要懂得基本维修常识，掌握沟通技巧。在进行电话跟踪时，语言要自然而友善，建议使用标准话术与客户沟通，避免客户产生错觉。

回访客户的比例应该不少于客户总数的二分之一，回访对象必须包括各种类型的客户，对象越多越有代表性，维修费的多少也可以作为选择跟踪服务对象的一个标准。对跟踪服务的结果要进行分析并采取改进措施。

跟踪服务的主要内容有：①维修回访。一般在维修后3~5天回访。通常以电话回访形式联系客户，询问车辆维修后的使用情况，并对更换件进行确认。结束时告知客户下次保养的具体时间，并告知会提前电话联系客户。结束后立即短信表示感谢，并附本公司的预约电话及救援电话。②日常关爱。节日短信关爱（以短信方式在节假日转达公司对客户的问候，让客户时刻感受到公司的关爱。节假日包括春节、劳动节、父亲节、母亲节、端午节、中秋节、国庆节等，另针对客户职业在教师节等时间进行问候）、生日短信提醒（以短信方式在其生日当天8:30之前转达生日问候）、天气突变关怀（以短信方式在天气发生突变时进行提醒，并表达如有任何问题拨打服务电话。天气突变可包括雷雨、台风、降温、高温等）、保养预约（以短信方式提前一天提醒，第二天电话通知客户进行定期保养，尽量跟客户确定时间，并事后跟进。保养包含首次保养、日常保养等）、超保提醒关爱（以短信方式提前一天提醒，第二天电话预约客户进行超保部件检修，尽量确定维修时间，并事后跟进。包含半年1万千米、一年2万千米、两年6万千米等时间部件的超保检查；避免出现保修期部件有问题，在超保后再来维修而产生纠纷）、四季活动关爱（以短信方式提前一天通知，第二天电话通知客户近期到公司进行关爱活动，尽量跟用户确定进站时间，并事后跟进。四季活动可包含冬送温暖，夏送清凉，五一、十一出游，春节安全关爱等活动）、关爱提醒（保险到期提醒、年度车检通知等）。

前台主管负责整理、统计和分析客户反馈，对于重点问题进行分析，并提交报告给服务经理。针对存在的不足制订改善方案并实施。

（1）了解客户车辆使用情况，并做好详细记录；

（2）询问客户对本公司服务有何意见和建议，并做好详细记录；

（3）询问客户有无新的服务需求，并做好详细记录；

（4）告知客户相关的汽车驾驶、汽车运用和保养知识及注意事项，或针对性地提出合理的使用建议，提醒下次保养时间。

（5）介绍公司近期为客户提供的各种优惠活动及联谊活动，特别是新的服务内容、新设备、新技术等，如免费检测周、优惠服务月、汽车运用新知识晚会等，内容、日期、地址要告知清楚。

在公司决定开展客户联谊活动、优惠活动、免费活动后，业务跟踪员应提前两周将通知先以电话方式告知客户，然后于两日内视情况需要将通知信函寄给客户。

（6）对于每一次跟踪服务电话，包括客户打入本公司的咨询电话或投诉电话，经办人员都要做好电话记录，并整理归档保存。跟踪服务客户电话记录表和跟踪服务电话记录表见附表6-4和附表6-5。

（7）每次发出的跟踪服务信函，包括通知、邀请函、答复函都要登记入表，并归档保存，具体见客户档案基本资料表、跟踪服务电话登记表（附表6-6）、跟踪服务信函登记表。

（8）业务主管负责监督检查售后服务工作，并于每月对本部售后服务工作进行一次小结，年末进行一次总结。小结、总结均以本部工作会的形式进行，由业务主管提出小结和总结的书面报告并存档保存。

6.3.3 跟踪服务遵循的基本原则

(1)电话跟踪时,要文明礼貌,尊重客户,在客户方便时与之通话,不可强求;语言要明确简练,不要占用客户过多的时间。跟踪电话要有一定准备,要有针对性。

(2)要善于在交谈中了解相关市场信息,发现客户潜在的服务消费需求,并及时向业务主管汇报。

(3)交谈中避免过分承诺,有问题时要向客户主动道歉。但在不能判断问题的原因时,既不要把责任推卸给客户,也不能主动承担责任,只要向客户表明会尽快给其一个满意的答复即可。

(4)遇到有不满情绪的客户询问相关问题时,要特别注意处理方法,避免引起客户反感,注意说话的语气、语调,引导客户说明问题或发泄不满情绪以缓解矛盾。

(5)尊重客户意愿,客户拒绝上门或电话跟踪服务时,应采用其他方式进行跟踪服务。

(6)在跟踪服务过程中禁止与客户发生冲突。

(7)通话结束前,要致意:"非常感谢合作!"

6.3.4 跟踪服务的方式

(1)短信跟踪服务。以短信方式进行跟踪服务的成本低、便利性强,但与客户沟通的互动性不好,不利于及时掌握信息。适用于非首次进厂且在上次进厂时进行了保养或小修的客户。此类回访一般在服务交付日后第一天进行。

短信跟踪服务的内容要求精练,便于群发,必须附有反馈联系方式。

样本

短信跟踪服务

尊敬的客户
您好!
您的爱车于××年××月××日在我公司接受了服务,感谢您对我们的支持与信任。
在接下来的使用中,如果您有什么问题请随时联络我们,电话(××)××,或发送邮件至××,或登录网站××,联系人:××。
您和您爱车的平安是我们最大的心愿!

××维修公司

(2)邮件跟踪服务。以电子邮件方式进行跟踪服务的成本低,当维修店有自己的网站时互动性更好,但是客户接受跟踪服务的便利性不强,且适用于非首次进厂且在上次进厂时进行了保养或小修的、经常使用互联网的客户。此类跟踪服务一般在服务完成后的第一天进行。对于联系电话有误的客户也可以采取这种跟踪服务方式。

邮件跟踪服务的要求是内容简练,模板便于修改,必须有反馈联系方式。

样本

邮件跟踪服务

尊敬的××先生/女士

您好!

您的爱车于××年××月××日在我公司进行了××服务,首先感谢您对我们的支持与信任。

在接下来的使用中,如果您有什么问题请随时联系我们。

联系人:××,联系电话:(××)××,或请您登录网站××

您和您爱车的平安是我们最大的心愿!祝您驾驶愉快!

××维修公司
××年××月××日

(3)电话跟踪服务。以电话沟通方式进行跟踪服务时,要以汽车维修服务企业的名义拨打客户电话,务必让客户感觉到跟踪服务电话是汽车维修服务企业出于和客户保持联系的目的,无意侵犯客户的隐私。如果有些客户不喜欢电话跟踪服务,可以使用邮件、明信片或预付邮资的问卷表的方式完成客户反馈工作。

打电话前要根据客户资料,做好通话内容准备,接通客户电话时要询问客户是否方便接受服务跟踪,解释致电目的,请客户评价,询问意见。最后感谢客户接受跟踪服务。

通话时应该注意:

①需制订一个明确的制度。规定只跟踪高维修额的客户、投诉的客户还是所有的客户。

②一般维修在三天内跟踪;如果是返修、投诉的客户应在第二天跟踪;与安全有关的维修最好在当天跟踪。

跟踪后要记录相关信息,见返修车辆记录表(附表6-7)。

③在交车时了解客户喜欢的联系方式。

④汇集客户反馈意见,向服务经理汇报。

⑤如果客户在电话里投诉,应在24小时内回复客户。

电话跟踪服务的好处是可以和客户进行有效互动,及时快捷地了解客户的态度,对不满意情况及时沟通,消除分歧,避免客户的不满情绪升级。

电话跟踪服务的成本较高,但是便利性较强,与客户沟通时的互动性较好,较利于及时掌握信息,适用于首次进厂或上次进厂时进行了维修的(包括总成大修)或维修项目需要继续使用观察的客户。

另外,对于长时间进行短信或邮件跟踪服务的客户,每半年进行至少一次电话跟踪服务;对于E-mail地址错误导致邮件跟踪服务无法顺利进行的客户,也应进行电话跟踪服务。

根据电话跟踪的时间不同,电话跟踪可分为及时电话跟踪和定时电话跟踪两种。

及时电话跟踪是指在客户取车后的3个工作日内对客户进行跟踪服务,若发现某些令客户不满意的地方必须马上纠正,并将信息及时反馈给维修车间。

定时电话跟踪是指利用维修档案提醒客户定期保养车辆,并做好详细记录。一般应提前3周进行首次通知,并在日期将近时再次通知。

为了便于进行跟踪服务,应该建立客户档案,使用标准登记格式进行相关内容登记,具体做法如下:

①维修保养后,必须要在客户取车后的3个工作日内对维修质量和服务质量进行电话跟踪访问,并记录在跟踪服务客户电话记录表中。

②每天应将存在维修质量问题的电话跟踪内容导出到跟踪服务电话记录日报表(附表6-8)中,并提交给客户服务中心经理。

③若存在维修质量问题,应向客户致歉,并承诺尽快将处理结果反馈给客户,客户服务中心经理应和车间主管负责制订处理意见及内部改进措施,并记录在售后电话跟踪处理日报表中,并于次日再次致歉客户,并向客户反馈处理意见。如果客户对处理意见不满意,应再次讨论处理意见直至客户满意。对于投诉维修质量问题的客户,应在其车辆返修后,再次进入售后电话跟踪服务中。

④若存在配件方面的问题,客户服务中心经理应和配件经理负责制订处理意见和内部改进措施,并记录在售后电话跟踪处理日报表中。若属于配件质量方面的问题,承诺尽快将处理意见反馈给客户,次日向客户致歉,并向客户反馈处理意见。如客户不同意,则重新制订处理意见;如客户同意,则与客户预约返修时间或上门维修。若属于配件价格或配件供货方面的问题,要向客户表示歉意。

⑤若存在服务质量方面问题,询问客户具体情况,并根据情况向客户致歉,客户服务中心经理应和服务经理负责制订处理意见和内部改进措施,并记录在售后电话跟踪处理日报表中。对于重大抱怨的客户,次日应向客户致歉,反馈处理意见,并在客户档案备注中注明为重点客户。

⑥进行电话跟踪服务时,应进行定期保养提醒,并提示客户可享受的预约服务。

⑦客户服务中心经理每周向总经理提供售后电话跟踪服务质量周报,此报告对有质量问题的跟踪服务进行了汇总。

电话跟踪服务时要注意通话时间的选择,在电话跟踪服务时务必先确认客户是否方便接受跟踪服务,具体做法如下:

①对于自由职业者,如艺术家、作家等,他们大多晚睡晚起,因此打电话的时间选在15:00~18:00较为适宜。

②对于公务员,此类客户上班时间固定,吃饭时间较长,有午休,因此打电话的时间以9:00~11:00或15:00~17:00两个时间段较为适宜。

③对于公司职员、学生,此类客户群最为庞大,上班(上课)时间固定,晚餐时间较长,晚餐后活动较多,因此打电话的时间以13:00~14:00或17:00~18:00两个时间段较为适宜。

④控制整个电话跟踪服务的时间,全程不要超过5分钟。

电话跟踪服务时应遵循的礼仪规范见情境 1 课后练习中的"电话礼仪"部分。

(4)上门跟踪服务。上门跟踪服务是以登门拜访的形式进行跟踪服务,此类跟踪服务成本高、便利性差,但与客户沟通时的互动性好,利于及时掌握信息,适用于解决重大投诉的客户。此类跟踪服务一般由主管经理执行,但跟踪服务前必须与客户电话联系以确定拜访时间,上门拜访时间在服务交付日后一周左右为宜。另外,对于集团性客户或对经销商发展提出了非常好的建议的客户也可采用。也可以定期由客户服务中心经理带队,选择一定比例的客户进行上门拜访,记录相关信息,找出突出问题,向总经理汇报并请示解决办法。

上门跟踪服务时,要求跟踪服务人员遵循礼仪要求,讲话不卑不亢,具备一定的商务谈判技巧。

上门跟踪服务时,要提前与客户约定时间,在约定的时间前五分钟到达,稍做调整,待刚好到约定时间时按响门铃或请人通报。

跟踪服务方式的分类及其优缺点见表 1-6-5。

表 1-6-5　　　　　　　　　　跟踪服务方式的分类及其优缺点

跟踪服务分类	优点	缺点	适用客户范围	跟踪服务时间
短信	成本低,便利性强	互动性不好,不能及时掌握客户反馈	非首次进厂;保养或小修	提车后第一天
E-mail	成本低,有一定互动性	时效性差,便利性差	非首次进厂;保养或小修;经常使用网络	提车后第一天
电话	互动性较强,较利于了解客户反馈	成本较高,便利性差	首次进厂维修;维修项目需继续观察	提车后第三天
上门	互动性强,利于了解客户反馈	成本高,便利性差	解决了重大投诉	提车后一周左右

6.3.5　跟踪服务的标准

①汽车维修服务企业应有适当的跟踪服务政策和程序,建立跟踪服务系统,在维修后的 3 天内联系所有客户或优先安排的客户。可通过电话、信函等形式进行跟踪服务。

②汽车维修服务企业应精心挑选个性随和、沟通能力强和能够以专业方式处理客户抱怨的人员参与跟踪服务。

③跟踪服务的顺序一般按返修工作、客户抱怨、费用较高的维修、与安全有关的维修、没发现缺陷而未进行的维修、保养项目等依次进行。

④汽车维修服务企业应使用跟踪服务电话记录表记录客户反馈。

⑤确保各种跟踪服务的评价项目和标准一致。

⑥服务经理应记录跟踪服务的结果并找出存在的问题,在企业内及时通报服务质量,通报客户对服务质量的意见,对当事人提出表扬或批评。

6.3.6 跟踪服务的对策

目前国内大多数品牌汽车维修服务企业已经建立了从事售后跟踪服务的部门,维修跟踪服务通常作为客户服务部的重要职能之一,能够开展基本的售后跟踪服务工作,但是还存在一些不足。一方面,售后跟踪服务的形式比较单一,大多数汽车维修服务企业实行的是电话跟踪服务,这种形式虽然直接明了,但是以其单一的形式以及目前推销、宣传类电话很多,很容易导致客户的反感和抵触;另一方面,对于售后跟踪服务结果的利用也缺乏科学的态度,一般仅对出现的抱怨进行个案处理,未能对其进行分析和整理,容易使跟踪服务流于形式。因此,做好跟踪服务应该注意以下方面。

(1)加强企业与客户关系建设。首先,汽车维修服务企业应该高度重视售后跟踪服务的机构建设。目前各企业大多数建立了专门的客户服务部门,这个部门的建立应该独立于其他业务部门,直接受企业高层管理,便于客观地调查以及充分行使监督职责。同时,对于从事跟踪服务的客户关系人员,要具有相应的业务能力,包括人际沟通的能力,掌握车辆维修知识、决策以及分析归纳的能力。

(2)完善企业管理信息系统。跟踪服务作为企业与客户沟通的渠道,首先要保证企业建立完善的信息管理系统。目前多数品牌服务店都在使用经销商管理系统(DMS),该系统可以保证客户档案的准确性和及时性,同时可以在流程上予以约束,确保客户的本人信息和车辆的服务信息能够及时、准确地进入企业的管理信息系统。通过网络资源共享,使得跟踪服务部门能够准确、及时地掌握这些信息,并根据这些信息实施跟踪服务。

(3)采取多种形式进行跟踪服务。随着社会的发展和客户个性化意识的增强,仅限于电话回访这种单一的跟踪服务方式已经不能适应业务发展的需要,而是要根据不同的客户和不同的情况,采取多种形式的跟踪服务方法。例如,现场访谈、短信、信函、网络聊天等,特别是在网络日益普及的今天,要格外重视依靠网络实现与客户的实时交流,企业应该适时建立自身的网络平台,实现在线跟踪服务。

(4)跟踪服务要有明确的计划性。鉴于跟踪服务对于汽车维修服务企业有着巨大的指导意义,汽车维修服务企业的管理者应该制订明确的跟踪服务计划,这个计划至少要包括跟踪服务的时间、实施跟踪服务的人员、跟踪服务的方式以及跟踪服务的内容等方面。通过分析跟踪服务得到的数据,为改善企业管理提供支持。因此,在制订跟踪服务计划时要有一定的针对性,如果企业存在维修接待质量不高的情况,就可以有针对性地在跟踪服务过程中就此方面与客户进行交流来获得相关信息。企业管理者可以从客户的反馈中获得影响服务质量的关键因素,通过加强员工技能培训和履行岗位职责的监督检查等途径,提高服务质量。

(5)适当授权,保持顺畅的沟通,第一时间处理客户抱怨。在实施跟踪服务的过程中,遇到客户的投诉,实施跟踪服务的客户关系部门应该改变过去的简单参谋职能,得到适度的授权,以便在第一时间内处理客户投诉的问题,否则,客户的抱怨有可能升级。同时客户关系部门应和维修部门保持顺畅沟通,遇到超越其权限的客户投诉后,能够及时、准确传递到维修部门或其他相关部门进行迅速处理。

(6)有效利用跟踪服务结果。汽车维修服务企业实行跟踪服务的目的是自我完善。客户关系部门应该对跟踪的结果翔实记录,定期对这些记录进行整理和分析,发现本企业存在的不足之处,提出改进措施和建议,并形成书面文件提交给企业的管理者制订落实方案。另外,跟踪的结果也可作为员工评价的重要指标。

6.3.7 客户的咨询解答

当客户电话咨询或来业务厅咨询有关维修业务问题时,接待人员要热情礼貌地接待,必须先听后答。听要细心,不可随意打断客户说话;回答客户的问题要明确、耐心。

答询中要善于正确引导客户对维修的认识,引导客户对汽车维修服务企业实力和服务质量的认识与认可。

认真倾听客户意见,并做好登记、记录,留意记下客户的工作地址、单位、联系电话,以利今后联系。

倾听完客户意见后,接待人员应立即给予答复。如不能立即处理的,应先向客户表示歉意并明确表示下次答复时间。

6.4 客户流失分析

客户是汽车维修服务企业的重要资源,也是企业的无形资产。客户的流失,就意味着企业资产的流失,因此进行客户流失分析是十分重要的。进行客户流失分析的目的是减少或者避免客户流失,提高企业的盈利水平和竞争力。

一般情况下,每位客户每年应该进行四次以上的车辆维修或维护,如果一位客户已经六个月以上未到公司进行车辆维修或维护,那么就可以认为该客户已经流失或者存在流失的风险,就应该成为进行流失分析的对象。

6.4.1 客户流失分析流程和方法

汽车维修服务企业一般要在每个季度进行一次客户流失分析。要做好客户流失分析,就要按一定的流程和方法进行,通过筛选调查对象、初步分析、六个月未回本公司原因调查、调查结果的统计分析、根据分析结果进行整改和采取措施争取流失客户返回本公司等内容的调查分析,找出客户流失的原因,制订相应的措施,提高服务质量,减少客户流失率和争取流失客户重新返回公司。

通过经销商管理系统对6个月内未回公司维修的客户进行筛选,确定客户流失调查的对象。对这些调查对象进行车型、客户职业、客户类型、客户所在区域的分布、最后一次来公司维修(时间、内容和类别)等内容的初步调查分析。

实施客户流失原因调查的方法有:电话访问、登门拜访、信件、电子邮件调查和利用各种活动邀请客户来公司进行调查等。调查的内容一般有:6个月未回本公司,这期间是否进行了维修;进行了哪些维修;在哪里进行的维修;为什么没有回本公司维修;如果在其他地方进行的维修,是否使用纯正的备件;如果是在其他4S店进行的维修,为什么选择它。

通过调查填写客户流失调查问卷(附表6-9)和客户流失统计分析表(月度)(附表6-10),进行相关分析,采取补救措施。

> **链接**
>
> ### 经销商管理系统（DMS）
>
> 经销商管理系统主要用于管理汽车公司的销售网络。
>
> 该系统不仅涵盖了针对4S店的整车销售、零配件仓库、售后维修服务（含车间管理）、客服服务等内容，而且还在主机厂和经销商之间成功搭建一个互动交流的信息桥梁，全面满足经销商对汽车销售、维修服务、配件供应、信息反馈、客户关系等业务的信息化管理的需求。
>
> 通过使用经销商管理系统，能让经销商及时掌握市场变化，提高信息交流的时效性，压缩运营成本，减少资源浪费，最大限度保证在有限的投入下，实现最大的商业目标。

6.4.2 客户流失的原因和分类

客户流失的原因主要分为内部因素和外部因素两种。内部因素主要有客户认为配件及工时价格贵，维修技术差，维修等待时间长等；外部因素主要有服务企业太远不方便，亲属或朋友开有汽车维修厂，车辆转卖，客户认为车辆行驶里程较少不用来公司进行维修或维护等。

客户流失的原因和分类见表1-6-6。

表 1-6-6　　　　　　　　　　　客户流失的原因和分类

流失车辆类别分类	维修服务流失
	保养服务流失
	整体售后服务流失
流失车辆使用年限分类	0～2年
	2～4年
	5年以上
流失车辆原因分类	服务态度不好
	维修质量低
	维修费用高
	维修服务便利性（路途远）
	核心服务出错
	服务接触出错
	诚信问题
	服务补救不足
	服务环境
	不自愿转换
	保险公司要求到指定的厂家维修
	客户车辆转让

续表

流失客户流向分析	同品牌、同城市的其他服务站
	竞争对手的特许维修中心
	独立的社会维修厂
	维修连锁店或个体维修厂
流失客户类型分类	私家车
	公务车
	特种车
质保期限流失	质保期内流失
	质保期外流失

6.4.3 流失客户的招揽

应该根据客户调查资料所反映的客户流失分类和流失原因,进行相应的分析,针对社会维修厂、个体维修厂、维修连锁店的竞争分析,明确各自的优势和劣势,提出合理的竞争策略。找到服务补救方法,制订明确、具体、可行的整改措施。整改措施必须有责任人、整改期限和整改效果的评估。

安排回访专员每天定量进行流失客户招揽,通过电话招揽对流失客户进行邀约。根据客户的回复进行流失原因分析,并进行工作总结。要求有相关工作表格记录邀约内容及跟进结果,维修项目未做客户跟进表见附表6-11。

1. 流失客户邀约方法及邀约话术

工作人员要根据客户的反馈,在流失调查的基础上,根据主要流失原因制订并确认相应招揽政策,制订相应的招揽话术。若客户流失的主要原因有所变化,则相应招揽政策及应对话术也应及时调整。

如果客户流失的主要原因是内因,应先进行内部改善后,再进行相应的客户流失招揽。

(1)根据客户流失性质制订招揽方案

根据流失客户不来本企业消费的时间长短,流失客户可分为三类:准流失客户、流失客户和彻底流失客户。

流失客户分类、流失原因及应对策略见表1-6-7。

表1-6-7　　　　　　　　流失客户分类、流失原因及应对策略

流失客户分类	客户流失的主要原因	应对策略
准流失客户 (6~12个月不来)	外在原因(行驶里程少、没时间、人在外地等)	邀约后再次来店的可能性最大,按保养提醒的方式进行招揽即可
流失客户 (1~2年不来)	价格贵,态度差,等待时间过长,亲戚或朋友开维修厂,车辆出了保质期,车辆已经转卖	进行分类招揽,通过活动对客户进行邀约,开展优惠活动
彻底流失客户 (2年以上不来)	上述原因的综合	以客户关怀为主,优惠活动

(2）根据客户流失原因制订招揽方案

通过免费赠送全车检测等活动邀客户来店后，请客户填写一份客户流失调查问卷，以问卷形式对客户进行流失原因调查，一定要注意引导客户填写真实的想法。另外，做好流失客户来店保养维修后的回访工作也是非常重要的。

客户流失原因及应对话术要点见表1-6-8。

表1-6-8　　　　　　　　　　客户流失原因及应对话术

客户流失原因	应对话术要点
价格贵	与其他4S店工时、配件价格作比较，体现本4S店优势，预约工时优惠，指定配件优惠
技术差	预约安排资深技师，提高车间一次修复率
等待时间长	提前预约，保证预留工位
服务差	改善服务态度
在维修厂做	着重体现技术专业性、正厂纯正配件，进行优惠活动邀约
车辆转卖	如果提供新车主正确联系方式可赠送礼品，吸引客户来店、促进新车销售
外地车	提醒客户去当地4S店进行定期维修保养

（3）流失客户邀约话术

流失客户的主要招揽方式为短信和电话邀约，电话邀约话术见表1-6-9。

表1-6-9　　　　　　　　　　电话邀约话术

"您好，我是××4S店的客服，请问您是××车主吗？您好，需要给您做个回访，大概占用您两三分钟时间，请问您方便接听电话吗？" "看您的维修记录，上次来4S店保养是××年××月，正常的保养是半年做一次的，现在已经过去了××月的时间，您一直也没来维修保养，想问下您的车辆做保养了吗？"	
①"在其他维修厂做了保养。"	"想问下车主，这次的保养您为什么没来本4S店做呢？"
a."4S店价格贵。"	"本4S店的价格都是明码标价的，而且与其他4S店相比工时及相关配件价格是偏低的。而且我们每个季度都会有优惠服务活动，在此期间维修保养工时和指定配件都有优惠，以后有活动我可以通知您。" "建议您下次来维修保养之前，提前一天拨打电话××预约，工时给您打八折（事故车除外）您看怎么样？"
b."朋友是开维修厂的，在他厂里做不花钱。"	"4S店的配件都是原厂正规配件，质量有保证，维修工具和维修技术更规范更专业，车辆出现问题最好还是来4S店进行维修，您提前预约保养维修，工时可以优惠，您看怎么样？"
c."服务店技术差。"（客户表示车辆故障进行了多次维修也没修好，对4S店失去信心）	"维修技师需要不断地进行培训和考核，目前我们的技师都是经过专业培训认证的，如果您预约来店，我们尽量安排资深技师为您的车辆进行维修，您看怎么样？" "如果是4S店解决不了的技术问题，我们可以向厂家提交，尽最大努力为您解决车辆问题。"
d."对服务态度不满意。"	"很抱歉，可能之前您来店有过不愉快的事情，造成您对4S店的服务不满意。" "4S店现在对员工的礼貌及接待水平都是定期考核的，我们服务水平有了很大的提升。我们可以免费为您做一次全车检测，您什么时候方便过来？我们为您预约安排金牌服务顾问为您服务。"

续表

e."家住外地,离服务店太远,不方便去4S店。"	"车辆有问题最好是来4S店进行维修保养,下次您来店先预约,我们提前给您预留工位,保证按您的时间施工。"
②"车辆转卖了,想买别的车。"	"如果您能提供新车主的联系方式,4S店将赠送您价值××元装饰券。" "最近我们4S店的××车卖得不错,性价比也很高,您要是有时间可以来看看,老车主买车能优惠呢!"
③"还未做保养。"	询问未做保养的原因及是否意愿回本公司保养。不愿回来做保养的,话术同a
	"正常做定期保养有助于保护车辆,您看需要我为您预约吗?"

2. 流失客户招揽工作要求

①客服要根据流失客户档案及客户的反馈信息,分析客户流失的原因,进而配合售后部门进行流失客户的招揽。

②针对不同类型的流失客户,和服务部一起制订对应的、有吸引力的招揽方案。

③不同类型流失客户可进行交叉邀约,如能按照每个类型的特殊性进行针对性的招揽,效果会更好。

④流失客户的招揽工作要注重真诚,在保证公司自身利益的基础上,要关注客户关系的维护,与流失客户再次建立信任,并且长期维持这种良好关系。

⑤重承诺,不失信于客户。如果有特殊原因做不到,应该向客户做好解释工作;再次失信于流失客户,会造成客户的永久流失,要尽量避免此类情况发生。

⑥针对客户流失的主要内部原因,持续进行内部改善,加强对维修技术、服务态度、接车流程、配件供应等方面的管理,通过带给客户更好的感受来提高客户满意度,从而达到降低客户流失率、提升客户忠诚度的目的。

情境 要点总结

进行跟踪服务,一方面可以掌握汽车维修服务企业在维修作业中存在的不足,另一方面又可以更好地了解客户的期望和需求,接受客户和社会的监督,增强客户的信任度。

跟踪服务是一项整体行为,高层管理人员应将其作为增强员工服务意识、改进工作作风、提高服务质量的一项重要措施,要确保问题的解决(进行必要的监督和检查),使其真正发挥作用,促进服务工作上一个新台阶。

客户档案包括的内容有客户基本资料、教育背景、家庭生活、客户个性和阅历。对客户档案要进行客户经济状况分析、收入构成分析和客户地区构成分析,发现有价值的客户。

跟踪服务的对策包括:加强企业与客户关系的建设;完善企业管理信息系统;采取多种有效的形式进行跟踪服务;跟踪服务要有明确的计划性,适当授权,保持顺畅的沟通,第一时间处理客户抱怨。

有效地利用跟踪服务的结果,做好流失客户的招揽工作。通过持续进行内部改善,提高客户满意度,降低客户流失率,提升客户忠诚度。

课后练习

〔课后案例〕

1. 教会客户正确使用车辆

某车主购买新车,交车后第二天打电话到公司投诉。客户说:"你们卖的是什么破车,我车子刚开回来一天怎么遥控器就不能用了。我明天到你们那去退车。"

客户专员好不容平息了客户的愤怒并与客户约好第二天来公司做检查。

客户到达公司后就怒气冲冲,"你们这什么破车,这种车也敢卖……"

客户专员在向客户表示同情的同时,征得客户同意后进行检查。维修人员检查结果证明遥控器没问题。

客户在一旁看了感觉很奇怪,便把遥控器拿过去试,结果他一试又不行。客户怎么按遥控器中控锁都没反应。通过观察客户操作,发现客户的手一直按着"开"的键,所以车门锁不上。

明白原因后,维修人员认真指导客户如何使用遥控器,客户满意,误会消除。

问题:(1)客户为什么不会使用遥控器?说明什么问题?

(2)遇到发火的客户应该如何应对?

(3)在平息了客户的激动情绪后,如何处理客户投诉的问题?

2. 配件质量问题

客户车辆两只前大灯进了水,客户认定是洗车时进的水。经查询后得知此情况符合保修要求,维修人员准备按索赔办理,但是客户不满意,认为换上去的灯不能保证以后不会进水。

问题:如何有效处理此类问题?

〔课后阅读资料〕

1. 对机动车维修服务企业质量信誉的相关要求

交通部颁布《机动车维修管理规定》以来,注重质量和信誉已经成为汽车维修服务行业的主流趋势。各地交通部门和汽车维修服务企业按照《机动车维修管理规定》的要求,推行了价格公开和公示制度以及维修工时定额报备制度,车主可以根据各企业的维修单价和工时定额选择适合自己需求的维修厂家。一批主流企业改造完成了开放式维修车间、维修过程监控系统,车主可以在休息室观察到维修人员对其车辆维修的全过程和维修项目。维修结算清单上明确标明维修项目、维修工时、维修单价,车主在缴费前时可以重新核算,确保明明白白地消费。

2006年,交通部发布了《机动车维修企业质量信誉考核办法(试行)》,全面加快了汽车维修服务市场诚信体系建设,引导和促进了汽车维修服务企业依法经营、诚实守信、公平竞争、优质服务。同时,交通部发布的《道路运输从业人员管理规定》将汽车维修专业技术人员纳入管理范围,《中华人民共和国机动车维修专业技术人员从业资格考试大纲》则为维修专业技术人员从业资格管理提供了量化指标。

各地普遍利用运政信息平台,建立并完善了投诉和处理机制,加大了对相关投诉的调查、协调和处理力度,汽车维修服务企业自觉注重服务、注重质量的风气正在形成。

2. 客户满意(CS,即 Customer Satisfaction)战略

面对高新技术的汽车维修,面对高素质的知识型客户,面对逐渐加大的投资规模,面对日益激烈的市场竞争,企业需要有稳定的客户群。

客户满意(CS)战略理论,是一种新的超越性的客户关系管理理论,基本内容如下:

(1)汽车服务产品的特征

客户购买了产品(车辆)的同时也购买了售后服务。产品一旦购买,就会带来多次甚至是终身的服务。

汽车服务产品的主要性能有安全性、操控性、舒适性、美观性、经济性等,这些功能一旦丧失,即发生了故障。有故障就要进行维修,就要进行一系列的售后服务。

汽车的售后服务一般包含维修服务、保险服务、年审服务、拯救服务、租售服务等汽车寿命期间的全过程、全方位、全天候的服务。

汽车服务产品的具体特征是汽车服务产品的生产、销售是同一地点、同一时间内完成的,它具有很强的时空特点;并且具有复杂性、科学性、集成性、艺术性、风险性和不可替代性等特点。

(2)客户满意(CS)战略的含义

汽车维修服务企业为了使客户能完全满意自己的产品或服务,需要测定客户的满意程度,并根据调查分析的结果,使整个汽车维修服务企业作为一个整体来改善产品、服务及企业文化的经营战略;要建立客户至上的服务,给客户提供百分之百满意的服务。

(3)客户满意的标准是技术准确可靠、价格合理、服务时间快捷有效、服务态度真诚、沟通有效。

(4)客户满意(CS)战略的经营技巧

①客户的需要要细分和维护。良好的客户关系是企业持续经营的关键,建立良好的客户关系,首先必须对企业服务的客户群进行科学合理的、有效的分类,找出服务的对象,研究客户的心理需求,提供有针对性的、高品质的服务。

在汽车服务产品生产过程中,客户是产品生产的重要资源,是最终的检验员,也是最关键的环节。

②一个企业的场地、设备、人才、技术、资金、管理等服务能力是有限的,不可能服务所有的客户群,只能做到服务部分客户群。

找出目标客户群,提供优质服务。通过客户的细分,找出目标客户群,即找出给企业提供80%利润的20%的客户群。给客户提供个性化、差异化的优质服务。

③按一定的标准划分客户,提供不同的服务。

可按时间、服务距离、车型、客户性别、车辆档次、维修类别、信用度、客户需求、维修项目和维修价格等方面划分。也可按车主类别(公务车主、保险事故车车主、私家车车主、出租车车主)或潜在客户(现有客户、满意客户、忠诚客户)划分。

(5)常用的提高客户满意度的方法

①有效地解决车辆问题。能判断、掌握客户车辆可能出现的问题,解决车辆疑难杂症,一次将车辆修好。

②提供增值服务。企业提供的服务标准与客户的期望值相等时,客户并不会表示感谢,而会认为是企业应该做的。如果客户不感谢企业的服务,则不会对企业产生感情,客户流失的风险就会增大。

企业要想客户回头,必须在做好基本服务的同时增加增值服务。增值服务分为两种:一种是只需付出简单劳动,而不需付出资金;另一种是需要付出复杂劳动,又需要付出资金。

企业提供增值服务时,先做第一种无须费用的增值服务,再逐步扩大到第二种需要费用的增值服务。

〔情境练习〕

满意度调查分析

(1)满意度调查的内容涉及了目前汽车维修服务企业比较关注的方面,调查时要有针对性,切忌千篇一律。

(2)为了控制回访时间,调查的问题点不宜过多,控制在5个左右。

(3)在统计时,除了计算平均分外,还应做出每个分数上打分客户人数的分布柱状图。

例如,某特约维修店进行了客户满意度调查,发现客户对客户休息室的满意度打分比较低。为了找出具体原因,改进客户休息室环境,提升客户满意度,该特约维修店针对性地设计了下面的调查问卷。

客户满意度调查问卷

Q1.对客户休息室的卫生情况是否满意?(满分10分)

Q2.对客户休息室的休闲娱乐设施是否满意?(满分10分)

Q3.对客户休息室的氛围是否满意?(满分10分)

Q4.对客户休息室提供的餐饮种类是否满意?(满分10分)

经过对50名客户的回访调查,客户打分分布如下:

Q1:3分8人,5分3人,6分9人,7分18人,8分7人,9分3人,10分2人;

Q2:2分9人,6分15人,7分20人,8分1人,10分5人;

Q3:2分20人,4分8人,8分12人,10分10人;

Q4:2分15人,10分35人。

根据打分结果,回访员做出的客户人数分布柱状图如图1-6-4所示。

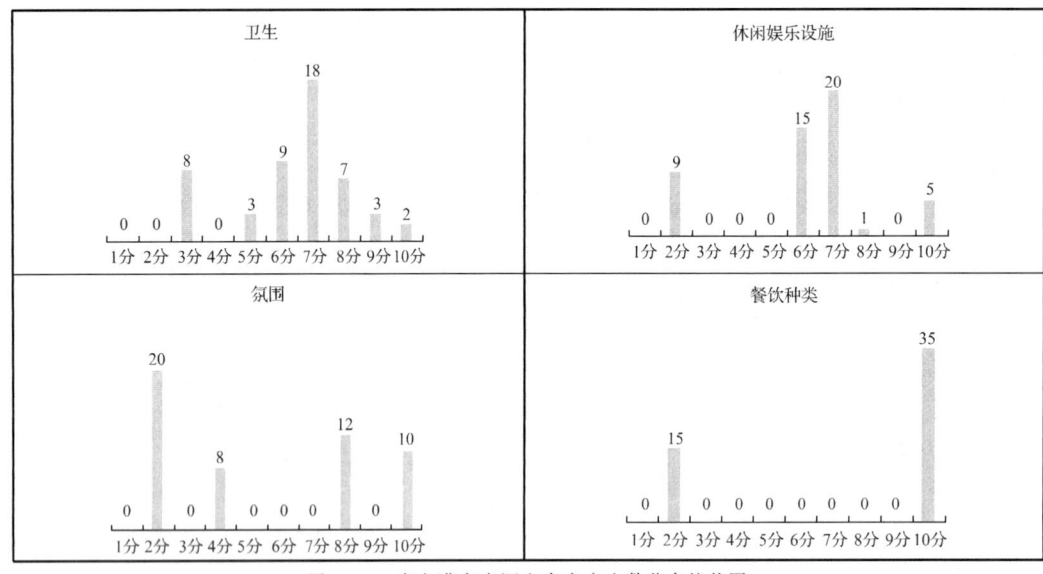

图 1-6-4 客户满意度调查中客户人数分布柱状图

根据图 1-6-4,得出的分析结果与对策见表 1-6-10。

表 1-6-10　　　　　　　　　　　　分析结果与对策

问题	平均分	分析结论	对策
卫生	6.44	比较满意(7分)为峰顶,向两边均匀降低,因此认为所有客户都比较满意	继续保持现有 5S 管理制度,尽快设立第二客户休息室,满足部分客户的特殊需求,并增加餐饮种类
休闲娱乐设施	6.12	打分为一般(6分或7分)和不满意的客户占到了90%	
氛围	5.36	一半多的客户不满意(2分或4分),一半左右的客户表示满意(8分或10分),可能是由于客户需求不同造成	
餐饮种类	7.6	1/3 左右的客户认为很不满意,很明显是由于客户类型造成关注点不一样	

〔思考题〕

〔案例分析〕投诉处理

客户于两周前进行 6 万千米保养,除了保养之外并未做其他维修。服务人员告诉客户汽车功能完好,一切正常。然而没几天客户就发现水温报警。

客户第二次前来检测时,服务人员向客户保证车辆没有任何问题,一切正常。然而,客户使用两天后水温再次报警。

客户很生气,因为故障是在 6 万千米保养后出现的,所以客户认为汽车维修服务企业应该对此负责,同时客户认为汽车维修服务企业没有认真做维修保养。

起初客户只管尽情发泄心中的怒气,情绪非常激动,之后克制了自己。客户意识到自己来的目的不是为了发泄愤怒,而是前来投诉,要求尽快解决问题,要求赔偿。

问题:(1)分析如何应对客户的投诉?设计解决这个问题的方案。

(2)如何通过客户档案找出有价值的客户?

(3)为什么说正确处理客户投诉很重要?

(4)做好跟踪服务的关键是什么?

(5)如何通过跟踪服务提高顾客的满意度?

第2篇

汽车服务顾问技能

技能 1

交流技巧

语言表达技巧是一门学问,只有熟练掌握并娴熟运用语言表达技巧,才能在提供专业水准话术的基础上凸显个性化服务,加强与客户的沟通效果,让客户在交流的过程中得到最佳的服务体验。

在与客户交流的过程中,服务人员要创造积极的、正面的谈话氛围,应该告诉客户"能够做什么",而不是"不能做什么",让客户感觉到服务人员的真心。因此,在客户服务的语言表达中,不能(至少应尽量避免)使用负面语言,如不能说"我不能""我不会""我不愿意""我不可以"等,因为当客户听到一些负面语言的时候,就会认为服务人员不能帮助他。

1.1 技能练习

1.1.1 正确的表达方式

不同的表达方式代表了说话者不同的态度,与人沟通时会产生不同的效果。通过学习下面的话术范例,体会常见的表达方法及其含义,逐步学会应用。

范例:感情表达的形式

"欢迎光临!××先生/女士,您好!"是表达热诚之心;

"是的,我了解。"是表达谦虚之心;

"请稍候!"是表达体贴之心;

"很抱歉!"是表达反省之心;

"让我确认后,再向您报告。"是表达责任之心;

"谢谢""××先生/女士,谢谢!再见。""谢谢光临!"是表达感激之心;

"××先生/女士,如有疑问,欢迎随时与我们联络。"是表达诚挚之心。

练习:根据范例中反映的要点,说明上述表达方式在什么情境中使用。设计客户车辆首保预约、客户车辆使用问题咨询、客户投诉和客户回访等内容的话术,分组练习。

1.1.2 服务用语的表达技巧

(1)习惯用语和专业表达方式的区别

①善用"我"代替"你"。与客户交流时尽量用"我"代替"你",因为交流时用"你"常会

使受话人感到有根手指指向自己。例如,"你叫什么名字?"是习惯用语,而专业表达方式是"请问,我可以知道您的名字吗?"

②避免使用命令的口气。例如,"你必须……"是习惯用语,而专业表达方式是"我们要为您那样做,这是我们需要的。"

③不能指责客户。例如,"你错了,不是那样的!"是习惯用语,而专业表达方式是"对不起我没说清楚,但我想它××的方式有些与众不同。"

④帮助客户时不能附加条件。例如,"如果你需要我的帮助,你必须……"是习惯用语,而专业表达方式是"我愿意帮助您,但首先我需要……"

⑤不要否定客户。例如,"你做得不正确……"是习惯用语,而专业表达方式是"我得到了不同的结果,让我们一起来看到底怎么回事。"

⑥勇于承担责任。例如,"你没有弄明白,这次听好了。"是习惯用语,而专业表达方式是"也许我说得不够清楚,请允许我再解释一遍。"

(2)客户服务语言中没有"不"

在客户服务的语言中,没有"我不能"和"我不会做"。

当服务顾问说"不"的时候,与客户之间的沟通马上就会陷入一种消极的气氛中,客户就会把注意力集中在"不能做什么"或是"不想做什么"上。如果要说"不",首先要表明一种愿意服务的态度,然后再把不能够进行或者完成的事情讲出来。如果有可能提供一些折中的方案,需要提前说出,应避免直接拒绝客户。

拒绝客户时要使用拒绝技巧,对客户说"我要做的是……"告诉客户"您能做的是……"

①在客户服务的语言中没有"我不能"。当服务顾问说"我不能"的时候,客户的注意力就不会集中在所谈的事情上,而是会集中在"为什么不能""凭什么不能"上。

正确的沟通方法是"看看我们能够帮您做什么?"这样就避开了跟客户说"不行"或"不可以",而且表达的实际意思是相同的。

②当遇到服务顾问不擅长的事情时,不能在客户面前说"我不会做",因为客户一般觉得服务顾问是专业人员,应该会做。

应该让客户知道服务顾问可以解决一部分问题,但是有的问题还需要专业技术人员来解决。这样就可以使客户的注意力集中在服务顾问讲的内容上,而不会转移注意力。

正确的说法是"我们能为您做的是……"使客户注意听服务顾问提供的解决方法。使用"我们能为您做什么""我可以帮您做什么""我可以帮您分析一下"或"我可以帮您看一下"等语句,而不是跟客户讲"我不会"。

③在客户服务的语言中,不能有推诿的语言。例如,"这不是我应该做的。""我想,我做不了。"而是应该正面告诉客户服务顾问能做什么,并且非常愿意帮助他们。

④在客户服务的语言中,没有"但是"或"不过"。因为无论服务顾问前面讲得多好,如果后面出现了"但是"或"不过",就等于将前面对客户所说的话进行否定。例如,"您穿的这件衣服真好看啊!但是……"

由此可见,说了"但是"之后就会把前面说的话全都否定了,容易让客户感到这是一种很圆滑的外交辞令。

⑤在客户服务的语言中,要学会使用"因为……"要让客户接受我们的建议,应该告诉他理由。在不能满足客户的要求时,更要说明原因。在拒绝客户时,不能直接说:"对不起,不行。""对不起,不可以。"因为客户马上就会问:"为什么不可以?"

因此,不能只说"不可以。"而要告诉客户不可以的原因。

练习:根据上面的原则和方法,设计客户车辆使用问题咨询、客户投诉和客户回访等内容的话术,分组练习。

1.1.3 主动倾听的技巧

1. 倾听的重要性

倾听是一种情感的活动,它不仅是用耳朵听对方说话,还需要通过语言、面部表情、肢体语言来回应对方,与对方形成互动。

通过倾听,可以让对方感到受到尊重和关注,使之心情愉悦。

倾听时必须集中注意力,不仅只是倾听谈话内容,还要从对方的面部表情和语调来了解和分析对方的观点和需求。

2. 如何创建主动式倾听

主动式倾听是指倾听者依据已有的知识和经验,主动地从发言者的话语中寻找所需信息,构建完整的知识体系的方法。

主动倾听的特点是思维的活跃性、理解的双向性和交往的情感性。

通过主动倾听客户的诉求,可以获得正确的客户信息,从而向客户提供合适的服务。因此,主动倾听是接待人员极为重要的工作之一。

注意,在倾听阶段中,先不要主观地评价客户或客户车辆的状况,同时也要注意不要只听自己感兴趣的内容而忽视其他内容。

主动倾听时要注意:

(1)尊重发言者。倾听是相互的,每个人既是倾听者也是发言者。在别人发言时自己如果不主动倾听,那么当自己发言时别人也不会倾听,因为尊重是相互的。

(2)积极地听取不同意见。要避免受偏见的影响,保持开放的心态,能够大大提高倾听的效果,对别人不同的意见也应努力倾听。发言者如果感到受到尊重,则会更加自信,从而能够更好地表达自己的心声。

(3)在倾听中找出重点。将注意力集中在发言者的内容和观点上,抓住发言者的有效信息,寻找重点或中心概念,忽略一些无关紧要的部分。

主动倾听不仅反映了倾听者的态度,而且会产生较好的沟通效果。通过学习下面的话术范例(表 2-1-1),体会常见的表达方法及其含义。

表 2-1-1　　　　　　　　　　　　主动倾听的技巧

主动倾听的要点	对应话术
①专注的态度:用肢体语言表示在倾听客户的谈话,让客户放松,并让客户继续谈话	"真的呀?""是的。""当然。"
②表现认同:让客户放松,并赢得客户的信任	"××先生/女士,我理解开新车的感觉!""好漂亮的车,您的车保养得真好!""我完全了解您的处境。"
③提出问题:确认细节,清楚了解客户的想法和打算(开放式问题:是用来引导客户讲述事实的。封闭式问题:对客户的问题做一个重点的复述,是用来结束提问的)	开放式问题: "您第一次听到这种杂音是在什么时候?" "您可以更详细地说明吗?" "您是什么时候发现这个问题的?" 封闭式问题: "发动机早上是否不太好启动?"
④理清问题:确定客户的看法是否正确、是否与客户的理解一致	"这种杂音是否在一周前开始的?" "换句话说……对吗?"
⑤总结内容:总结客户谈话的重点,并确认是否与客户取得共识	"您目前提出了三个问题,包括……" "归纳您刚刚提到的问题是……对吗?"
⑥非语言沟通	点头示意、目光接触、合适的面部表情

练习:根据表 2-1-1 中反映的 6 个要点,设计客户车辆故障问诊和车辆维修内容的确定等内容的话术,反映客户的需求,分组练习。

1.1.4　通过提问理清思路的技巧

通过提问,能尽快找到客户想要的答案,了解客户真正的需求和想法;通过提问,也能尽快理清自己的思路,这对于服务接待人员至关重要。例如,"您能描述一下当时的具体情况吗?""您能谈一下您的希望和要求吗?"这些问题都是为了理清思路,清楚客户想要什么,能给予客户什么样的回答。

(1)针对性问题

特约店可能会有客户投诉说:"刚刚修过的车,使用时发现车又坏了。"这个时候,接待人员可以询问客户:"您今天早上开车的时候,车上的仪表盘和故障指示灯是什么样子的?"这个问题就是针对性问题。

针对性问题的作用是能让接待人员获得细节,在不知道客户的希望和要求时使用。通过提出针对性问题,可以帮助接待人员了解问题的关键。

(2)了解性问题

了解性问题是指用来了解客户信息的一些提问,在了解这些信息时,要注意避免一些可能会让客户产生反感的问题,如询问"您什么时候修的车?""您的修车发票是什么时候开的?""当时开发票开的名头是什么?""当时是谁接待的?"这些问题客户不容易回答,而且容易使客户厌烦而不愿意回答。

作为接待人员,提了解性问题的目的是为了了解更多的信息,帮助接待人员分析、处理问题,但是,如果提问技巧使用得不当,就有可能使客户不愿意回答或懒得回答,可能会说"我早忘了!"因此在提了解性问题时,一定要说明原因,如"麻烦出示一下您的修车记录,因为要做登记。"使用"麻烦您……因为……"的语句,可以让客户确信回答了此问题对其有利而乐于回答。

(3)澄清性问题

澄清性问题是指正确地了解客户所说的问题是什么,问题发展到了什么程度。

有时客户会夸大其词,如"车修得太差劲了,到处是问题,修了还不如不修。"接待人员碰到这样的客户,首先要提出一些澄清性问题,因为此时并不知道客户所说的质量差到了什么程度,不知道具体的度就不容易做出正确的判断。当遇到这种情况时可以问:"请问您说的修理结果很差是什么程度,您能详细描述一下车辆现在的情况吗?"这样可以了解客户投诉的真正原因是什么,事态究竟有多严重。

(4)征询性问题

征询性问题是告知客户对于他提出问题的初步解决方案。例如,"您看我们这样解决好不好……"属于征询性问题。当告知客户一个初步解决方案后,要让客户做决定,以体现客户是"上帝"。例如,客户抱怨车辆维修质量问题,听完客户的陈述后,接待人员就需要告诉客户一个初步的解决方案,如"您方便的话,可以把您的车子开过来,需要在维修车间做一下检查。"

运用征询性问题来结束对客户的服务,很多时候会让客户享受到"上帝"的感觉。

(5)服务性问题

服务性问题也是客户服务中非常专业的一种提问。这种提问一般运用在客户服务过程结束的时候。它可以起到使客户感到意外惊喜的效果。

例如,在为客户做完服务后,可以说"您看还有什么需要我为您做的吗?"起到完善服务的作用。服务接待人员要善于运用这类话术,体现优质服务,使客户满意。

(6)开放式问题

开放式问题是用来引导客户讲述事实的,例如,"您能说说车辆出现故障时的具体情况吗?""您能回忆一下当时的具体情况吗?"

开放式问题便于更详细地了解情况,也可以让客户说出一些接待人员忽略了的细节。

(7)封闭式问题

封闭式问题就是对客户的问题做一个重点的复述,是用来结束提问的。当客户叙述完毕后,接待人员可以说:"您的意思是想重新更换零部件,是这样的吗?"

(8)转移话题、控制局面,让客户平静

通过提问,转移话题,可以让愤怒的客户(特别是投诉的客户)逐渐变得理智。例如,当客户很愤怒时,可能会忘记陈述事实,接待人员应该有效地利用提问来缓解客户的情绪,如"您不要着急,一定会帮您解决问题的,您先说一下具体是什么问题,是怎么回事?"这时客户就会专注于回答您所提出的问题,在陈述的过程中,客户就会冷静下来。

1.1.5 电话沟通注意事项

在电话沟通中,接待人员和客户都无法看到对方,只能从对方的声音和谈话内容等方面来了解对方的状况。电话沟通是最困难的沟通方式之一,与客户电话沟通质量的高低能够体现接待人员的能力,也决定着是否能够留住客户。因此,接待人员在与客户电话沟通时要注意以下问题。

(1)准备好记录用的笔和便笺簿,做好电话记录。如果是主动向外拨打电话,应先整理好通话要点后再拨打;如果是接听对方电话,要用5W2H(或6W2H)原则记录要点。为避免出错,应适时重复关键之处,特别注意不要弄错同音字和近音字。

(2)将微笑融入声音。与客户电话沟通时要坐姿端正,面带微笑,语气要温和亲切。使用普通话交谈,音量、音调和语速适当,吐字清晰。在通话过程中使用"是的""我明白"等简短的话语,表示在倾听客户谈话。

(3)服务内容介绍要熟练,专业术语要准确。注意减少使用或不用缩略语和过于专业的用语。

(4)要在电话铃响起三声之内接听电话,礼貌地问候对方,介绍公司、部门和自己。例如,"您好,××特约店/服务站/汽车维修服务公司,我是××(职务)××(姓名),很高兴为您服务。""您好,××客服部/续保部/客户休息室,请问有什么可以帮助您的?"

(5)接听电话时,要在确认接听者后再进行交谈,避免认错人造成尴尬;如果拨错电话,要向对方道歉。

(6)听不清对方谈话内容时,要立即将情况告诉对方,例如,"对不起,通话不清楚,您能再重复一下吗?""对不起,刚才没有听清楚,请再说一遍好吗?"避免使用"哦?""啊?""什么?"等语气词表示疑问。

(7)如果电话突然发生故障导致通话中断,在知道对方电话号码的情况下,务必回复对方,明确解释原因。

(8)拨打电话时,当电话拨通后,注意第一声问候及报上自己的公司及姓名,例如,"您好,我是××特约店/服务站,我是××(职务)××(姓名)。"

(9)善于从对方的语气、语调、语言中发现对方即将结束通话的意思。例如,在一件事情陈述完毕后,对方出现几秒的沉默,表明对方有结束通话的意思。结束通话前,要简要重复刚才通话的要点,用适当的语言提示对方挂机,例如,"还有其他我可以为您效劳的地方吗?"礼貌地结束通话"感谢您的来电,再见。"待对方挂断电话后再挂机。

(10)转接电话需要用专业的方式进行。首先礼貌问候对方,介绍自己的公司、部门和本人;询问呼入者姓名和将电话转接给谁;当电话是由接线员转入时,只需介绍部门和本人,不需要介绍公司。

不要突然转接电话,转接前要说"请您稍等,我将帮您转给××先生/女士。"之类的礼貌用语。

在转接电话前,要先与第三人(是指电话被转接到的那个人)确认,同时告诉第三人电话呼入者的姓名。在确认了第三人可以接电话后再转接电话,并礼貌地告诉呼入者正在转接。在确定对方已经与要找的人通上话后再挂断电话。

若对方要找的人在,则说:"好的,请稍候。"

若对方要找的人不在时,应主动要求替对方留言。"对不起,他/她暂时不在。需要留下您的电话,让他/她回来后给您回电吗?"注意不要说客户要找的人"外出吃午餐""正忙""我不知道他在哪里"等。

若对方回答"可以"时,则说:"请讲,我给您记下,一定转告。"
若对方回答"不用"时,则说:"好的,欢迎您再次来电。再见!"
如果对方不知道应该找谁时,要问清楚是何事,找相关人员想办法解决。不要让对方有被推诿的感觉。具体做法可参照以下例句。

"您好!这里是××公司!"
"您是找××吗?好的,我马上给您转接过去。"
"请稍候,我将为您转接。"
"对方占线,请您稍等一下,马上再为您转接。"
"您是找××吗?好的,我马上帮您找,请您稍等。"
"他现在不在,我可以帮您留言吗?"
"他现在不在,如果方便,我可以为您效劳吗?"(在对方已经知道接待人员身份的前提下)

(11)要立即接听无人接听的电话,可以提高客户满意度;如果对客户来电置之不理,会使客户不满意。

接听无人接听的电话时,要礼貌地问候对方作自我介绍,向客户解释他(她)要找的人暂时无法接听电话,并主动向客户提供选择(留言、呼叫或回复电话等);如果客户选择留言,要按 5W2H(或 6W2H)原则记录重点并与客户确认,最后感谢客户并等客户先挂断电话。

(12)抱怨处理的方法及技巧。要使用拒绝技巧,对客户说"我要做的是……"告诉客户"您能做的是……"

在接听投诉电话时不得匆忙打断客户的谈话或者让客户"找××部门解决。"而是耐心听完对方诉说,然后说:"发生这样的事,很对不起。您反映的问题我已作了记录。我会马上向有关负责人汇报,尽快给您答复。请留下您的联系电话。"并详细询问、记录投诉内容(发生的时间、地点、经过,车辆情况,对方车号和电话等信息)。

(13)选择合适的通话时间,要避开客户休息、用餐的时间,而且最好不要在节假日打扰客户。

1.1.6 意见处理

1. 客户抱怨的处理方法

接到客户抱怨、投诉的电话时,要根据不同的客户采取不同的处理方法使客户满意。

(1)首先安抚客户,稳定客户的情绪,专心聆听客户述说,如"您不要着急,一定会给您解决好的,您先说一下具体是什么问题,是怎么回事?"

(2)向客户了解情况及相关信息(姓名、联系电话、车型、车牌、投诉部门、相关工作人员、投诉内容等)并详细记录。

(3)告知客户会第一时间向上级领导报告,且与相关部门核实情况,并告知客户回复时间。

(4)当同样的事情经过多次协商还没能解决时,换个时间也是一个解决问题的好方法。经过一段时间"冷却",客户的心情会得以舒缓,从而能找到解决问题的方法。

(5)应避免让客户站着讲述,将客户请到适合的场所坐下,听客户述说,向客户表示真诚的态度,使客户的心情舒缓下来。

2. 方法训练

学习客户投诉处理的基本方法与技巧(表 2-1-2),根据实际工作情境,设计相关话术进行练习。

表 2-1-2　　　　　　　客户投诉处理的基本方法与技巧

处理过程	基本方法与技巧	应避免的做法
聆听客户述说	①显示积极主动的处理问题的态度 ②保持微笑 ③保持平静的心情,使用适合的语速、音调 ④认真听取客户投诉,不遗漏细节,确认问题的关键所在 ⑤让客户先发泄情绪 ⑥不打断客户的陈述	①不耐烦的表情或不愿意接待客户的态度 ②同客户争执、激烈讨论,情绪激动 ③挑剔客户的态度不好,说话不客气 ④直接回绝或中途做其他事情等 ⑤推托或辩护的态度
表示同情与理解	①善用自己的言谈举止去劝慰对方,稳定客户的激动情绪 ②站在客户的立场为客户着想 ③对客户的行为表示理解 ④主动做好投诉细节的记录	①不做记录,让客户自己写 ②表明不能帮助客户 ③有不尊重客户的言行举止 ④激化矛盾
询问客户	①重复客户所说的重点,确认是否理解客户的想法并明白客户的目的 ②了解客户抱怨的重点所在,分析抱怨事件的严重性 ③告诉客户已经了解到问题所在,并确认问题是可以解决的	①重复客户所说重点的次数太多 ②处理时间过长 ③犹豫,拿不定主意 ④为难情绪 ⑤听不懂客户的方言
提出解决方案	①不被客户的抱怨影响,耐心地解释,援引相关制度进行处理 ②解决方案要使客户感觉到公平合理 ③超出处理者权限范围的,要向客户说明,并迅速请示前台主管或服务经理 ④暂时无法处理的,可将事情详细记录,留下客户的联系方式,并承诺尽快答复	①处理问题过于死板 ②一味地满足客户要求,给予不合理承诺 ③将问题推给他人处理 ④超出处理者权限范围的,不能第一时间向上级汇报 ⑤忘记尽快给一个处理结果的答复
达成协议	①同客户商量已经提出的解决方案 ②表示已经尽最大的努力解决问题 ③迅速执行客户同意的解决方案	①具体解决的时间太长 ②没有将此事追踪到底
感谢顾客	①感谢客户指出工作的不足 ②表示今后一定改进工作 ③对汽车服务公司失误而造成客户的不便予以道歉	①没有感谢客户 ②对不满意的客户,未将情况迅速汇报 ③对客户的不满表现出不在乎或讨厌的态度

1.2 技能测验

学习下面电话交流的步骤和要求,设计情景练习及考核。

(1)接听电话的步骤及要求(表 2-1-3)

表 2-1-3　　　　　　　　　　接听电话的步骤及要求

步　骤	要求或表达方式
铃响时立即接听电话	铃响三声内接听电话,准备好记录用具
简短地问候对方(使用寒暄用语),报上公司名称、自己的姓名及职务	清楚且有礼貌地说话:"您好,这里是××4S店,我是接待员××。"
确认客户的身份	"请问您是××先生/女士吗?""抱歉,请问您怎么称呼?"
询问对方来电目的,并记下来电要点	确认要点、注意倾听技巧:"请问有什么可以为您效劳的吗?"
重复谈话内容要点	"您方便再重复一次吗?""您是要找××部门的××先生/女士吗? 请稍候,我为您转接。"
挂断电话前,再次问候客户	"谢谢您的来电。""请稍候。""有位××来电找您。"
挂断电话	确定客户先挂断电话

整体评价:

练习:参考表 2-1-3 中反映的要点,根据客户车辆故障问诊和车辆维修内容的确定等工作情境设计相关话术,分组练习并考核。

(2)拨打电话的步骤及要求(表 2-1-4)

表 2-1-4　　　　　　　　　　拨打电话的步骤及要求

步　骤		要求或表达方式
准备谈话内容	准备资料	准备好有关资料,准备好记录用具
		安排好说话内容和顺序
通话环境	安静的环境	外界的杂音或私语不能传入电话内
自我介绍	报上公司名称和自己的姓名、职务	"您好,这里是××4S店,我是接待员××。"
	清楚且有礼貌地说话	
问候对方	音量适度	"早上好!"
确认通话对象	确认对方身份	"请问××在吗?""麻烦请找××。""请问您是××吗?"
	适当的请求方式,力求简洁明了	"请问您现在方便说话吗?""方便耽误您几分钟的时间吗?"
说明来电目的	说明来电的目的,表达清楚、简洁	"我想就××事情与您沟通。"
	当要找的人不在时	"我稍后再拨。"
	当要找的人不在、需要留言时	"请问您方便我留言给××吗?"
	希望对方回电话时	"方便请××回电吗?""我可以在线等吗?"

续表

步骤		要求或表达方式
确定对方明白所谈的事项	表述要让对方容易理解,讲完后确认对方是否明白	"不知道我向您说清楚了吗?" "不知道是否方便麻烦您?" "不知我的解释能使您满意吗?"
挂机前问候	向对方表示诚挚地道谢	"非常谢谢您,如果您有疑问请与我们联系。"
	就打扰对方表示歉意	"非常感谢您为我……"
挂断电话	等客户先挂断电话	不能摔电话,不能用力挂断电话

整体评价:

练习:参考表 2-1-4 中反映的要点,根据预约和车辆维修后回访等工作情境设计相关话术,分组练习并考核。

(3)代接电话的步骤及要求(表 2-1-5)

表 2-1-5　　　　　　　　　代接电话的步骤及要求

步骤		要求或表达方式
当对方要找的人在忙线中时	如果很快结束通话	"请稍候,为您转接××。"
	如果还需要一点时间(超过 30 秒)	"抱歉,他现在正在打电话。是否需要请他回电?"
当对方要找的人外出时	如果知道何时回来	"抱歉,他现在外出了,大概会在××点回来。"
	询问客户的来电目的以及是否要留言	"方便为您留言吗?"
当对方要找的人不在座位上时	告诉对方等要找的人回来时会回电	"抱歉,他现在不在座位上。是否需要请他回电?"
当对方要找的人在接待客户(或在开会)时	告知对方无法接听的原因,并告诉对方等要找的人回来时会回电	"抱歉,他目前正在接待客户(或在开会中),要过一会才会回来。是否需要请他回电?""您方便留个电话吗?"
询问客户是否要找其他人	询问客户是否要和服务经理或其他负责的人通话	"请问您是否需要我帮您转接其他人?"
当需要时间才能回复客户的要求时	当必须找出文件或其他数据确认时	"请稍候,我先与相关人员确认。" "请稍候,我需要找到相关资料确认。"
	当需要让客户等候时	"可能需要一点时间,我可以稍后回电给您吗?"
当客户提出抱怨时	向客户道歉	"××先生/女士,先对您刚才提出的问题道歉。"
当客户电话突然断线时	立刻回拨给客户,并向客户道歉	"抱歉,刚刚忽然断线。"

整体评价:

练习:参考表 2-1-5 中反映的要点,根据代接电话的工作情境设计相关话术,分组练习并考核。

(4)代为留言的步骤及要求(表 2-1-6)

表 2-1-6　　　　　　　　　　代为留言的步骤及要求

步　骤		要求或表达方式
详细记录	运用 5W2H 原则记下完整的信息	记录客户姓名、公司名称、电话号码、来电时间等信息
	必要的重复,确认内容无误	"重复您的留言,××? 对吗?"
告诉留言对象该怎么做	告诉客户你的名字	"好的,我了解。我是接待员××。"
	即便客户未留言,仍要告诉留言对象有来电找他	"我接到××先生/女士找您的电话,不过他没有留言。"
	确定信息已转交到留言对象的手上	"您看到我之前给您的留言吗?"

整体评价:

练习:参考表 2-1-6 中反映的要点,根据代为留言的工作情境设计相关话术,分组练习并考核。

(5)接听电话的对话比较(表 2-1-7)

表 2-1-7　　　　　　　　　　接听电话的对话比较

普通问话	正确的话术
"你找谁?"	"请问您找哪位?"
"有什么事?"	"请问有什么可以为您效劳的吗?"
"你是谁?"	"请问您贵姓?"
"不知道!"	"抱歉,这事我不太了解。"
"我问过了,他不在!"	"我再帮您看一下。抱歉,他还没回来,您方便留言吗?"
"没这个人!"	"对不起,我再查一下。""您还有其他信息可以提示我吗?"
"等一下,我要接一个电话。"	"抱歉,请稍等。"

整体评价:

练习:参考表 2-1-6 中反映的要点,根据接听电话的工作情境设计相关话术,分组练习并考核。

(6)交流要点考核

参照表 2-1-8 中反映的要点,根据接听电话、客户车辆维修项目确定和回访等工作情境设计相关话术,分组练习并考核。

表 2-1-8　　　　　　　　　　　　　交流要点考核

	评价标准	肢体语言或话术记录	评价
态度专注	用肢体语言表示倾听		
	让客户放松		
	让客户继续谈话		
表示认同	赢得客户的信任		
提出问题	确认细节		
	清楚了解客户的想法		
理清问题	确定对客户的理解是否正确		
总结内容	总结客户谈话的重点		
	确认是否与客户取得共识		
非语言沟通	点头示意		
	目光接触		
	恰当的面部表情		

整体评价：

(7) 电话沟通考核

参照表 2-1-9 中反映的要点，根据接听电话、客户车辆维修项目确定和回访等工作情境设计相关话术，分组练习并考核。

表 2-1-9　　　　　　　　　　　　　电话沟通考核

		评价标准	肢体语言或话术	评价
电话交流四项要点	精确	记下客户述说的要点		
		复述要点，确认内容无误		
		语速适当，吐字清晰		
		不要使用模糊不清的表达方式		
		轻轻挂断电话		
	简短	使用 5W2H 原则记录信息		
		时间记录准确		
		费用说明清楚		
	礼貌	标准的话术		
		正确的礼节		
		微笑并有亲和力		
		端正的态度、规范的姿势		
		若打错电话，应礼貌地道歉		
	迅速	在铃响三声内接听电话		
		迅速问明来电者身份		
		如果需要查找资料，则先向客户礼貌说明，待查找到结果后再回电		
		解决客户抱怨，不要将责任推到别人身上		

续表

评价标准		肢体语言或话术	评价
接听电话的八个步骤	在铃响三声内接听电话		
	问候客户		
	报上公司名称和自己的身份		
	确认客户的身份		
	了解客户来电的目的,记录要点		
	重复并确认内容要点		
	挂断电话前礼貌地问候客户		
	挂断电话		
拨打电话的八个步骤	问候对方,报上公司名称和自己的身份		
	确认对方公司名称		
	要求和自己要联络的人谈话		
	向对方简短地问候		
	讨论来电事项		
	确定对方已经明白所谈事项		
	挂断电话前礼貌地问候客户		
	挂断电话		

整体评价：

(8)沟通的主要表达方式

写下每种情境下最适合的表达方式。

当你早上进公司上班时：_____

当你向客户问候时：_____

当你在表达感谢时：_____

当上级、年长同事或同事叫你时：_____

_____

当你在工作中称呼某人时：_____

当有上级教导你时：_____

当你外出时：_____

当你外出回来时：_____

当上级、年长同事或同事外出时：_____

_____

当上级、年长同事或同事回来时：_____

_____

当你手上没工作时：_____

当你犯错时：_____

当你在下班、离开办公室时用清晰和精神的声音道别时：_____
_____

(9)写下最适合的表达方式

习惯用语："问题是您要的那个产品都卖完了。"
专业表达：_____

习惯用语："您怎么对我们公司的产品(服务)老是不满意？"
专业表达：_____

习惯用语："我不能给您他的手机号码。"
专业表达：_____

习惯用语："注意，您必须今天做好！"
专业表达：_____

习惯用语："您没有必要担心车辆这次维修后又会坏。"
专业表达：_____

技能 2

预 约

通过预约服务,可以使汽车维修服务企业分流客户,合理分配企业自身资源,避免出现服务瓶颈;提前做好准备工作,提高工作效率。

预约时,相关人员根据客户车辆信息进行诊断,初步判断车辆状况,约定实施维修的时间并对维修工作内容进行充分准备,从而减少客户在维修过程中的非维修等待时间且避免缺少零配件的情况发生,使客户车辆得到迅速、优质的维修。

2.1 背景知识

1. 预约的分类

预约分为主动预约和被动预约。主动预约是指汽车维修服务企业根据客户车辆信息,列出预约清单并汇集成册,在客户车辆保养时间之前,预约服务人员主动与客户预约。被动预约是指汽车维修服务企业接受客户的维修保养预约。

2. 预约的要求

保持预约电话畅通;预约服务人员的态度要热情友好;问诊要详细,全面了解客户车辆的使用情况和维修保养情况;能准确理解客户的需求;及时正确地回复客户提出的问题;能满足客户对维修保养时间的要求;确保为客户车辆做好维修保养的准备工作并确保兑现承诺;预约后能及时进行提醒服务。

3. 预约的内容

预约时要与客户达成维修保养等服务的意向,填好汽车维修预约登记表。

汽车维修预约登记表上要注明预约维修保养的时间,若需要为预约服务准备价格较高的配件时,应该请客户预交定金。

预约确定后,要填写汽车维修预约统计表,并于当日内通知车间主管,以便安排维修保养工作。预约时间临近时,应提前与客户联系,提醒客户勿忘预约时间。

预约完成后,应该做好登记并在大厅预约看板上显示,通知服务顾问做好相应准备,提前做好配件、工位和维修技师等准备工作,保证预约客户到达后第一时间享受维修保养服务。

2.2 技能要求

1. 观察能力

预约服务人员的观察能力主要体现在目光敏锐、行动迅速、善于察言观色。其目的是理解客户的需求,提供优质服务。

通过与客户接触,预约服务人员要发掘客户潜在的需求,了解客户的情绪、偏好、行为特点等,确保客户清楚此次车辆的维修保养内容,说明或推介有可能进行的其他服务项目。

2. 沟通能力

预约服务人员应该具备必要的沟通能力,在与客户沟通时必须要有愉快的心情、发自内心的微笑和温馨的话语。

注意事先要详细了解客户车辆档案记录,收集相关信息,缩短客户登记的时间,同时可以发掘客户潜在的需求。

3. 处理抱怨的能力

处理抱怨的原则是对客户的抱怨要表达足够的重视,同时对客户的抱怨表示理解。在处理抱怨时要保持平静、友好的心态,无论在言语还是在肢体语言上都要格外留意,绝对不要显示出丝毫的敌意。

待客户平静后,询问客户的意见,提供解决方案。注意在提供解决方案时不要自作决断,如超出自己的职权范围,要上报等待指示。如果抱怨升级,在换人或换策略处理时,要通知客户,并且一直跟踪到客户满意。

2.3 训练内容

2.3.1 话术练习

1. 预约的要求及注意事项

(1)与客户交流时要使用普通话,语音悦耳,吐字清晰。服务内容介绍要熟练,专业术语要准确。注意减少使用或不用缩略语和过于专业的用语。

(2)要在电话铃响三声之内接听,礼貌地问候对方,介绍公司、部门和自己。

拨打电话时,当电话拨通后,要问候对方并报上公司名称及自己的姓名。

(3)通话过程中不时使用"是的""我明白"等简短的话语,表示正在倾听。

(4)善于从对方的语气、语调、话语中发现对方即将结束通话的意思,用适当的语言提示对方先挂断电话。

(5)转接电话需要用专业的方式进行。首先礼貌问候对方,介绍自己的公司、部门和本人;询问呼入者姓名和将电话转给谁;当电话是由接线员转入时,只需介绍部门和本人,不需要介绍公司。

2. 话术范例

为了规范地与客户交流,服务接待人员应该按照公司拟定的话术与客户交流,不论是常规的交流内容还是回答客户的疑问,都应该在有关话术的基础上与客户进行对话,切忌出现违背相关要求的话语出现。

进行电话交流时要有愉快的心情、发自内心的微笑和温馨的话语;准备好客户资料和工作记录本等。同时还要运用相关的汽车专业知识,对客户有关汽车技术方面的问题进行解释和回复。

(1)定保电话话术

"您好!请问是××先生/女士吗?我是××4S店的信息员小徐,根据我们的系统显示,您的××汽车现在需要做15000千米的保养,不知道您的车辆现在已经行驶了多少千米?目前是否做了保养呢?请您及时为您的爱车做保养,我们4S店将为您提供热忱优质的服务。"

(在得知客户车辆已经做了保养的情况下)

"嗯,好的,我们只是为了给您一个及时的提醒,欢迎您下次来我店为您的爱车做保养。祝您用车愉快!再见!"(待对方先挂断电话)

(在得知客户车辆目前还没有做保养的情况下)

"欢迎您来我们4S店做保养,请问您最近什么时候有空呢?我们恭候您的光临。"

(2)首保电话话术

"您好!请问是××先生/女士吗?我是××4S店的信息员小徐,您于××年××月××日在我们店购买了一辆××汽车,我想了解一下您车辆目前的使用状况。首保有没有做过呢?目前车辆行驶里程是多少?如果首保还没有做,请您记得在××日以前在我店享受免费首次保养。我们将热忱欢迎您的到来。"

(得知还没有做首保的情况下)

"嗯,好的,请您一定要在××日以前来我店为您的爱车做首保,另外要记得带上保修手册,我们恭候您的再次光临。"

(在得知客户车辆已经在其他店做了首保的情况下)

"嗯,好的,我们只是给您一个及时的提醒。请问首保在哪儿做的呢?欢迎您下次到我们店来做保养。祝您用车愉快!"

2.3.2 预约服务流程演练

1. 演练评价要求

学习图 2-2-1 的预约服务流程并完成扮演演练。

(1)建议采用分组方法进行演练,按流程轮流进行角色扮演,按要求完成步骤、话术、表格填写等内容。

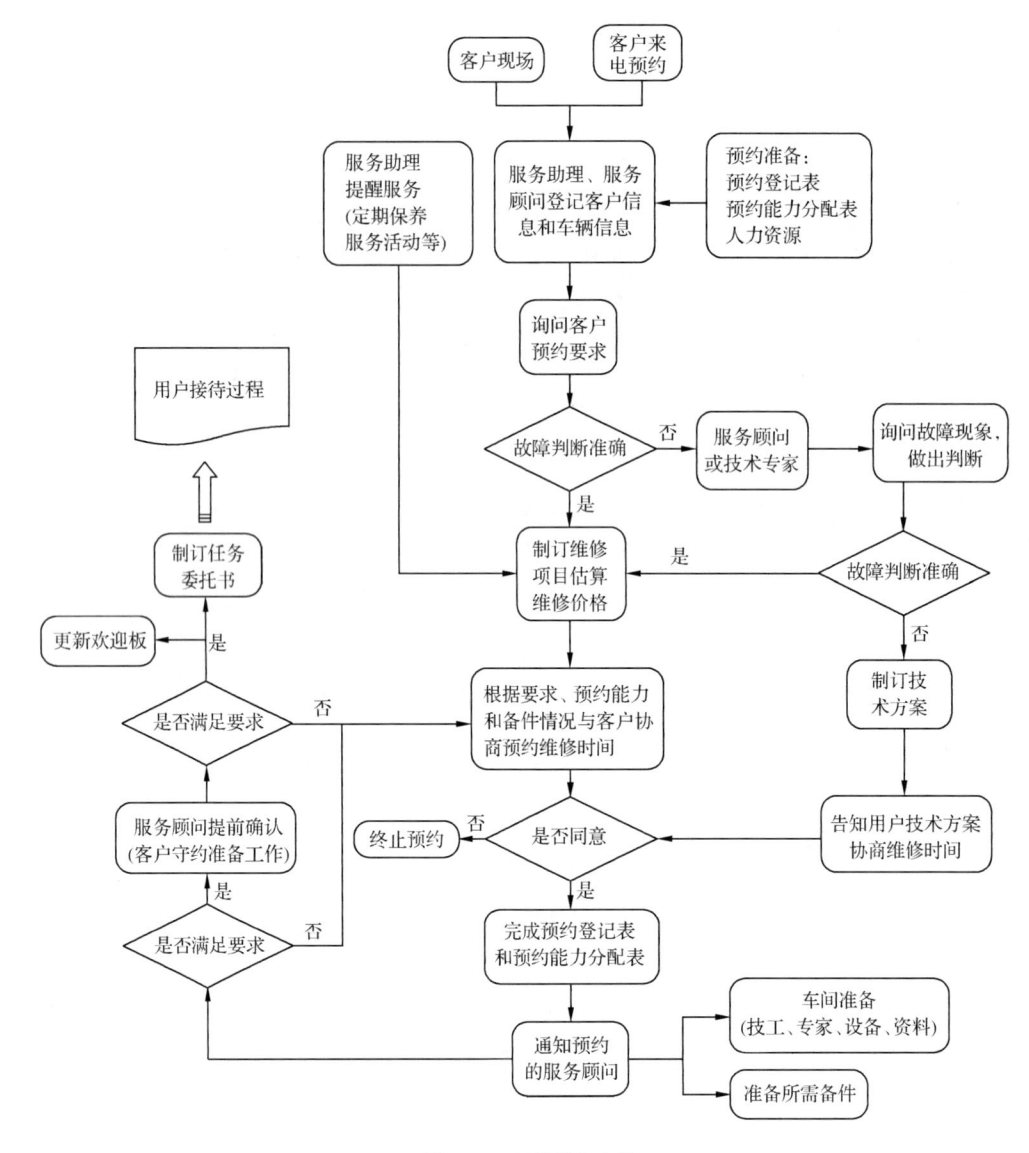

图 2-2-1 预约服务流程

（2）演练时用摄像机拍摄，演练完毕播放并评价。采用学生自评、互评和教师点评的方法评价演练结果。

（3）根据工作演示和话术交流进行评价，主要考查学生扮演客户时的客户心理活动、语言及肢体语音，在描述汽车故障时能否讲出故障现象和发生故障时的环境条件。考查学生扮演工作人员时的专业技术水平和与客户交流的技巧，并能用简便方法判断车辆状况，需完成相应表格的填写。

2. 演练内容及要求

按流程要求进行角色演练。预约服务流程的内容、要求如下：

规范的礼仪；熟悉工作流程，有一定的组织能力；规范的操作；对相关部门进行有效沟通；正确的客户问询记录。

2.4 角色扮演考核

2.4.1 话术考核

按话术情境要求,让学生分组扮演工作人员和客户,进行话术考核。考核的评价方式为学生互评和教师对学生的话术进行整体评价。

情境考核1 电话预约

(1)主动预约电话情境

服务顾问:(拨电话)"您好!××汽车销售服务公司/汽车维修服务公司,我是售后服务顾问李敏。"(准备记录)

客　户:"你好,有什么事吗?"(或"抱歉会议中,等会再打过来。")

服务顾问:"抱歉打扰您,在我们的档案中,您的车该做××千米保养了。"

(或"上次提醒您应该更换前刹车片,估计到时间了。")

(或"上次您预定的配件火花塞已经到货了。")

(或"下周一开始优惠服务月活动,内容是……")

客　户:"是吗?"

服务顾问:"是的,请问您的车现在的行驶里程是多少?"

客　户:"已经21000千米了。"

(或"还没到呢,才18000千米。")

服务顾问:"那您什么时候来做保养呢?"

客　户:"下周六如何?"

服务顾问:"周六客户太多,我们已预约满了,请问周四或周五如何?"

客　户:"那就周四吧!"

服务顾问:"谢谢您,那您看周四上午11点好呢还是下午3点好呢。"

客　户:"下午3点。"

服务顾问:"那好,我跟您确认一下预约好吗?下周四下午3点,我将恭候您的到来,我的电话是××。您如果不能按时到来,请提前1小时通知服务顾问好吗?"

客　户:"好的,谢谢!"

服务顾问:"谢谢您,周四见!"

(2)被动预约电话情境

服务顾问:(接电话)"您好!××汽车销售服务公司/汽车维修服务公司,售后服务顾问李敏为您服务。"

客　户:"你好,我的车子需要做保养,而且使用时有噪音。"

服务顾问:"非常抱歉,给您添麻烦了。对您所关心的问题,请允许我做个记录好吗?"(准备记录)

客　　户:"好的。"

服务顾问:"请问,您贵姓?怎么称呼您呢?"

客　　户:"我姓张,张林。"

服务顾问:"谢谢您张先生,请问您买的是什么车型,能否告诉我您的车牌号?"

客　　户:"我买的是××年的××,车牌号是××。"(服务顾问边记录边查阅客户档案)

服务顾问:"请问您的车辆是行驶了21000千米吗?"(假设已经查到相关信息)

客　　户:"是的。"

服务顾问:"张先生,对于您车上的噪音问题,因为没有见到您的车,所以不好确定是什么声音和什么原因造成的。还是麻烦您开车到公司来我们为您的车辆做检查好吗?"

客　　户:"这种噪音使我心里很不舒服,还是新车啊,问题很大吗?"

服务顾问:"请您不用担心,我们会为您妥善解决的。但首先还是请您在百忙之中将车辆送来检查一下。"

客　　户:"那好吧,反正我也要做保养,那我明天去吧。"

服务顾问:"在预约记录中,明天和后天都有空档,您能确定明天来吗?"

客　　户:"是的。"

服务顾问:"那好,明天上午10点或者下午2点,您看哪个时间方便呢?"

客　　户:"我想早上8点来。"

服务顾问:"很抱歉张先生,明天上午8点已经预约满了,您看上午10点行吗?估计12点前就可以结束了。"

客　　户:"那好吧,10点。"

服务顾问:"请问您的电话?这样我们就可以和您保持联系。"(假设客户档案没有及时查到)

客　　户:"你们的客户档案不是有我的信息吗?我去年12月还去做保养了。"

服务顾问:"抱歉张先生,因为一直和您通话,没能打开客户档案,那我现在查一下好吗?张先生,请问您的手机号是××吗?"

客　　户:"是的。"

服务顾问:"为了能保证给您邮寄优惠活动信函或者其他信函,能给我留一个邮送地址吗?"

客　　户:"××路××号,邮编××。"

服务顾问:"那好,我跟您确认一下预约好吗?明天上午10点,我将恭候您的到来,我的电话分机号是××,您如果不能按时到达,请提前1小时通知服务顾问好吗?"

客　　户:"好的,谢谢!"

服务顾问:"谢谢您,明天见!"

(3)接听电话情境

(客户来电,预约专员接听电话)

客　　户:"喂!"

预约专员:"您好!××公司,很高兴为您服务。"

客　　户:"我想明天过去给车辆做个保养。"
预约专员:"好的,我给您做个登记。请问先生/女士您贵姓?"
客　　户:"姓万。"
预约专员:"万先生,请问您的电话?"
客　　户:"××。"
预约专员:"您的车型?"
客　　户:"××。"
预约专员:"您的车牌号?"
客　　户:"××。"
预约专员:"行驶里程是多少?"
客　　户:"21000千米左右吧。"
预约专员:"好的,我已记好了,请问您是上午还是下午过来呢?"
客　　户:"上午10点吧。"
预约专员:"万先生您好,这个时间已排得很满,您看下午行吗?"
客　　户:"下午我没空呀。"
预约专员:"那上午11点要稍微空闲些,您看行吗?"
客　　户:"好吧!那我明天上午11点过来,大概要多长时间?费用多少?"
预约专员:"好的!谢谢您!现重述一遍我的记录,您看有没有问题,好吗?"
客　　户:"好的。"
预约专员:"万先生,您的车牌号是××;电话是××,您的车是××型,已行驶21000千米左右,您明天上午11点来我店做保养,保养正常需要××时间和费用××。为您安排的服务顾问是××,您看对吗?"
客　　户:"对的。"
预约专员:"好的,万先生,我已安排好了您的预约,期待您明日11点的光临,谢谢您的来电。"
客　　户:"谢谢你,再见!"
预约专员:"再见!"

(4)电话确认情境

下班前,预约专员将预约登记表发给服务顾问和相关人员,服务助理找出预约客户的档案交给服务顾问,服务顾问查阅档案记录得知上次维修建议(雨刷片较薄,建议更换),并查询、记录雨刷片的价格和工时费;配件发料员准备好预约客户所需零配件并单独存放。

第二天上午十点半,预约专员打电话与客户进行预约确认。

预约专员:"周先生,您好!我是××公司的××。"
客　　户:"你好。"
预约专员:"我来电话是确认一下您今天预约保养的事。"
客　　户:"哦!"
预约专员:"您是预约上午11点过来,您能准时到来吗?"

客　　　户:"没问题,我 11 点左右会到的。"

预约专员:"好的,期待您的光临。"

客　　　户:"再见。"

预约专员:"再见。"

(5)电话预约情境考核

学生分成四组(A、B、C、D),每两人一组。A 组选一人扮演客户,C 组选一人扮演服务顾问,B 组和 D 组做评判。

内容:①对客户进行 30000 千米保养电话预约。②客户打电话预约明天进行 5000 千米保养,但预约满了。请问这时候服务顾问该怎么办?

情境考核 2　话术

在建议客户进行维修预约时,若客户说:"我不要预约,有空我会自己来你们公司的。"应该如何应答?

学生分成四组(A、B、C、D),每两人一组。A 组选一人扮演客户,C 组选一人扮演服务顾问,B 组和 D 组做评判。

2.4.2　角色扮演

(1)演练评价要求:学习预约服务流程并完成扮演演练。

①分组演练预约服务流程。建议采用分组方法演练,按流程轮流扮演角色进行演练(步骤及要求、话术、表格填写)。演练时用摄像机拍摄,演练完毕播放并评价。

②预约服务流程演练结果的评价采用自评、互评和教师点评。

③根据交流和工作演示进行评价,主要考查学生扮演客户角色时的心理活动、语言交流及肢体语言,以及对汽车故障的描述。考查学生扮演工作人员的专业技术水平、与客户交流的技巧、判断车辆状况的能力和填写工作表格的能力。

(2)完成表 2-2-1 的填写。

表 2-2-1　　　　　　　　　预约服务流程角色扮演及考核

准备工作及要求				
引导标志准备	营业时间、24 小时服务电话、各出入口的标志、业务接待处的标志以及方向指引、客户停车场标志、室内的方向标志(休息室、洗手间等)、服务项目及价格表等			
	评价与建议:			
工具准备	按照预约要求准备汽车维修委托书、备件、专家、技师和工位、设备/工具、资料等			
	评价与建议:			
场地准备	预约接待室			
	评价与建议:			
步骤	基本要求		操作结果	评价与建议
明确无法进行的工作	根据接待主管、车间主管、配件主管等相关人员提供的信息,确定无法实现的预约内容			

续表

步骤	基本要求	操作结果	评价与建议
接听电话	专用的预约电话		
	电话随时有人接听		
	电话铃响三声内接听电话		
记录内容	记录客户相关信息		
	记录客户车辆相关信息		
	记录客户诉求		
	记录故障信息		
故障判定，价格工期预估	通过电话进行故障诊断并制订解决方案		
	根据客户要求和车间能力约定时间		
	预估价格、工期		
	必要时向服务顾问和技术专家求助进行诊断		
	告知客户诊断结果、解决方案以及预估费用和时间		
预约更改	不能履行的预约及时通知客户并另约时间		
填写相关工作表格	汽车维修预约登记表、汽车维修预约统计表		
工作落实	返修车辆的预约优先		
	备件库设置专用预约备件货架		
	车间预留一定的维修能力给预约客户		
	告知客户接待他的服务顾问		
	及时告知服务顾问预约情况和备件情况		
	将预约情况及时通知有关部门和人员，做好准备		
	通知备件部门为预约客户预留备件		
	预约时间临近时，提前提醒客户预约时间		
确认	确认各项准备工作		
	确认客户履约情况		
	通知客户预约变动		
	若为现场预约，与客户达成意向后，填好汽车维修预约登记表，并请客户签名确认		

沟通能力评价与建议：

工作过程评价与建议：

学生姓名： 班级： 教师： 考核时间：

技能 3 客户接待与环检

服务顾问要衣着整洁,礼貌接待客户,介绍自己并弄清客户的要求。

服务顾问应具备一定的汽车技术知识、生产组织能力、沟通能力和团队合作能力。接待过程通常由服务顾问完成,对于较复杂的故障,应该请车间技术人员协助进行诊断。接车时做好外观检查以及维修内容、预估时间和预估费用确认等工作。

3.1 背景知识

规范的接待礼仪。接待过程中服务礼仪很重要,包括仪容仪表、肢体语言、服务用语、电话礼仪、拒绝与道歉。

接待过程中运用服务标准与服务流程知识、汽车理论知识、产品知识和备件知识等,通过问询故障情况、核实故障现象、确定车辆维修项目,制订维修估价单。

3.2 技能要求

服务接待人员必须具备态度、技巧和知识三要素,同时要具有常见故障诊断、熟悉维修工艺流程、合理安排工作的能力。服务接待人员在服务态度上要具有诚实、谦虚的品格,具有同情心和亲和力,让客户产生信赖感;在服务技巧上要具有较高的表达技巧、提问技巧、倾听技巧、诊断技巧、客户应对技巧和电话沟通技巧等;在知识上要具备车辆知识、市场知识、关于服务的话题知识和心理学知识等。

3.3 训练内容

3.3.1 话术练习

1. 客户接待与环检的要求及注意事项

(1)店内问候、引路

当客户来到时,服务接待人员要迎接客户,礼貌问候客户,同时了解客户的来意。

引领客户时要注意礼仪。如果陪同客户去某地,应并排走在客户左侧而不能落后;如果是陪访随同,应走在客人和主陪人员后面,不能走在前面。

在楼梯上引路时应让客户走在楼梯内侧;在拐弯处或有楼梯台阶的地方应使用手势,并提醒客户"这边请"或"注意楼梯"。

(2)休息区接待服务规范

主动迎接,礼貌地问候进入休息区的客户。

客户落座后,及时询问客户的需求,主动为客户提供饮品,并及时续加,如"您需要什么饮料吗?"

客户在休息区内走动频繁或左右张望时,很可能需要帮助,要主动上前询问客户是否需要帮助。对于新客户,引领客户到相应的区域并介绍服务内容。

客户离开时要礼貌地送别客户,如"您慢走!"

(3)故障问询

采用互动式的故障问询方式,要弄清故障发生时车辆的使用环境,同时也要注意隐形故障的判断。

2. 话术范例

接待客户时,要向客户递交自己的名片并作自我介绍,如"您好!我是服务顾问××,非常高兴为您服务!"(注意,熟悉的客户除外)

沟通过程中不能使用"你好像不明白……""你肯定弄混了……""你搞错了……""我们公司规定……""我们从没……"和"我们不可能……"等语句与客户交谈。

解释说明某一问题时,应该就事论事,不要说与该问题无关的话题。如在说明简单故障时,不能说"这是小事一桩,发动机有问题才是大毛病,不都照样修好了吗?"不要用猜测的语句,如"我估计是空气流量计的问题。"而应该说"有可能是空气流量计的问题,但这需要做进一步的检测之后才能确定。"

在确认工作内容时应该说:"我们刚才已谈到了……""让我们核对一下将要进行的维修保养内容和费用情况。""下一步,我们将打印出汽车维修委托书,我们共同确认一下,确认后请您到休息室休息。如果变速器拆开后需要更换零部件,我会及时通知您,如果一切正常的话,我们会在××点把车洗好交给您,如果您不在休息室我们会电话通知您,您看行吗?"

在处理客户的疑虑和怀疑时,要站在客户的立场上理解并进行解释,努力与客户达成一致。注意,只需表明自己能了解客户的观点即可,不要使用"你说得对""不少客户都有相同的顾虑"等语句。

面对误解,要多从自身找原因,如"对不起,是我没有表达清楚。""对不起,是我理解错了。"而不能说:"刚才我不是说过了吗?""如果你不听我的则后果自负。"

由于客观条件的限制,服务接待人员不可能满足客户所有的要求,但要坦率地面对,给客户留下良好的印象。

3.3.2　客户接待与环检流程演练

(1)演练评价要求

学习客户接待流程(图 2-3-1 和图 2-3-2)并完成扮演演练。

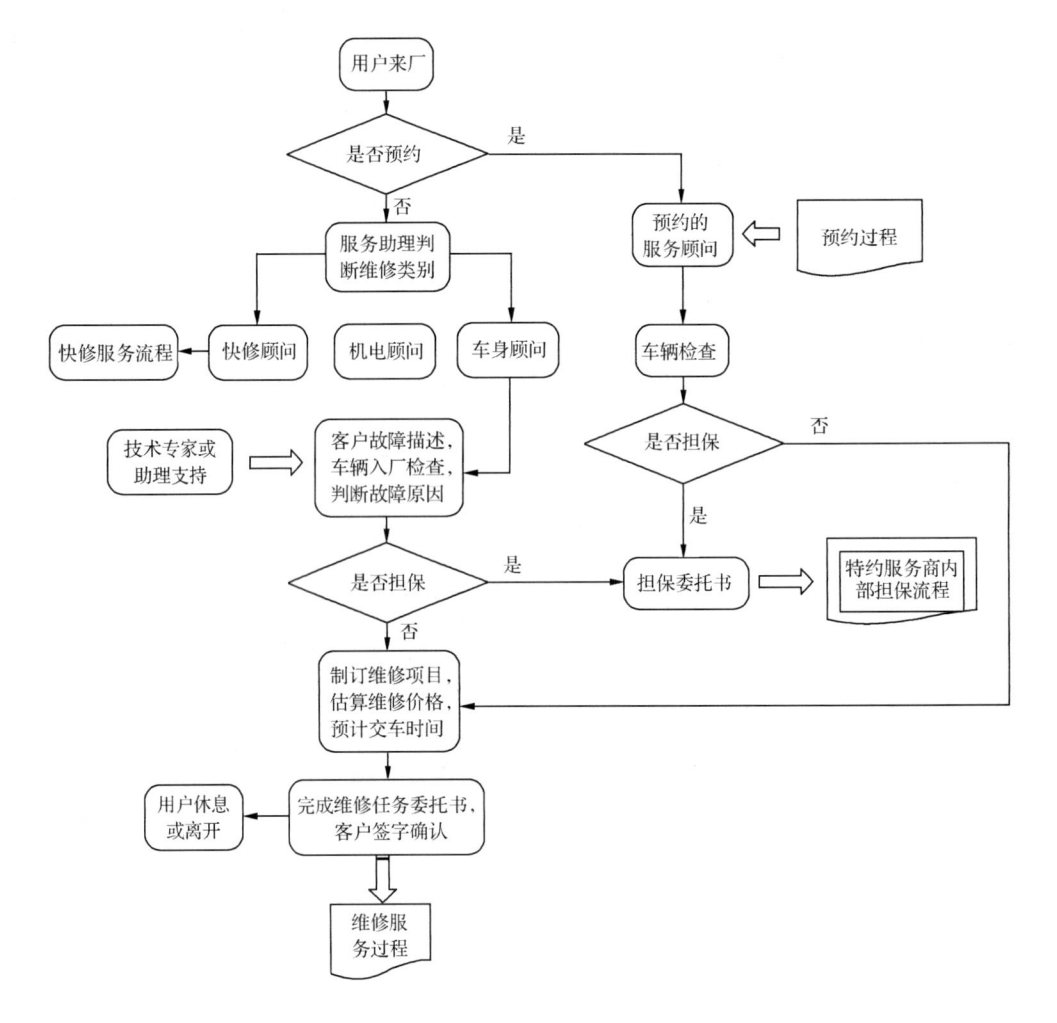

图 2-3-1 客户接待流程(1)

① 建议采用分组方法进行演练,按流程轮流进行角色扮演,按要求完成步骤、话术、表格填写等内容。

② 演练时用摄像机拍摄,演练完毕播放并评价。采用学生自评、互评和教师点评的方法评价演练结果。

③ 根据工作演示和话术交流进行评价,主要考查学生扮演客户角色时的心理活动、语言及肢体语音,在描述故障时能讲出故障现象和发生故障时的环境条件。考查学生扮演工作人员的专业技术水平和与客户交流的技巧,并能用简便方法判断车辆状况,完成相应表格的填写。

(2)演练内容及要求

说明客户接待流程的内容和要求,按流程要求进行角色演练。具体需求如下:规范的礼仪;熟悉工作流程,有一定的组织能力;规范的操作;与相关部门进行有效沟通;正确的客户问询记录。

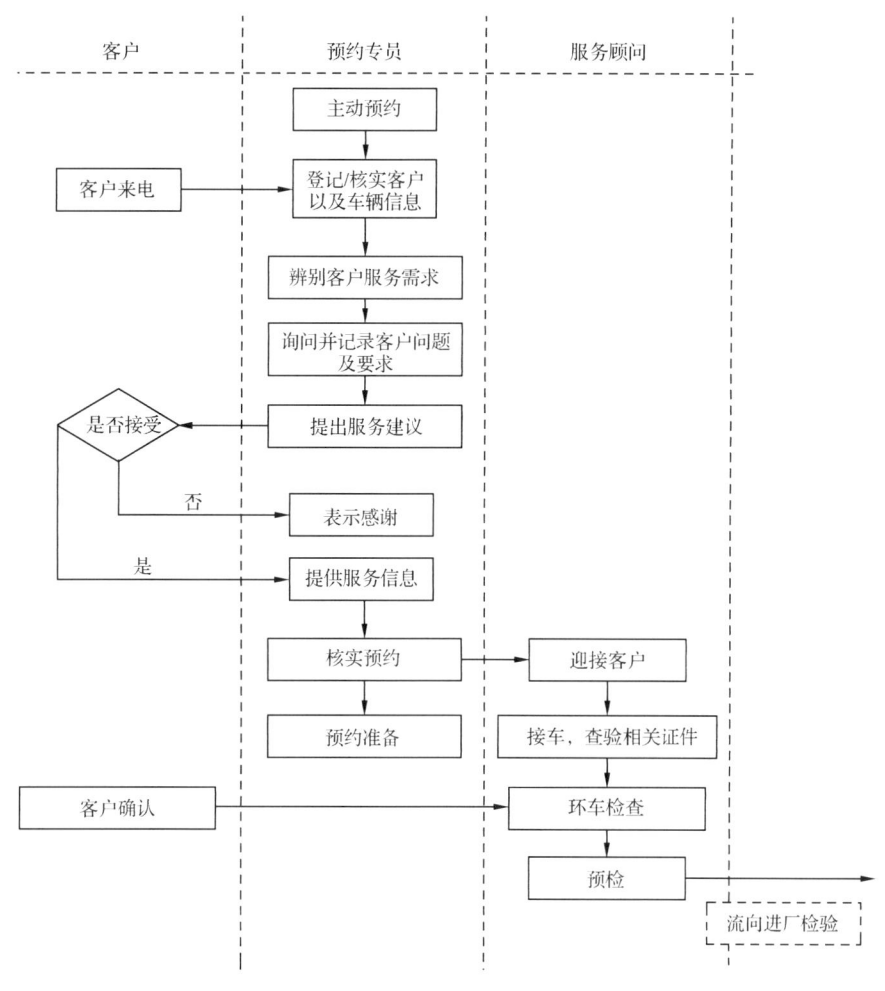

图 2-3-2 客户接待流程(2)

3.4 角色扮演考核

3.4.1 话术考核

按话术情境要求,让学生分组扮演工作人员和客户,进行话术考核。考核的评价方式为学生互评以及教师对学生的话术进行整体评价。

情境考核 1

(客户车辆驶入,保安看见后,立即通知服务顾问××)
保　　安:"××,你好,我是保安××。"
服务顾问:"收到。"
保　　安:"你的预约客户周先生已到,请接待。"

服务顾问:"好的。我马上出来。"

情境考核 2

(服务顾问站在预检工位门口等候客户。客户开车进入预检工位,服务顾问引导客户停车至指定位置)

服务顾问:"周先生,您好！我是您的服务顾问××,欢迎光临！"

客　　户:"你好！"

服务顾问:"周先生,我现在先对您的车辆做一下外观、功能和底盘检查。大约需要10分钟时间,请您一起参加,好吗?"

客　　户:"好的。"

情境考核 3

讨论并设计场景:现场演示提高服务礼仪的具体细节与做法。

①仪容仪表部分最容易忽视的细节有哪些？演示规范的仪容仪表。

②肢体语言部分最容易忽视的细节有哪些？演示规范的做法。

③电话礼仪部分最容易忽视的细节有哪些？演示规范的做法。

④常用服务礼仪演示。

情境考核 4　车旁接车

情境(1)

(服务顾问打开车门前,提醒客户车内的现金或贵重物品)

服务顾问:"周先生,请问您车内有现金及贵重物品吗？"

客　　户:"有一台笔记本电脑。"

服务顾问:"那我一会儿帮您寄存一下,好吗？"

客　　户:"好的,谢谢！"

情境(2)

(服务顾问打开车门,客户下车。服务助理套上护车套件。服务顾问与服务助理做车旁检查。服务顾问操作查验,服务助理记录。诊断技师与客户交流车辆情况)

服务顾问:(查验前后座椅、门边、顶棚等)"内部未见损伤。"

服务助理:"OK！"

服务顾问:"仪表板报警灯工作正常,里程21000千米,油量1/2。"

服务助理:"OK,记录完毕。"

服务顾问:"保养提示工作正常。"

服务助理:"OK！"

服务顾问:"未见仪表板损伤,无污迹。"

服务助理:"OK！"

服务顾问:"手刹工作正常。"

服务助理:"OK！"

服务顾问:"两个CD碟片。"

服务助理:"明白。"

服务顾问:"点烟器1个。"
服务助理:"明白。"
服务顾问:"没有电话卡。"
服务助理:"明白。"
客　　户:"前两天,仪表有一个报警灯亮了一会儿,是××样的符号,不知道是什么问题?"
诊断技师:"这是××报警。"
客　　户:"那对使用有影响吗?"
诊断技师:"没关系的,由于××原因,偶尔出现没有影响,我们会做个检测来确定的。"
客　　户:"是这样啊!那我就放心了。"

情境(3)

(服务顾问从车前开始绕车检查车辆外观,并检查雨刷片,因为客户档案中上次记录建议更换雨刷片)

服务顾问:"左后视镜有划痕,其他无损伤。"
服务助理:"好的,我记下了。"
服务顾问:"风挡玻璃无损伤。"
服务助理:"OK!"
服务顾问:"车窗玻璃无损伤。"
服务助理:"OK!"
服务顾问:"雨刷片很薄,建议更换。"
服务助理:"明白。"

情境(4)

(服务顾问引领客户至左后视镜旁,告知客户刮伤位置及程度)

服务顾问:"周先生,请您过来看一下,左后视镜有一处刮伤。"
客　　户:"是吗?我看看。"
服务顾问:"您看这里。划得挺深的。"
客　　户:"啊哟,是挺深的!这什么时候刮的,我都没注意。这怎么办啊?你们能帮我处理处理吗?"
服务顾问:"这种情况需要把后视镜拆下来,重新烤漆。要到明天才能交车。"
客　　户:"明天不行,我明天需要用车,要不改天再过来吧。"
服务顾问:"行。还有一件事,周先生,上次您来的时候,我们检查出雨刷片较薄,今天再次检查了一遍,已经很薄了,建议您这次换了吧,如果继续使用可能会刮坏玻璃。"
客　　户:"那就换了吧!多少钱?"
服务顾问:"配件价格××元,工时费××元,共××元。"
客　　户:"行。"

情境(5)

(服务顾问打开发动机机舱盖,诊断技师进行相关检查)

诊断技师:"冷却液无泄漏痕迹。"

服务助理:"OK。"

诊断技师:"线路无改动。"

服务助理:"OK。"

诊断技师:"发动机及相关元件无损伤。"

服务助理:"OK!"

诊断技师:"无动物损伤。"

服务助理:"OK!"

诊断技师:"发动机盖及相关元件无损伤。"

服务助理:"OK!"

情境(6)

(服务顾问将车辆升至半举升状态)

服务顾问:"轮辋无划伤。"

服务助理:"OK!"

服务顾问:"轮胎工作正常。"

服务助理:"OK!"

服务顾问:"前杠无损伤。"

服务助理:"OK!"

服务顾问:"后杠无损伤。"

服务助理:"OK!"

服务顾问:"灯光无损伤。"

服务助理:"OK!"

情境(7)

(服务顾问启动举升机按钮,将车辆升至全举升状态)

诊断技师:"发动机、变速器无渗油。"

服务助理:"OK!"

情境(8)

(诊断技师测量刹车片厚度)

诊断技师:"轮胎正常。"

服务助理:"OK!"

诊断技师:"周先生,您车辆的前刹车片厚度是2毫米,后片是1.5毫米,需要更换了。"

客　　户:"我看看。"

客　　户:"更换刹车片要多少钱?"

服务顾问:"我马上给您查一下。"

情境(9)

(服务助理去查配件及工时报价,诊断技师与服务顾问继续验车)

诊断技师:"后桥无渗油。"

服务顾问:"OK!"
诊断技师:"排气系统工作正常。"
服务顾问:"OK!"
诊断技师:"燃油箱及管路工作正常。"
服务顾问:"OK!"

情境(10)

(服务助理查询回来)

服务顾问:"周先生,一副刹车片的价格是××元,二副是××元,工时费是××元,总共是××元。"

客　　户:"哦!"

服务顾问:"根据刹车片目前状况,继续使用存在安全隐患,建议您这次更换。"

客　　户:"行,那就换了吧!"

服务顾问:"好的。"

情境(11)

(诊断技师通知快修组长提车,如是非保养车,则通知调度派工、提车,诊断技师与调度协商派工,调度将车开进工位,并告诉服务顾问,服务顾问在接车单注明该车交给××小组作业,并在接车单上记录更换刹车片一车副。快修组长将车开进车间,开始初检。服务顾问与客户做车旁检查总结。)

服务顾问:"周先生,车辆检查已经完毕,我向您复述一下您所反映的故障问题和作业内容,好吗?"

客　　户:"好的。"

服务顾问:"您这次来,主要是做润滑油保养,又追加更换一车副刹车片和一副雨刷片。左后视镜有划伤,因时间关系,下次来补漆;您反映在行驶过程中曾出现××样图像的报警灯亮,技师已向您解释,这是因为××原因引起的报警。我们也会做相关检测,如需要修理,我们会及时联系您的。以上是您反映的故障问题和作业内容,您看对吗?"

客　　户:"嗯!没错。"

服务顾问:"好的,马上工作。我们现加了好多人,维修很快,您等候的时间会比以前少很多的。"

客　　户:"那好啊!"

服务顾问:"是的,周先生,这边请,我们现在去开工单。"

客　　户:"好的。"

情境(12)

服务助理从车内取出周先生的电脑,并在接车单上登记,存进储物箱。

情境(13)

(服务顾问引导客户坐下后,将咖啡双手递给客户)

服务顾问:"周先生,请用。碟子里有糖,您吃一颗吧!"

3.4.2 角色扮演

(1)演练评价要求

学习客户接待与环检流程并完成扮演演练。

①建议采用分组方法演练,按流程轮流进行角色扮演(步骤及要求、话术、表格填写)。演练时用摄像机拍摄,演练完毕播放并评价。

②客户接待与环检流程演练结果的评价采用自评、互评和教师点评的方式。

③根据交流和工作演示进行评价,主要考查学生扮演客户角色时的心理活动、语言交流及肢体语言,以及对汽车故障的描述。考查学生扮演工作人员的专业技术水平、与客户交流的技巧、判断车辆状况的能力和填写工作表格的能力。

(2)完成相关表格的填写

①考核1:迎接客户,见表2-3-1。

表2-3-1　　　　　　　　　迎接客户流程角色扮演及考核

准备工作及要求			
工具准备	名片、电话、护车套件、接待系统、派工系统、客户档案及维修记录、车间人员安排、所需配件状况以及其他资料;若客户需要代驾车辆,应该提前准备好		
	评价与建议:		
场地准备	停车场、接待室		
	评价与建议:		
服务顾问	规范的礼仪;仪容端正,态度热情,语言文明;统一着装,佩证上岗;熟练的沟通技巧,熟悉工作流程,有一定的组织能力		
	评价与建议:		
步骤	基本要求	操作结果	评价与建议
迎接客户	准时等候预约客户		
	站立的位置		
	快步上前,主动迎接客户		
	区分不同的客户,使用恰当的问候语		
	专业的姿势引导客户车辆停车		
	主动谨慎地为客户打开车门		
	留意与客户随行的人员		
	无论客户是否进行维修作业,都必须同等对待		
服务顾问自我介绍	递名片		
	介绍自己的姓名、职务等		

续表

步骤	基本要求	操作结果	评价与建议
客户进入接待厅或休息厅	主动倒茶,并示意"请用茶"		
工作内容介绍	服务站概况		
	站内环境		
	保养周期		
	索赔规定		
	预约制度		
	近期开展的有关活动		
	注:新客户详细介绍,老客户酌情介绍		

沟通能力评价与建议:

工作过程评价与建议:

学生姓名:　　　　班级:　　　　教师:　　　　考核时间:

②考核2:环检,见表2-3-2。

表 2-3-2　　环检流程角色扮演及考核

准备工作及要求	
设施、工具准备	护车套件、接车单、促销宣传品和纪念品
	评价与建议:
场地准备	充足的停车场、干净舒适的客户休息室、接车车位;快修服务专用区或车位
	评价与建议:

步骤	基本要求	操作结果	评价与建议
了解客户信息	确认客户信息(或为新客户建立档案)		
使用车辆防护用品	在车辆检查时要爱护客户的车辆,应使用座椅套和地板垫等防护用品		
倾听用户陈述	仔细听取客户叙述的问题,并详细记录		
	耐心,表情专注,时而点头		
	理解和复述客户的诉求		
环检步骤及要求			

续表

步骤	基本要求	操作结果	评价与建议
① 左前门	拉开车门		
	请客户提供保修手册,在得到客户允许后打开手套箱		
② 驾驶座	安置座椅套、脚垫、方向盘套等护车用品		
	找到保修手册,核实发动机号、底盘号,查看以前的维修记录		
	核实里程数,记录燃油量		
	检查仪表板和电气元件的工作状况		
	检查前排座椅、仪表台等处是否有客户遗留的贵重物品,记录 VIN 号		
	释放发动机盖拉锁和所有门锁,离开驾驶座		
	关门,走到位置③		
	检查前大灯		
③ 车辆左前端	记录左前车门、左侧翼子板、发动机机舱盖、左后视镜等处的状况(划痕、凹痕或漆伤等)		
	检查前挡风玻璃状况(划痕、破损等)		
	检查左侧雨刷片的厚度,是否硬化或有裂纹		
	检查左前轮胎是否有不均匀磨损、裂纹等问题		
	确认左前轮轮饰盖是否完好		
	如上述检查部位有损伤,向客户指出损伤部位,并估算维修费用		
④ 发动机机舱	检查风扇皮带的张紧度		
	检查所有油液的存量和质量		
	检查是否有油液渗漏		
	检查蓄电池状况		
	检查软管是否老化、破损等		
	如果是新客户,检查核实发动机号、底盘号、车型编号等		
	如进行故障诊断或路试,请技术员或车间主管来完成		
⑤ 车辆右前端	检查右侧翼子板、右前车门、右后视镜等处的状况(划痕、凹痕或漆伤等)		
	检查右侧雨刷片的厚度,是否硬化或有裂纹		
	检查右前轮胎是否有不均匀磨损、裂纹等问题		
	确认右前轮轮饰盖是否完好		
	如上述检查部位有损伤,向客户指出损伤部位,并估算维修费用		

续表

步骤	基本要求	操作结果	评价与建议
⑥ 车辆右后端	检查右侧车身和油漆的损伤情况		
	检查是否有贵重物品遗忘在车后座上		
	检查右后轮轮胎是否有不均匀磨损或裂纹		
	确认右后轮轮饰盖是否完好		
	如上述检查部位有损伤,向客户指出损伤部位,并估算维修费用		
⑦ 车辆后端 后备厢	检查车身和后备厢门是否有损伤		
	掀起后备厢门,检查行李厢内是否有遗留的贵重物品		
	检查后挡风玻璃状况(划痕、破损等)及雨刷片厚度,是否有硬化、裂纹等问题		
	确认所有随车工具是否齐全,确认千斤顶是否妥善固定在原位		
	如上述检查有损伤,向客户指出损伤部位,并估算维修费用		
⑧ 车辆左后端	检查左侧的车身和油漆损伤		
	检查是否有贵重物品遗留在车后座上		
	检查左后轮胎是否有不均匀磨损或裂纹		
	确认左后轮胎轮饰盖是否完好		
	如上述检查部位有损伤,向客户指出损伤部位,并估算维修费用		
举升车辆	检查车辆底部、排气系统、车轮、车轴、悬架、制动器、减震器、转向机构等		
向客户提供维修建议	为客户着想,保证公平、合理		
物品保管	客户的贵重物品不放在车内		
	标注车辆的钥匙和停车位置		
感谢客户	客户确认签名 向客户表示感谢		
介绍其他服务	增加业务机会		
引导客户休息	引导客户到休息室休息		

沟通能力评价与建议:

工作过程评价与建议:

学生姓名:　　　　　班级:　　　　　教师:　　　　　考核时间:

③考核3：问诊，见表2-3-3。

表2-3-3　　　　　　　　　　问诊流程角色扮演及考核

准备工作及要求				
设施、工具准备	护车套件、促销宣传品和纪念品			
	评价与建议：			
场地准备	充足车位的停车场、干净舒适的休息室、接车车位、诊断用的举升机			
	评价与建议：			
步骤	基本要求	操作结果	评价与建议	
问诊方法	采用互动式问诊方法			
	用通俗易懂的语言向客户提问并回答客户问题			
	倾听、询问和互动式诊断			
倾听客户故障描述	耐心，表情专注，时而点头			
明确故障现象	什么时候			
	什么路况			
	什么天气			
	什么工况			
	谁驾驶			
	多长时间			
故障诊断	系统检查客户车辆			
	进行故障判断			
	指出客户未发现的故障			
	详细记录故障			
	必要时使用预检工位并向技术专家求助			
确定维修项目	整理客户诉求并根据故障原因制订维修项目			
	仔细、认真、完整地填写汽车维修委托书			
	向客户解释汽车维修委托书的内容			
	向客户提供维修报价并约定交车时间			
	请客户在汽车维修委托书上签字确认			
	必要时请技术专家和质检技术员支持			
	同其他部门保持良好的沟通			
提供维修建议	促进维修业务			
感谢客户	获得客户确认签名并向客户表示感谢			

续表

步骤	基本要求	操作结果	评价与建议
客户等候或离开	妥善保管车辆钥匙和相关资料		
	安排客户休息等候或离开		
	礼貌接待客户		
	介绍其他服务,增加业务机会		
	客户休息室温馨整洁,视听设备完好		

沟通能力评价与建议：

工作过程评价与建议：

学生姓名：　　　　班级：　　　　教师：　　　　考核时间：

(3) 角色扮演考核

考核情境1：一辆××型的汽车驾驶员反映制动不好。假设车辆故障就是需要排空气,那么作为4S店工作人员,应如何与客户进行交流？

考核要求：依据工作流程和要求,完成相应的工作,见表2-3-4。根据交流和工作演示进行评分,见表2-3-5。

评分标准：客户角色主要模仿真实客户的心理活动,能讲出制动系进空气的故障现象；服务顾问角色能与客户交流,并能用简便方法判断故障,完成相应工作。

表 2-3-4　　　　　　　　　　　工作流程和要求

客户来店时间：　　　　车牌号：　　　　行驶里程：　　　　车型：

客户陈述故障发生时的状况：

故障发生状况提示：行驶速度、发动机状态、发生频度、发生时间、部位、天气、路面状况、声音描述等

服务顾问检测确认及建议：

　　　　　　　　　　　　　　　　　　　　　　　　　　　　　　确认人：

车间检测确认结果及主要故障零部件：

　　　　　　　　　　　　　　　　　　　　　　　　　　　　　　确认人：

续表

外观确认：	功能确认(工作正常√ 不正常× 没有(无))
（图示：车辆外观各角度示意图）	□音响系统 □点烟器 □中央门锁（防盗器） □后视镜 □天窗 □四门玻璃升降（ ） □刮水器 □空调 □钥匙
请在有缺陷地方做标识： 掉漆√ 擦伤× 划伤○ 凹陷△ 破损⊕ 油漆脱落Φ	物品确认(有√ 无×) 贵重物品：无□ 有□（ ） □工具 □千斤顶 □备胎 □眼镜 □灭火器 其他（ ） 旧件交还用户 □是 □否(注：旧件自客户提车之日起，本店代为保管7天，逾期本店负责处理)

检查费用说明：本次检查出的故障，如果客户在本公司维修则检查费用包含在维修费中，不另行收取；若客户不在本公司维修，请您支付检测费￥_____元。

贵重物品：在将车辆交给本公司检查维修前，已提醒客户将车内现金及贵重物品自行收起并保管好，如有遗失本公司恕不负责，客户本人已确定车内无现金及贵重物品。

服务顾问：　　　　客户签字确认：　　　　联系电话：

表 2-3-5　　　　　　　　　　扮演评价表

角色	沟通能力评价	工作过程评价
客户		
服务顾问		
客户休息室人员		

考核情境2：一辆××型的汽车驾驶员反映发动机温度过高。假设车辆故障是节温器故障，那么作为4S店工作人员，应如何与客户进行交流？

考核要求：依据工作流程和要求，完成相应的工作，见表2-3-6。根据交流和工作演示进行评分，见表2-3-7。

评分标准：客户角色主要模仿真实客户的心理活动，不需要讲出真实原因，但要说明冷却液加足后还是故障依旧；服务顾问角色能与客户交流，并能用简便方法判断故障，完成相应工作。

表 2-3-6　　　　　　　　　　工作流程和要求

客户来店时间：　　　　车牌号：　　　　行驶里程：　　　　车型：

客户陈述故障发生时的状况：

故障发生状况提示：行驶速度、发动机状态、发生频度、发生时间、部位、天气、路面状况、声音描述等

续表

服务顾问检测确认建议：

确认人：

车间检测确认结果及主要故障零部件：

确认人：

外观确认：

请在有缺陷地方做标识：
描漆√　擦伤×　划伤○　凹陷△　破损⊕　油漆脱落Φ

功能确认(工作正常√　不正常×　没有(无))
□音响系统　□点烟器　□中央门锁(防盗器)　□后视镜　□天窗　□四门玻璃升降(　　　)
□刮水器　□空调　□钥匙

物品确认(有√　无×)
贵重物品：无□　有□(　　　)
□工具　□千斤顶　□备胎　□眼镜　□灭火器
其他(　　　)
旧件交还用户　□是　□否(旧件自客户提车之日起，本店代为保管7天，逾期本店负责处理)

检查费用说明：本次检查出的故障，如果客户在本公司维修则检查费用包含在维修费中，不另行收取；若客户不在本公司维修，请您支付检测费￥＿＿＿＿元。

贵重物品：在将车辆交给本公司检查维修前，已提醒客户将车内现金及贵重物品自行收起并保管好，如有遗失本公司恕不负责，客户本人已确定车内无现金及贵重物品。

服务顾问：　　　　客户签字确认：　　　　联系电话：

表 2-3-7　　　　　　　　扮演评价表

角色	沟通能力评价	工作过程评价
客户		
服务顾问		
客户休息室人员		

技能 4 车辆故障检测与诊断

车辆故障检测诊断的目的是快速、准确地判断汽车故障的原因和部位,确定故障的性质,从客户角度出发进行维修方案的最佳设计,用最小的成本解决问题。

为了有效地了解汽车故障及其原因,在进行车辆故障检测诊断时,要有效地向客户询问出现故障时的环境和汽车的运行状况,即用互动式问诊方式了解故障情况。

4.1 背景知识

(1)互动式问诊了解故障情况的方法和要求。

(2)消除由于车辆故障诊断及排除结果的不确定性而使客户产生心理影响的方法和注意事项。

(3)确定维修保养工作类型的方法和注意事项。

4.2 技能要求

(1)能够确定维修工作内容(维修项目、预估费用和预估维修时间)。

(2)能够与其他部门协调,确认配件库存、维修工位等情况,合理安排生产。

(3)能够根据客户车辆的情况,建议客户自述问题以外的维修内容。

(4)能够按要求完成工单的制作。

(5)能够按维修变更的工作流程和要求完成维修变更工作。

4.3 训练内容

4.3.1 话术练习

1.车辆故障检测诊断的要求及注意事项

(1)故障问诊时一般采用互动式问诊方法,因此必须做好倾听、询问和互动式问诊三个方面的工作。

问诊时注重说明的内容:即将开始的工作"它是什么?"即具有什么特性;"它具备什么?"即具备的优点;"它能做什么?"即客户能获得的益处。

(2)在互动式问诊时要有目的地问询。通过分析客户的故障描述,确定故障发生的基本情况。

(3)确定此次工作的类型。确定此次维修工作属于免费保养、常规保养、故障维修、车辆大修或其他类型。

2. 话术范例

(1)车辆故障

①问诊过程中谈到故障时,应该说"请相信我们能够处理。"而不应说"所有客户都有这个问题。""其他车都有这个问题。""这是车辆的设计问题。"

②在遇见复杂故障时,应该向客户说明,如"您车辆的故障比较特殊,需要经过维修技师的诊断后才能确诊。不过您放心,我们的故障诊断是免费的。"

(2)维修费用

要按收费项目向客户解释,如"您此次维修的工时费是××元,材料费是××元,共计××元。"

要强调免费项目的金额,如"按规定此次作业是免费的,免费金额为××元。"

(3)推介相关促销活动

在客户满意的前提下,适当地进行相关促销活动推介,如"我店现在正进行××促销活动,请问您有兴趣参加吗?"

(4)收集客户及其车辆信息

为了工单制作和建立客户档案的需要,应该向客户索取车辆信息和客户的基本情况资料,如"××先生/女士,不好意思,为了方便计算机录入,请将您的保修手册、行驶证和驾驶证(名片)交给我。"

(5)资料录入及客户确认签字

"请您稍等片刻,按规定我们要打印正式的单据请您过目后签字。"

"您车辆的维修项目是××,材料费是××元,工时费是××元,预计总维修费用是××元,预计××时间可交车。请您核对一下姓名、电话和地址,如果没有问题请您在这里签字。"

(6)引导客户休息

"谢谢您,很高兴为您服务,您的车会在××时间完工。这边请,到休息室休息一下。"

"谢谢您对我工作的支持,请到休息室休息,汽车维修委托书请收好,它是接车的凭证。"

"请放心,维修中如果车辆有任何问题,我们会及时与您联系的。"

4.3.2 车辆诊断检测流程演练

(1)演练评价要求

学习车辆故障检测诊断流程(图 2-4-1)和签订汽车维修委托书流程(图 2-4-2),完成扮演演练。

①建议采用分组方法演练,按流程轮流进行角色扮演,按要求完成步骤、话术、表格填写等内容。

②演练时用摄像机拍摄,演练完毕播放并评价。采用学生自评、互评和教师点评的方法评价演练结果。

③根据工作演示和话术交流进行评价,主要考查学生扮演客户角色时的心理活动、语言交流及肢体语言,在描述故障时能讲出故障现象和发生故障时的环境条件。考查学生扮演工作人员的专业技术水平、与客户交流的技巧,并能用简便方法判断车辆状况,完成相应表格的填写。

(2)演练内容及要求

说明车辆故障检测诊断流程和签订汽车维修委托书流程的内容及要求,按流程要求进行角色演练。具体内容及要求如下:规范的礼仪;熟悉工作流程,有一定的组织能力;规范的操作;与相关部门进行有效沟通;正确的客户问询记录。

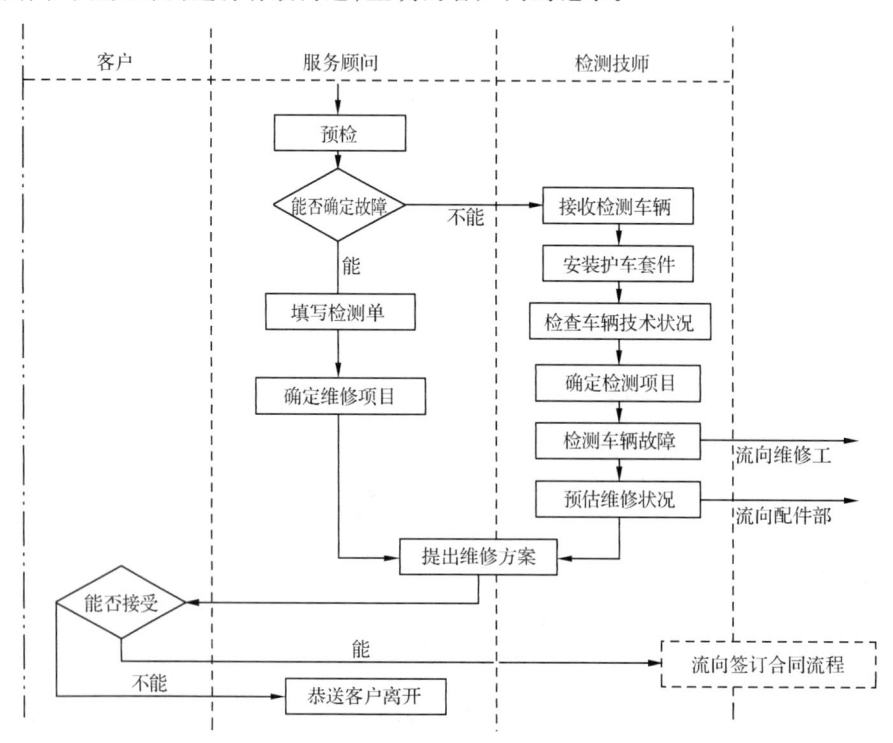

图 2-4-1 车辆故障检测诊断流程

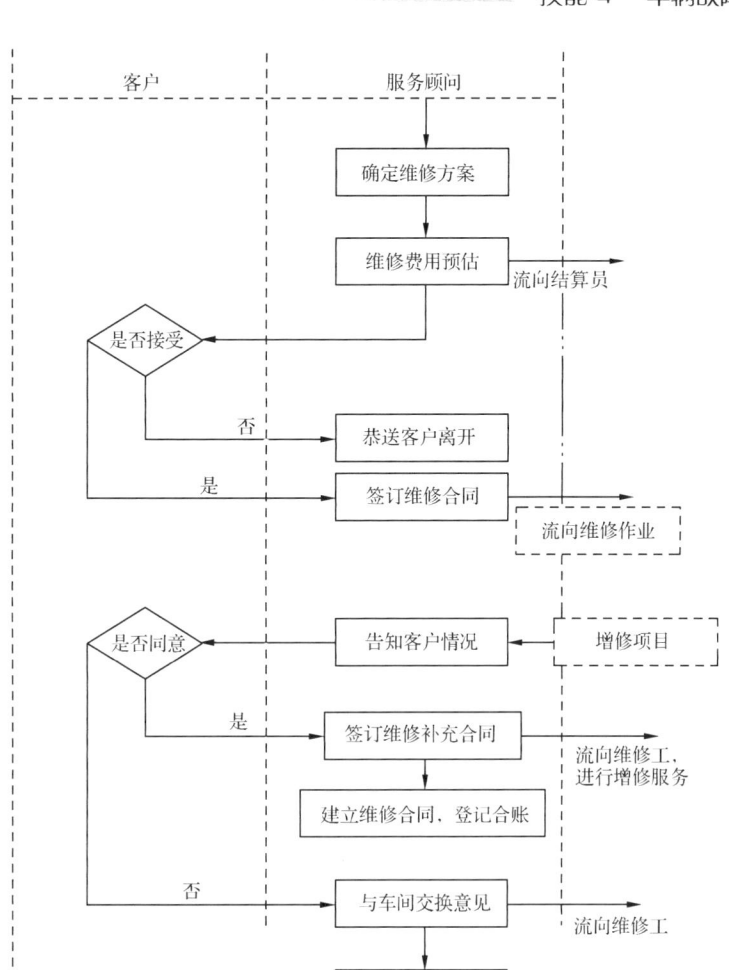

图 2-4-2　签订汽车维修委托书流程

4.4　角色扮演考核

4.4.1　话术考核

按话术情景要求,让学生分组扮演工作人员和客户,进行话术考核。考核的评价方式为学生互评和教师对学生的话术进行整体评价。

情境考核 1　维修变更(追加维修作业)

地点:维修车间。

工作人员:车间主管和服务顾问。

作业流程:维修变更。

场景:维修车间发现车辆新的故障并需修理,通知服务顾问并由服务顾问将新产生的维修备件和维修项目手写添加到维修估价单上。

强调点:准备新增的维修项目的维修备件及价格。

情境考核2　维修变更(告知客户)

地点:接待前台。

工作人员:服务顾问。

作业流程:维修变更。

场景:服务顾问通知客户新增的维修项目和备件,并向客户解释,请客户确认维修变更。

应对话术:"不好意思,经技师检查,××零件已损坏,因涉及行车安全,建议此次更换,材料费是××元,工时费是××元,加上以前的费用共计是××元,需延长到××时间才能交车,还请见谅,如您同意,我们马上开始维修。"

强调点:如有必要,可将客户引至维修车间现场查看。

情境考核3　维修变更(重新打印单据)

地点:接待前台。

工作人员:服务顾问。

作业流程:追加维修。

场景:重新打印变更的维修估价单和汽车维修派工单。

情境考核4　维修变更(客户重新签字)

地点:接待前台。

工作人员:服务顾问。

作业流程:维修变更。

场景:服务顾问请客户重新签字确认。

应对话术:"实在不好意思,按本公司的财务规定,还要请您在新的维修估价单上签字,并用新的维修估价单将以前的维修估价单换回。"

强调点:电脑打印的单据要和手工补写的内容一致。

说明:如服务顾问和客户非常熟悉,可直接请客户在手工添加了维修变更内容的维修估价单上签字,而不用请客户在电脑打印单上签字,但汽车维修派工单要重新打印发送到维修车间。

在诊断和维修过程中,有时可能会产生一些追加维修项目。发生这种情况时,服务顾问需要和客户联系,对所要变更的工作内容和交车时间进行确定。服务顾问此时应表现出诚挚、坦率和真诚的态度,以使客户确信这些追加工作内容是必要的,避免客户产生疑虑。

情境考核 5　维修变更的应对话术(开工单)

情境(1)

(服务顾问打开操作系统,开始录入。车主是李先生)

服务顾问:"周先生,请问您的电话是?"

客　　户:"登记我老板的电话可以吧?"

服务顾问:"为了方便在维修过程中随时与您联系,需要登记您本人的电话。"

客　　户:"可以,我的电话是××。"

服务顾问:"好的,我已经记录完毕。"

情境(2)

(录入完毕,打印工单。服务顾问将工单的客户联双手递给客户。服务顾问将提到的内容逐一请客户查看)

服务顾问:"周先生,我现与您核对一下维修的项目及价格。"

客　　户:"好的。"

服务顾问:"您这次做的项目是机油保养、更换4副刹车片和雨刷片。"

客　　户:"是的。"

服务顾问:"您这次保养的费用大约是××元,更换刹车片的费用是××元,更换雨刷片的费用是××元,总共××元左右。"

客　　户:"知道了。"

服务顾问:"我们提供免费的洗车服务,您需要洗车吗?"

客　　户:"洗一下吧。"

服务顾问:"好的。您的旧件需要保留吗?"

客　　户:"不用保留。但是换完了,你给我看一下。"

服务顾问:"好的。"

服务顾问:"接车时您需要试车吗?"

客　　户:"不用了,相信你们的维修质量。"

服务顾问:"谢谢您的信任。"

服务顾问:"刚才我给您解释了本次维修的项目及费用,您看还有什么疑问吗?"

客　　户:"没有了。"

服务顾问:"谢谢您,周先生。"

情境(3)

(服务顾问在工单上记录客户要求:客户要求洗车、保留旧件、不试车)

服务顾问:"周先生,本次维修的时间大约是两个小时,现在是 11 点 15 分,中午车间休息一小时,下午2点15分左右可完工。我一定会按约定的时间交车给您。"

客　　户:"好,我知道了。"

服务顾问:"麻烦您在这里签字。"(指明签字的位置)

客　　户:"好的。"

服务顾问:"我这就把工单交给技师,车已开始修了,很快的。您先去休息室休息一会儿,如果有事我会联系您。"

客　　户:"好的。"

情境(4)

(服务助理引领客户到客户休息室)

服务助理:"周先生,请您随我来。我们有专门的客户休息室,那里环境很好,可以上网、看杂志、看电视。特别是那儿有一面玻璃幕墙,可以看到您车的维修情况。"

客　　户:"好的。"

(进入休息室)

服务助理:"周先生,您是喝咖啡还是果汁?"

客　　户:"我想喝白开水。"

服务助理:"好的。"

情境(5)

(服务助理倒水,递给客户)

服务助理:"周先生,请喝水。"

客　　户:"谢谢。"

服务助理:"周先生,若在维修当中有任何问题,我会及时与您联系。"

客　　户:"好的。"

服务助理:"因为您的车要到下午才能交车。中午的时候,我们公司给每位客户提供了工作餐,您需要在这里用餐吗?"

客　　户:"好的。"

服务助理:"在12点的时候,我们会有工作人员带您过去用餐。"

客　　户:"好的。"

服务助理:"如果您还有什么问题,可以给我打电话,名片上有我们的电话。"

客　　户:"好的。"

服务助理:"那您好好休息,我先下去了,待会儿见。"

4.4.2　角色扮演

(1)演练评价要求

学习车辆故障检测诊断流程和签订汽车维修委托书流程,完成扮演演练。

①分组演练车辆故障检测诊断流程和签订汽车维修委托书流程。建议采用分组方法演练,按流程轮流扮演,进行角色演练(步骤及要求、话术、表格填写)。演练时用摄像机拍摄,演练完毕播放并评价。

②车辆故障检测诊断流程和签订汽车维修委托书流程演练结果的评价采用自评、互

评和教师点评的方式。

③根据交流和工作演示进行评价，主要考查学生扮演客户角色时的心理活动、语言交流和肢体语言，以及对汽车故障的描述。考查学生扮演工作人员的专业技术水平、与客户交流的技巧、判断车辆状况的能力和填写工作表格的能力。

（2）完成相关表格的填写

①考核 1：车辆诊断检测，见表 2-4-1。

表 2-4-1　　　　　　　　　车辆故障检测诊断流程角色扮演及考核

准备工作及要求			
设施工具准备	护车套件、汽车检测诊断报告单、促销宣传品和纪念品		
	评价与建议：		
场地准备	充足车位的停车场、干净舒适的客户休息室、接车车位		
	评价与建议：		
服务顾问	良好的外表、容易辨认的制服和工作牌、熟练的沟通技巧		
	评价与建议：		
步骤	基本要求	操作结果	评价与建议
服务顾问确定的内容	检查、确定故障		
	确认车辆状况及维修项目		
	如有增加项目时，应准备好相应的建议		
	提出维修方案		
	如果不能确定故障，则转交车间（请求车间协助解决）		
检测技师确定的内容	接收检查车辆		
	安装护车套件		
	检测车辆技术状况		
	确定检测项目		
	检查车辆故障		
	确定维修内容		
	提出维修方案		

沟通能力评价：

工作能力评价：

学生姓名：　　　　班级：　　　　教师：　　　　考核时间：

②考核2：填制汽车维修委托书及客户确认，见表2-4-2。

表2-4-2　　　　　填制汽车维修委托书及客户确认流程角色扮演及考核

准备工作及要求				
场地准备	干净舒适的客户休息室			
	评价与建议：			
工具准备	接车单、汽车检测诊断报告单、汽车维修施工单、汽车维修委托书			
	评价与建议：			
服务顾问	良好的外表、容易辨认的制服和工作牌、熟练的沟通技巧			
	评价与建议：			
步骤	基本要求	操作结果	评价与建议	
客户落座	请客户落座休息，洽商维修事宜			
配件确定	查询配件库存情况，若需等待配件应向客户说明，并征询客户意见			
维修委托内容及解释	外观和功能检查记录			
	随车物品记录			
	故障描述和检查诊断结果，提出维修意见			
	查阅过去的维修记录，说明此次维修内容的必要性			
	预估维修费用（含检查费、工时费、材料费及其他费用）			
	预计交车时间			
	客户是否带走更换后的零件			
	询问客户电话回访时间			
	确定费用的支付方式			
	说明交车程序			
制单及确认	填制汽车维修委托书			
	请客户对汽车维修委托书的基本内容查核、确认、签字			
	将客户联交给客户			
增值服务	介绍其他服务，增加业务机会			
引导客户休息	若客户在店内休息等候，引导进入休息室，敬茶			
	若客户不在店等候，恭送客户			

沟通能力评价：

工作过程评价：

学生姓名：　　　　班级：　　　　教师：　　　　考核时间：

③考核3：派工流程，见表2-4-3。

表 2-4-3　　派工流程角色扮演及考核

准备工作及要求			
工具准备	接车单、汽车检测诊断报告单、汽车维修施工单、汽车维修委托书、汽车维修派工单		
	评价与建议：		
服务顾问	良好的外表、容易辨认的制服和工作牌、熟练的沟通技巧		
	评价与建议：		
步骤	基本要求	操作结果	评价与建议
与车间交接车辆	服务顾问驾驶车辆到维修车辆停车场或呼叫车间负责人派人接车		
	交接车时做好外观和内部功能检查		
	确定汽车维修委托书中的维修项目、故障描述等内容		
	确定预计交车时间是否可行		
	不能在承诺的时间内交车时，服务顾问应该提前给予客户合理的解释		
	交接车辆的钥匙和行驶证		
	服务顾问在流程控制板上标明车辆的状态		
派工	合理安排维修技师和工位		
	开出汽车维修施工单		
	汽车维修施工单上注明派工时间		
	合理安排返修车辆的维修技师		
派工原则	客户要求第一的原则		
	班组技术能力与车辆故障疑难系数统一的原则		
	减少客户等待时间的原则		
	维修项目相对公平的原则		
	台次相对公平的原则		
	免工时费的车辆轮流维修的原则		

沟通能力评价：

工作能力评价：

学生姓名：　　　　班级：　　　　教师：　　　　考核时间：

技能 5 维修作业实施管理

维修作业实施管理的主要内容是办理送修车辆维修手续,按要求检查车辆,安排维修工作。在维修工作中,当发现有维修内容变更时,要按要求与客户沟通,得到客户认可后再实施。维修工作完成后,要按要求检查,做好旧件的处理工作。处理好客户对维修变更、维修质量和维修价格等方面的抱怨。做好维修进度跟踪及质量检验等工作。

5.1 背景知识

(1)送修车辆办理维修手续的程序及要求。

(2)车辆维修进度控制的方法及要求。

(3)维修内容变更的确定及客户认可。

(4)延长维修时间的办理程序及要求。

(5)完工后车辆的检验流程及要求。

(6)旧件的处理要求。

5.2 技能要求

(1)按流程及要求办理维修车辆送修手续。

(2)能够控制车辆维修进度,按时完成维修作业。

(3)按要求办理维修变更。

(4)正确处理客户的抱怨。

5.3 训练内容

5.3.1 话术练习

(1) 维修工期延误

如果因为技术、配件以及其他原因造成工期延误,要及时向客户说明,避免客户抱怨,如"您好!您的心情我非常理解。对于您所遇到的问题我们感到非常抱歉,请允许我为您解释一下。在您等待的过程中,我们的维修技师为您的爱车做了全面的检查,发现了一些问题,现在所遇到的问题是……(解释延误交车的原因)还需要您等待××小时。如果您有急事的话我们可以用车把您送到目的地。"

(如果客户同意维修变更,并且愿意离开,则维修工作继续进行,送客户离开)

(若客户要求在厂里等待)"请麻烦您再等上一段时间,我们会把维修进程随时告知您。您看这样行吗?"

(如果客户不同意维修变更,则进行解释)

"××先生/女士,您看这样行不行,我已经把这个情况告诉我们领导了,他对此事也非常重视,如果您有什么其他要求,可以跟我们领导进一步沟通,我相信我们一定会给您一个满意的答复。"

(2) 配件质量

客户抱怨:"为什么我的车只行驶了20000千米就出现变速器(减震器)漏油的情况?"

解释话术:"这仅仅是个别情况,变速器(减震器)漏油与很多因素有关,不用担心,可以把车开到我们这里来,我们会对车辆进行全面的检查和处理。"

(3) 维修问题

客户抱怨:"为什么保养后不久又出现了问题?"

解释话术:"由于这些问题对您造成不便,我们表示非常抱歉。我们会立刻对您的车进行检测,由于故障的原因有很多,在检测结果出来之后,我们会尽快给您一个满意的答复和解决方案。"

5.3.2 维修作业流程演练

(1) 演练评价要求

学习质量检验流程和维修作业流程(维修进度跟踪)的内容,完成扮演演练。

①建议采用分组方法演练,按流程轮流进行角色扮演,按要求完成步骤、话术、表格填写等内容。

②演练时用摄像机拍摄，演练完毕播放并评价。采用学生自评、互评和教师点评的方法评价演练结果。

③根据工作演示和话术交流进行评价，主要考查学生扮演客户角色时的心理活动、语言交流及肢体语言，以及在进行维修变更沟通时双方能有效进行沟通。考查学生扮演工作人员的专业技术水平、与客户交流的技巧、完成相应表格填写的能力。

(2) 演练内容及要求

说明维修作业及检验流程（图2-5-1和图2-5-2）的内容和要求，按流程要求进行角色演练。具体内容和要求如下：规范的礼仪；熟悉工作流程，有一定的组织能力；规范的操作；与客户和相关部门进行有效沟通；正确的客户问询记录。

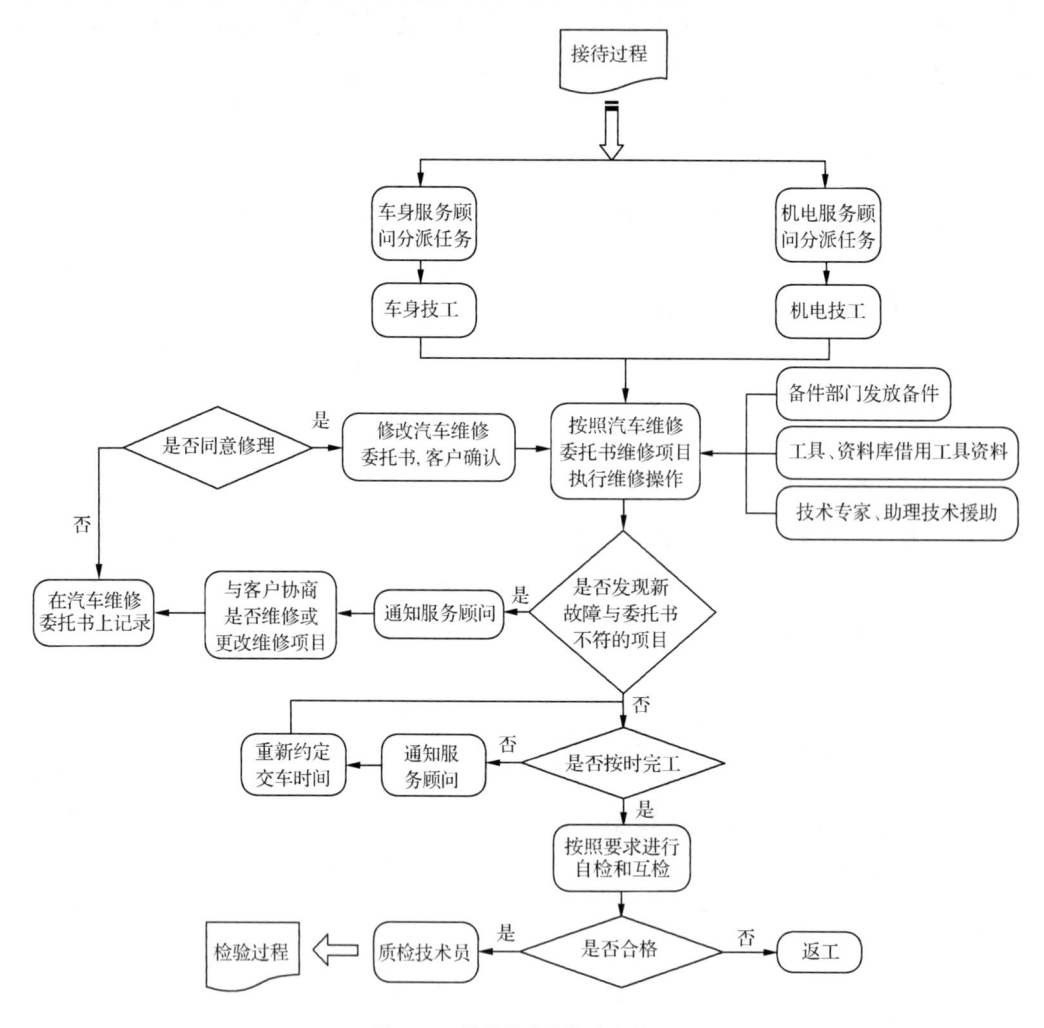

图 2-5-1 维修作业及检验流程(1)

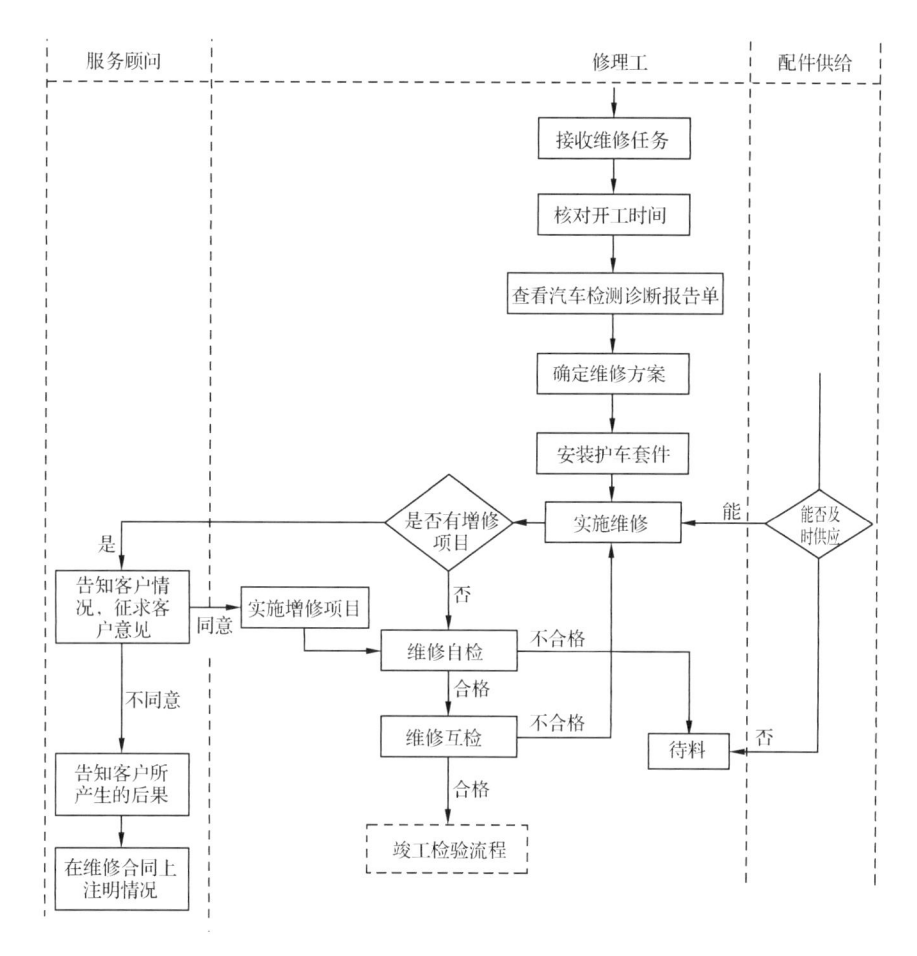

图 2-5-2 维修作业及检验流程(2)

5.4 角色扮演考核

5.4.1 话术考核

按话术情境要求,让学生分组扮演工作人员和客户,进行话术考核。考核的评价方式为学生互评和教师对学生的话术进行整体评价。

情境考核 1 交车作业(车辆终检)

地点:车辆竣工区。

工作人员:服务顾问和质检员。

工作:车辆终检。

注意事项:与质检员共同确认维修或保养项目完成的质量。

辅助工具:汽车维修派工单、外观检查报告、车辆清洁检查表(如客户当天取车)。

应对条件:维修完毕并经自检合格。

对应 CSI 调查项目:完成所有项目,车辆内外清洁。

强调点:车辆清洁检查表由质检员填写,服务顾问复查。

注意事项:巡视检查车内外清洁,包括车外清洁状况、车内是否留有修护用品(如工具、杂物等),以及旧件情况(如有更换旧件)。

辅助工具:薄膜袋。

应对条件:对于小的维修旧件,可制作专门的薄膜袋存放。

对应 CSI 调查项目:工作质量。

强调点:确认汽车维修派工单的项目都已完成,小旧件随车,车辆清洁达标。

考核要求:学习上述维修作业及检验流程的内容及要求,完成相关话术的设计,分组进行练习及考核。

情境考核 2　维修质量

客　　户:"你们是怎么修车的?同样的问题修了好几遍,你们到底能不能修好啊?"

应对话术:"十分抱歉给您造成的不便,我们会对您的车再做一个全面检测,请放心,您会在最短时间内得到圆满答复。"

考核要求:

(1)按下面情境设计话术,分组进行练习及考核。

①如果是维修质量问题,再道歉几次,和客户协商其可以接受的方案。

②如果不是维修质量问题,礼貌地向客户解释检测结果并提出解决方案。客户认同后实施。

(2)学习上述情境的应对话术,完成发动机维修后怠速不稳情境的相关话术设计,分组进行练习及考核。

情境考核 3　维修变更(旧件展示)

服务顾问:"您好,我们对您的车辆检查后发现刹车片厚度为××毫米,而刹车片厚度的极限值最小为××毫米,接近了这个值就要及时更换新的刹车片了,否则会影响车辆制动性能。出于安全行车考虑,刹车片残留××毫米以下时,建议更换刹车片。因此建议您在车辆的这次保养中追加更换刹车片项目。"

客户认同,确定更换刹车片。

确认客户是否带走旧件,如"请问,换下来的刹车片需要带走吗?"

在向客户交车时,注意向客户展示更换的旧件。通过展示旧件,可以说明更换原因和更换的必要性,可以让客户相信维修内容的真实性,同时让客户感觉到此次维修保养是必要的,对车辆的性能和寿命是有益的。

服务顾问:"请看这是从您的车上换下来的旧刹车片,最薄处仅为××毫米,新刹车片厚度为××毫米,如果不及时更换将会大大降低制动力,而且在每次刹车时会发出刺耳的金属摩擦声,有可能完全失去制动力。"

考核要求：

(1)学习上述维修变更(旧件展示)的流程及要求,按客户接受建议和客户不接受建议两种情境设计话术,分组进行练习并考核。

(2)学习上述情境的应对话术,完成轮胎磨损接近极限值需更换情境设计相关话术,分组进行练习并考核。

情境考核 4　维修变更(工期延误)

服务顾问："张小姐,实在抱歉,因为零部件到货时间比预期晚了半天,耽误了我们的维修时间,所以不能按原计划交车,我们尽量会赶在 18：00 交车给您,给您带来不方便请谅解。"

考核要求:按客户接受道歉和客户不接受道歉并解释说明后仍不接受两种情境设计话术,分组进行练习并考核。

5.4.2　角色扮演

(1)演练评价要求

学习维修作业流程(维修进度跟踪)和质量检验流程,分组扮演演练维修作业及检验流程。

①分组演练维修作业流程(维修进度跟踪)和质量检验流程。建议采用分组方法演练,按流程轮流扮演进行角色演练(步骤及要求、话术、表格填写)。演练时用摄像机拍摄,演练完毕播放并评价。

②维修作业流程(维修进度跟踪)和质量检验流程演练结果的评价方式采用自评、互评和教师点评。

③根据交流和工作演示进行评价,主要考查学生扮演客户角色时的心理活动、语言交流及肢体语言。考查学生扮演工作人员的专业技术水平、与客户交流的技巧、判断车辆状况的能力和填写工作表格的能力。

(2)完成相关表格的填写

①考核 1:维修作业,见表 2-5-1。

表 2-5-1　　　　维修作业流程(维修进度跟踪)角色扮演及考核

	准备工作及要求
设施工具准备	护车套件、车辆检测诊断报告单、汽车维修派工单;相关工具、设备,维修进度看板,工时标准,维修追加项目单,车辆维修时点追踪报告
	评价与建议:
场地准备	维修工位、维修车辆停车场
	评价与建议:
服务顾问	良好的外表、容易辨认的制服和工作牌、熟练的沟通技巧
	评价与建议:

续表

步骤	基本要求	操作结果	评价与建议
做好维修状态实时控制	定期向车间询问维修任务完成情况,维修有无异常		
	如有异常应立即采取应急措施,尽可能不拖延工期		
	在维修预计工期进行到70%～80%时询问维修情况		
	在车间的维修进度看板上标识进度		
	维修完工时间(含洗车)应控制在预计交车时间前10分钟		
	配件采购的及时跟踪		
	维修项目增加的审核		
	维修现场对车辆保护措施的监督		
	记录维修车辆的维修进程		
维修记录	维修技师完成汽车维修施工单并签名		
向客户通报维修进度	利用维修进度看板随时掌握车间工作进度,必要时通知客户		
维修变更	维修技师及时通知车间主管,车间主管确认后通知服务顾问		
	服务顾问向客户通报维修变更		
	与客户协商,得到客户认可		
	更改汽车维修委托书,通知车间实施		
	口头通知车间并记录通知时间和车间受话人		
	如客户不同意维修变更,服务顾问应在汽车维修委托书上注明		
维修完成后的工作	在汽车维修施工单上注明完工时间,通知车间主管验车		
	维修后应清洁车辆		
	按与客户的约定处理旧件		
	保修旧件交付给保修员		

沟通能力评价：

工作过程评价：

学生姓名： 班级： 教师： 考核时间：

②考核2：质量检验，见表2-5-2。

表 2-5-2　质量检验流程角色扮演及考核

准备工作及要求		
场地准备	护车套件、车辆检测诊断报告单、汽车维修派工单；相关工具、设备，维修进度看板，工时标准，维修追加项目单，车辆维修时点追踪报告	
	评价与建议：	
工具准备	维修工位、维修车辆停车场、车辆清洁检查表	
	评价与建议：	
服务顾问	良好的外表、容易辨认的制服和工作牌、熟练的沟通技巧	
	评价与建议：	

步骤	基本要求	操作结果	评价与建议
质量检验	完工后进行三级检验（作业者自检、班组互检、总检或专检）		
	出具自检不合格报告，确定原因，提供解决办法		
	提供质检报告		
	在汽车维修施工单上盖章或签名，证明已经实施了质检		
清洁车辆	清洗车辆		
	要特别注意对作业部位的清洗		
内部交车	检查车辆的清洁状况		
	检查质量检验手续		
	审核汽车维修委托书和领料单，确保结算准确		
	明确换下的旧件的存放位置		
	明确交车时向客户说明和提醒的内容		
	准备结算用的有关单据		

沟通能力评价：

工作过程评价：

学生姓名：　　　　班级：　　　　教师：　　　　考核时间：

技能 6 维修后续服务管理

维修保养完工后,要高质量地完成向客户交车的准备工作。在向客户交车时,要向客户解释作业项目及费用,协助客户结账,提高客户满意度。

6.1 背景知识

(1)交车及结算的工作流程和要求。
(2)陪同客户试车的要求。
(3)交车前车辆清洁检查及装置复位的内容及要求。
(4)为客户送车的流程及要求。
(5)交车时超值服务的内容及要求。
(6)送别客户时的提醒内容及要求。
(7)业务统计报表填制及报送要求。

6.2 技能要求

熟练完成交车工作,提高客户满意度。
(1)能够按照交车及结算的流程和要求完成相关工作。
(2)能够按流程和相关要求陪同客户试车,在试车时说明并验证维修结果。
(3)能按要求完成交车前的车辆准备和交车工作。
(4)能按要求完成为客户送车工作。
(5)能够按交车时增值服务的流程和要求完成相关工作。
(6)能按要求完成业务统计报表的填制及报送工作。

6.3 训练内容

6.3.1 话术练习

(1)在向客户说明维修项目和费用时,要对照汽车维修施工单和维修结算单逐项说明,说明重点是高价项目和免费项目,如"这是您的车辆在这次维修保养中的汽车维修施工单和维修结算单,请您过目。"

(2)在接待取车的客户时,要向客户介绍车辆维修情况,引导客户检查竣工车辆,如"谢谢您的等候,您的车现在已经维修好了,让我陪您去察看车辆吧。""您的车已经通过竣工验收,您需不需要验一下车?"

(3)结算时,当客户要求打折或有其他超出结算员(或服务顾问)工作权限的要求时,结算员(或服务顾问)可引领客户找业务主管处理,如"对不起,您提的要求超出了我的工作权限,只有经过××主管同意后才可以执行。"

(4)结算付款时,说明相关情况并感谢客户惠顾,如"谢谢您选择我们的服务,我们已经完全按照您的要求完成了车辆的维修项目,如有意见和建议请多多指教,以促使我们今后的工作做得更好,也希望您能继续选择我们的服务。""××先生/女士,很高兴为您服务。您车辆这次维修的费用为××元。""我们这里付款很方便,刷卡和现金都可以,让我带您过去吧。"

(5)结算完毕,与客户道别。"××先生/女士请走好。""祝一路平安!欢迎下次光临!"

6.3.2 结算及交车流程演练

(1)演练评价要求

学习结算及交车流程(图 2-6-1 和图 2-6-2),完成扮演演练。

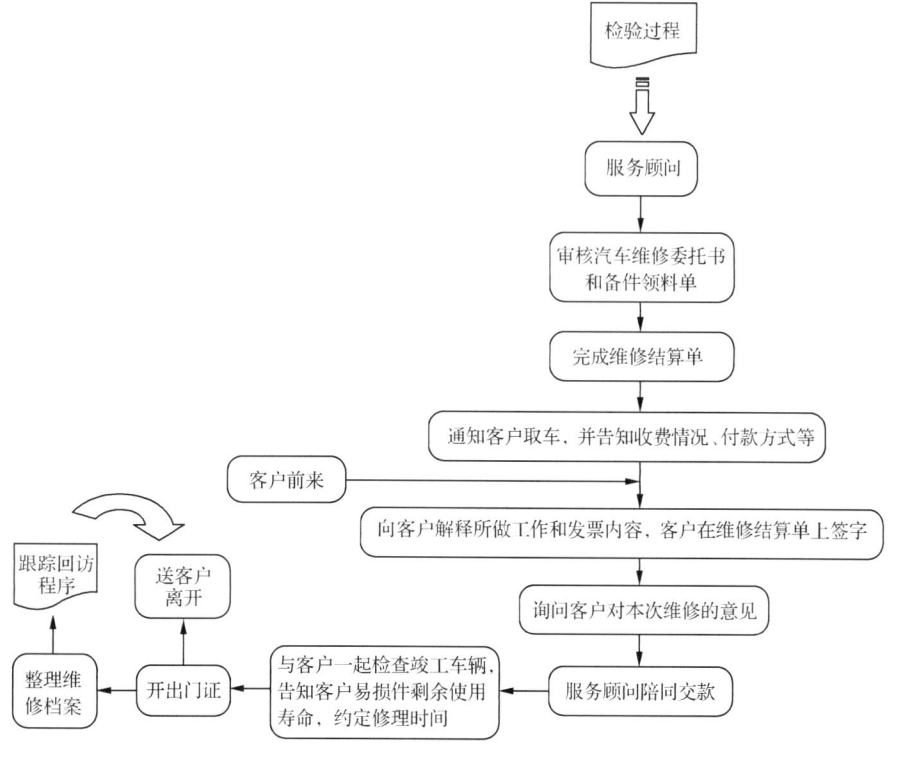

图 2-6-1 结算及交车流程(1)

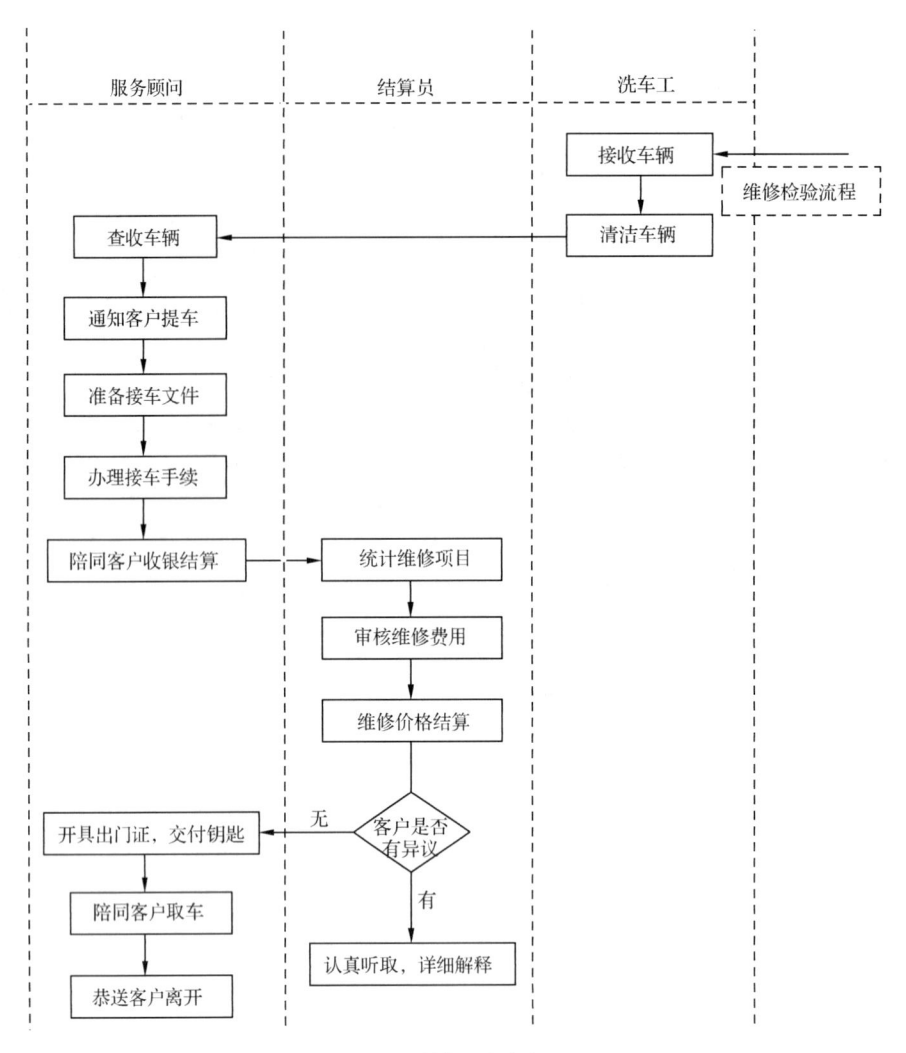

```
服务顾问          结算员           洗车工

                              接收车辆  ←──── 维修检验流程
                                 ↓
           查收车辆 ←──────── 清洁车辆
              ↓
           通知客户提车
              ↓
           准备接车文件
              ↓
           办理接车手续
              ↓
           陪同客户收银结算 →  统计维修项目
                                 ↓
                              审核维修费用
                                 ↓
                              维修价格结算
                                 ↓
           开具出门证，交付钥匙 ←无─ 客户是否
              ↓                    有异议
           陪同客户取车              ↓有
              ↓                  认真听取，详细解释
           恭送客户离开
```

图 2-6-2 结算及交车流程(2)

①建议采用分组方法演练，按流程轮流进行角色扮演，按要求完成步骤、话术、表格填写等内容。

②演练时用摄像机拍摄，演练完毕播放并评价。采用学生自评、互评和教师点评的方式评价演练结果。

③根据工作演示和话术交流进行评价，主要考查学生扮演客户角色时的心理活动、语言交流及肢体语言。考查学生扮演工作人员的专业技术水平、与客户交流的技巧、完成相应表格填写的能力。

(2)演练内容及要求

说明结算及交车流程的内容及要求，按流程要求进行角色演练。具体内容和要求如下：规范的礼仪；熟悉工作流程，有一定的组织能力；规范的操作；与相关部门进行有效的沟通；正确的客户问询记录。

6.4 角色扮演考核

6.4.1 话术考核

按话术情境要求,让学生分组扮演工作人员和客户,进行话术考核。考核的评价方式为学生互评和教师对学生的话术进行整体评价。

情境考核 1　交车作业

(1)通知取车

地点:客户休息区。

工作人员:服务顾问和客户服务员。

工作:通知客户取车。

注意事项:维修或保养完成后通知客户取车。

辅助工具:外观检查报告、维修估价单、汽车维修派工单、维修结算单、车辆清洁检查表。

应对条件:若客户在休息室等候,可直接通知;若客户不在休息室,则电话通知客户取车,约定取车时间,待客户来后再将车辆开至交车区。如客户不在维修当天取车,可将车辆清洗作业留到客户来取车时进行。

对应 CSI 调查项目:维修结束时通知。

强调点:若客户在休息室,可由客户服务员通知客户取车。

(2)交车说明和确认

地点:车辆交车区。

工作人员:服务顾问、客户服务员。

工作:交车说明和确认。

注意事项:根据维修估价单的维修项目说明完成情况(尽可能以实物操作的方式与客户共同确认维修完成)。

辅助工具:维修估价单。

应对话术:对于保养车辆,"已经完成全部保养项目,更换了××,检查了××,请您查验。"对于维修车辆,"您车辆的维修项目共××项均已完成,跟您确认××、××等都无问题。"

对应 CSI 调查项目:按承诺时间修好,取车时说明维修项目和费用明细,费用合理,车辆内外清洁,客户满意程度。

强调点:为避免反结算,可将用户在估价签字时没有意识到的大额零头部分主动减免并向客户说明(一般是个位数部分)。

注意事项:展示旧件并征求客户旧件处理意见(大件可视客户意见,带领客户查看)。

辅助工具:旧件。

应对条件:如有旧件的维修(润滑油有剩余,更换了零件等),则应向客户说明并征求意见。

应对话术:"现在向您说明更换的旧品,××润滑油××瓶、××部分××件,请问您是带走还是我们帮您处理?"

注意事项:与客户一起检查外观和"五油三水"。

辅助工具:外观检查报告、车辆清洁检查表。

应对话术:"让我们一起再确认一下您车辆的外观和'五油三水'。您的车辆已做了清洁,这是车辆清洁检查表,若不满意请直说无妨。"

注意事项:根据维修结算单向客户解释维修费用,如是免费项目则要说明此次减免的费用。

辅助工具:维修结算单。

应对话术:"根据先前的维修估价单,您车辆此次的备件费是××元,工时费是××元,共计××元,请过目。"(如是免费的,则向客户说明此次减免的费用)

(3)结账

地点:出纳柜台。

工作人员:服务顾问。

工作:安排结账。

注意事项:引导客户至出纳处结账。

辅助工具:维修估价单(客户联)。

应对话术:"我陪您到出纳柜台结账。"

工作人员:出纳。

工作:结账。

注意事项:确认取车联上客户资料是否更改过。

辅助工具:维修结算单。

应对条件:自费维修的客户。

应对话术:"请您核实一下维修结算单上您的姓名和电话是否正确。请问您对服务顾问的费用解释满意吗?如果没有问题,请您在维修结算单上签字,谢谢。"

注意事项:请客户签字。

辅助工具:维修结算单。

注意事项:收款开发票。

辅助工具:发票。

应对话术:"请问发票名头怎么开?"

注意事项:开出门证。

辅助工具:出门证。

应对话术:"一切 OK,现在我给您开出门证。"

强调点:作为监督手段,所有开汽车维修派工单的车辆,不论其是否收费,都应开出门证。

(4)电话联络表提醒

地点:接待柜台。

工作人员:服务顾问。
工作:电话联络表提醒。
注意事项:提醒客户有无最新的电话联络表。
辅助工具:电话联络表。
应对话术:"请问您有我们的电话联络表吗?"
对应 CSI 调查项目:维修企业电话联络表。
强调点:接待柜台附近的醒目处摆放电话联络表作为提醒的道具。
考核要求:学习上述情境的应对话术,完成首保和发动机怠速不稳等维修内容的相关话术设计,分组进行练习及考核。

6.4.2 角色扮演

(1)演练评价要求

学习结算及交车流程,完成扮演演练。

①分组演练结算及交车流程。建议采用分组方法演练,按流程轮流扮演角色进行演练(步骤及要求、话术、表格填写)。演练时用摄像机拍摄,演练完毕播放并评价。

②结算及交车流程演练结果的评价采用自评、互评和教师点评的方式。

③根据交流和工作演示进行评价。主要考查学生扮演客户角色时的心理活动、语言交流及肢体语言。考查学生扮演工作人员的专业技术水平、与客户交流的技巧、判断车辆状况的能力和填写工作表格的能力。

(2)完成相关表格的填写(表 2-6-1)

表 2-6-1　　　　　　　　交车流程角色扮演及考核

	准备工作及要求		
场地准备	维修工位、维修车辆停车场		
	评价与建议:		
工具准备	护车套件、车辆检测诊断报告单、汽车维修派工单、车辆清洁检查表		
	评价与建议:		
服务顾问	良好的外表、容易辨认的制服和工作牌、熟练的沟通技巧		
	评价与建议:		
步骤	基本要求	操作结果	评价与建议
交车准备	检查流程执行情况		
	检查车辆内外状况		
	准备交车资料		
	清洁车辆(注意作业部位的清洁)		
内部交车	检查车辆的清洁状况		
	检查质量检验手续		
	审核汽车维修委托书和领料单,确保结算准确		
	明确换下的旧件的存放位置		
	明确交车时向客户说明和提醒的内容		
	准备结算的有关单据		

续表

步骤	基本要求	操作结果	评价与建议
客户接车	通知客户取车		
	与客户一同检查竣工车辆		
	必要时请技术人员协助交车		
	在客户面前取下护车套件		
	装置复位（座椅、后视镜等）		
	若需要试车，陪同客户试车		
	清洁维修和交车时可能弄脏的地方		
	解释维修内容及收费情况		
	旧件说明及交接		
	请客户在维修估价单上签名		
	向客户移交维修资料		
	向客户移交随车证件和车钥匙		
客户关怀	提示下次保养的时间或里程		
	向客户传授车辆使用等方面知识		
	指导客户学习新购产品的使用方法，并给予专业的使用建议		
	告知客户零件的剩余使用寿命（如轮胎、刹车片等）		
	将保养提示卡置于不妨碍客户驾驶且醒目的地方		
	交付车辆（取下保护用品）		
推荐超值服务	客户满意接车后，向客户推荐超值服务		
送别客户	开具出门证		
	与客户道别并感谢客户惠顾		
工作整理	业务统计报表填制、报送		
	服务追踪准备		
为客户送车	若客户不方便接车		
	准备好维修结算单，并通过电话向客户解释作业项目及费用		
	抵达客户处后，陪同客户验车并进行结算工作		

沟通能力评价：

工作过程评价：

学生姓名： 班级： 教师： 考核时间：

技能 7 跟踪服务

进行跟踪服务,一方面可以掌握汽车维修服务企业在维修作业中存在的不足,另一方面又可以更好地了解客户的期望和需求,接受客户和社会的监督,提高客户的满意度。

做好跟踪服务,可以在第一时间了解客户对服务的评价,及时处理客户抱怨,通过客户对员工的评价可以了解员工的工作状态。通过有效地利用跟踪服务的结果,可以进行内部改善,提高客户满意度,降低客户流失率,提升客户忠诚度。同时知道客户抱怨的原因,做好流失客户的招揽工作。

若要做好跟踪服务,首先要配备优秀的跟踪服务人员,采用完善的企业管理信息系统,采取多种有效的跟踪服务手段,保持顺畅的沟通。其次就是建立系统的客户档案,掌握客户信息及其特点。最后就是对跟踪服务人员适当授权,提高办事效率。

客户档案包括的内容有客户基本资料、教育背景、家庭生活、客户性格和阅历等。对客户档案要进行客户经济状况分析、收入构成分析和客户地区构成分析,发现有价值的客户。

7.1 背景知识

(1)客户档案建立和保管的方法和要求。
(2)客户投诉处理的相关流程和要求。
(3)跟踪服务的具体内容和要求。
(4)客户满意度的调查方法和分析方法。

7.2 技能要求

(1)能够按要求建立客户档案,掌握客户档案的管理和运用方法。
(2)能够按要求完成跟踪服务。
(3)能够按要求完成客户的咨询解答。
(4)掌握服务补救的流程和要求。
(5)熟悉客户投诉处理原则及处理技巧。
(6)掌握提升客户满意度的方法。

7.3 训练内容

7.3.1 话术练习

(1) 售后回访话术

①问候语

"您好,我是××公司回访员××。××先生/女士,非常感谢您三天前在我们店里做了保养(或维修),想耽搁您一点时间做一个回访,您现在方便吗?"

若客户不方便,则结束回访,如"对不起打扰您了,您什么时候方便呢?在您方便的时间联系您可以吗?"

若客户方便,继续回访,如"谢谢您对我们工作的支持!"

②固定问题

"请问您这几天车辆的使用情况怎么样?"

"上次您来店,我们前台是××负责接待您,请问她……"则询问以下几个变动问题:

"是否灵活地按照您要求的时间为您安排了服务?"

"结算时是否解释清楚了费用明细?"

"交车时,是否协助您一同取车?"

"您拿到车的时候,请问车辆为您清洗干净了吗?"

"当服务顾问交给您车的时候,有没有把您交代的项目都做好?"如果客户回答"否",则要说:"给您带来不便,我们十分抱歉,请问您能描述一下具体是哪个项目或者是车的哪个部位没有一次性给您保养好呢?"

"是否提醒您下次保养的里程及时间?"

"我们还想请您为我们这位服务顾问当天的服务进行简单的评分,如果10分为满意,9分为及格,8分及8分以下为不及格,您觉得他这次的服务可以评几分?"如果客户回答为9分或8分以下,要通过提问询问客户对服务是否有什么建议或意见,如"××先生/女士,欢迎您对我们的服务提出宝贵的意见和建议,以便我们更好地为您服务。"如有,记录客户的意见或建议,并向相关部门反映。

③结束语

"提醒您下次的保养时间是××,或者行驶里程数是××,以先到的为准。如果您有任何需要我们做的,欢迎您拨打我们24小时服务电话××与我们取得联系!"

增加温馨提示:天气恶劣或炎热的提醒、节假日的祝福、车辆限行日等。

"最后感谢您接受我们的这次回访,祝您用车愉快,谢谢!再见!"心中要默数5秒,等客户先挂机;如客户还未挂机,提醒客户挂机:"为了表示对您的尊敬,请您先挂机!"

(2) 客户流失原因及应对话术要点(表2-7-1)

表 2-7-1　　　　　　　　　　客户流失原因及应对话术要点

客户流失原因	应对话术要点
价格贵	与其他公司工时费和配件价格作比较，体现本公司优势；说明预约则可以享受工时费优惠，对指定的配件优惠
技术差	预约后安排资深技师，提高一次修复率
等待时间长	做好预约服务，保证按时进行维修保养工作
服务差	改善服务态度
在维修厂做	着重体现技术专业性和正厂纯正配件，进行优惠活动邀约
车辆转卖	如果提供新车主正确联系方式，可赠送礼品；吸引客户来店，促进新车销售
外地车	提醒客户去当地 4S 店进行定期维修保养

（3）流失客户邀约话术

流失客户的主要招揽方式为短信和电话邀约，电话邀约话术见表 2-7-2。

表 2-7-2　　　　　　　　　　电话邀约话术

邀约电话："您好，我是××公司的客服××，请问您是××车主吗？您好，需要给您做个回访，大概占用您两三分钟时间，请问您方便接听电话吗？"

"看您的维修记录，上次您的车辆来公司做保养的时间是××年××月，正常的保养是半年做一次，现在已经过去了××月的时间，您一直也没来做保养，想问下您的车辆做保养了吗？"

客户回答	应对话术
①"在其他维修厂做了保养。"	"请问，这次的保养您为什么没来本公司做呢？"
a."4S 店价格贵。"	"本公司的价格都是明码标价的，而且与其他公司相比工时及相关配件价格是偏低的。而且我们每个季度都会有优惠服务活动，在此期间维修保养工时和指定配件都有优惠，以后有活动我可以通知您。"
	"建议您下次来维修保养之前提前一天拨打电话××预约，工时给您打八折（事故车除外）您看怎么样？"
b."在朋友的维修厂做。"	"4S 店的配件都是原厂正规配件，质量有保证，维修工具和维修技术更规范更专业，车辆出现问题最好还是来 4S 店进行维修。如果您提前预约保养维修，工时可以优惠，您看怎么样？"
c."4S 店技术差。"（多次维修仍没修好）	"维修技师需要不断地进行培训和考核，目前我们的技师都是经过专业认证的，如果您预约来店，我们尽量安排资深技师为您的车辆进行维修，您看怎么样。"
	"如果是 4S 店解决不了的技术问题，我们可以向厂家提交，尽最大努力为您解决车辆问题。"
d."对服务态度不满意。"	"很抱歉，可能之前您来店有过不愉快的事情，造成您对 4S 店的服务不满意。"
	"4S 店现在对员工的礼貌及接待水平都是定期考核的，我们服务水平有了很大的提升。我们可以免费为您做一次全车检测，您什么时候方便过来？我们为您预约安排金牌服务顾问为您服务。"

续表

客户回答	应对话术
e."离 4S 店太远,不方便。"	"车辆有问题最好是来 4S 店进行维修保养,下次您提前预约,我们提前给你预留工位,保证按您的时间进行施工。"
②"车辆转卖了,想买别的车。"	"如果您能提供新车主的联系方式,我们将赠送您价值××元装饰券。" "最近我们店的××车卖得不错,性价比也很高,您要是有时间可以来看看,老客户买车有优惠呢!"
③"还未做保养。"	询问未做保养的原因及是否意愿回本公司保养?不愿回来做保养的,话术同①。 "正常做保养有助于保护车辆,您看需要我为您进行保养预约吗?"

7.3.2 跟踪服务流程演练

(1)演练评价要求

学习跟踪服务流程(图 2-7-1 和图 2-7-2),完成扮演演练。

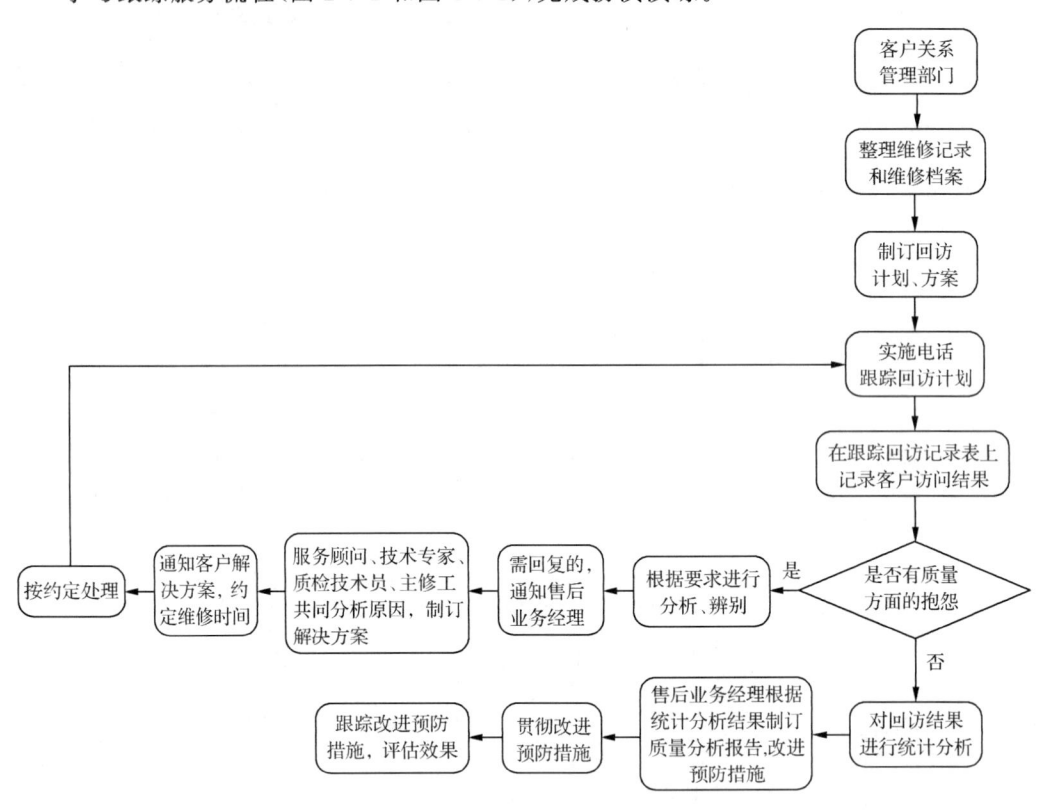

图 2-7-1 跟踪服务流程(1)

①建议采用分组方法进行演练,按流程轮流进行角色扮演,按要求完成步骤、话术、表格填写等内容。

②演练时用摄像机拍摄,演练完毕播放并评价。采用学生自评、互评和教师点评的方式评价演练结果。

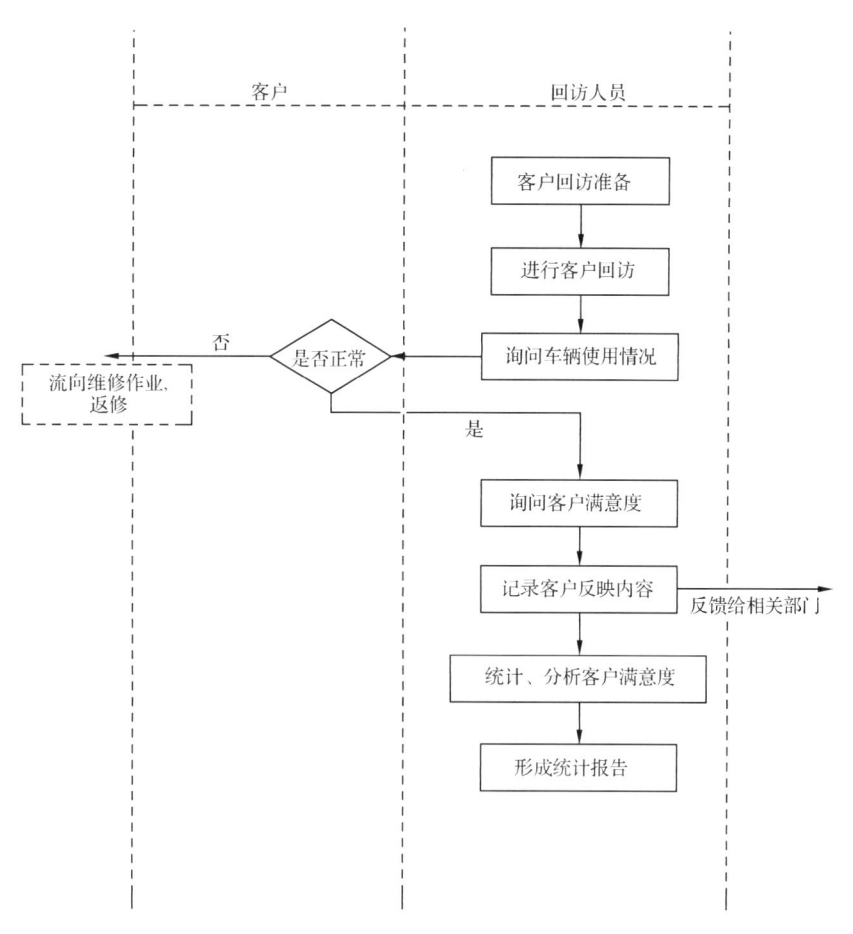

图 2-7-2 跟踪服务流程(2)

③根据工作演示和话术交流进行评价,主要考查学生扮演客户角色时的心理活动、语言交流及肢体语言。考查学生扮演工作人员的专业技术水平、与客户交流的技巧、完成相应表格填写的能力。

(2)演练内容及要求

说明跟踪服务流程的内容及要求,按流程要求进行角色演练。具体内容及要求如下:规范的礼仪;熟悉工作流程,有一定的组织能力;规范的操作;与相关部门进行有效沟通;正确的客户问询记录。

7.4 角色扮演考核

7.4.1 话术考核

按话术情境要求,让学生分组扮演工作人员和客户,进行话术考核。考核的评价方式为学生互评和教师对学生的话术进行整体评价。

情境考核 1　话术

(1)按照问候客户、说明回访事宜、安抚客户对回访的抱怨、回访主题、回访中客户反映的问题、客户问题解决和结束语的程序,完成下面情境的交流话术。

①客户车辆保养、维修后回访。

②客户投诉后问题解决的回访。

③经常性的电话问候、回访,客户比较烦(特别是那些经常来做维修的客户)。客户会回答:"我的车很好啦,你们为什么老是打电话来呢?我很忙。"

应对话术:"不好意思打扰您了,我们打电话给您是因为我们非常关心您车子维修后的使用情况,这样既是对我们自己负责,也是对您负责。如果您觉得我现在打电话打扰您了,那您看我们什么时候打过来不会打扰您呢?"(如果客户执意以后不需要我们再打电话,那么就不需要给客户打电话了,否则会引起客户的不满意)

(2)按照问候客户、客户抱怨的安慰、抱怨原因问询、问题解决和结束语的程序,完成下面情境的交流话术。

①客户:"为什么保养后不久又出现了问题?"

应对话术:"由于这些问题对您造成了不便,我们表示非常抱歉。因为造成这种故障的原因较多,需要对您的车辆进行检测后才能知道具体原因。在检测结果出来之后,我们会尽快给您一个满意的答复和解决方案。"

②客户:"你们是怎么修车的,同样的问题修了好几遍,你们到底能不能修好?"

应对话术:"十分抱歉给您造成的不便,我们会对您的车再做一个全面检测,请放心,您会在最短时间内得到圆满答复。"(如果是维修质量问题,再次道歉,和客户协商可能接受的方案。如果不是维修质量问题,礼貌地向客户解释检测结果,客户认同后提出解决方案)

情境考核 2　跟踪服务程序

学习跟踪服务程序,按该程序的内容和要求完成跟踪服务流程、设计话术并与客户交流,同时完成相关表格的填写。

跟踪服务的程序如下:

(1)跟踪服务前准备

①整理前一天的交车记录,并按短信、邮件、电话、上门四种跟踪形式进行分类。

②将短信和邮件跟踪服务客户列入本日跟踪服务客户名单。

③记录本日进行的电话跟踪服务。

④整理前一天的跟踪服务记录,将未成功的电话跟踪服务列入今天的跟踪服务安排。

⑤按照跟踪服务安排准备客户档案、维修记录、满意度调查表等资料。

⑥确定需要单独会谈的客户名单,准备客户的基本资料。

⑦录入短信和邮件跟踪服务的话术,记录跟踪服务结果。

(2)电话跟踪服务

①跟踪服务员拨通跟踪服务电话,向客户说明公司名称以及自己的姓名。

②询问客户在此时是否方便接受跟踪服务。若客户不方便接受跟踪服务,致歉并约

定再跟踪服务时间,然后与客户道别,结束本次跟踪服务。若客户明确拒绝电话跟踪服务,应该转为短信或邮件跟踪服务方式。

③简单核对客户车牌、车型及上次的维修保养事项。

④询问故障现象是否完全排除以及车辆的使用情况。

⑤进行客户满意度调查。

⑥提醒客户车辆使用注意事项。

⑦提醒下次保养里程与大概的保养时间。

⑧主动给客户留下联系电话、E-mail 或者维修公司网站等信息,方便客户联系维修公司。

⑨致谢、道别、挂机。

⑩记录跟踪服务内容。

(3)上门跟踪服务

①主管经理在预计的登门拜访日前一天与客户进行电话沟通,确认是否可以进行上门跟踪服务。若客户不方便接受上门跟踪服务,再约定时间,与客户道别,结束本次跟踪服务。

②主管经理查阅客户档案、维修历史记录等客户资料,并准备好相应的记录表格及适当的小礼品。

③主管经理上门拜访客户,向客户说明公司名称和自己的姓名,同时给客户自己的名片。

④询问故障现象是否完全排除以及车辆的使用情况。

⑤向客户提醒车辆使用注意事项。

⑥向客户提醒下次保养里程与大概的保养时间。

⑦进行客户满意度调查。

⑧主动给客户留下维修公司的服务联络卡或引导客户阅读个人名片上的联络信息。

⑨致谢并赠送客户礼物,道别,结束本次跟踪服务。

⑩记录相关内容。

情境考核 3　维修回访电话

学习维修回访电话要求及话术,设计两种(客户满意与客户不满意)电话回访话术(以零部件换修为例)与客户交流,同时完成相关表格的填写。

(1)回访员:"您好!请问您是××先生/女士吗?我是××4S店的回访员小徐,您上次来我们店维修了××,不知道目前使用效果怎么样?耽误您一会儿,能否配合我们做一个调查呢?"

(得到客户同意后即可继续下面的问题)

"您的爱车在我店换修配件时,我店的服务顾问是否及时接待了您?"

"请您对当时接待的服务顾问的专业程度评个分(解释评分标准:按 0 到 100 分,90 分为及格),好吗?"

"您在我店享受服务时,服务顾问是否向您解释了维修保养项目呢?"

"您觉得这次的保养(维修)质量怎么样,请您评个分。"

"车辆保养(维修)完毕后,服务顾问是否向您提醒了您车辆使用注意事项?"
客　　户:"总体来说都还可以,给你们打个96分吧。"
回访员:"嗯,好的,非常感谢您对我们工作的认可,请您一如既往地支持我们工作,祝您用车愉快!"

(2)回访员调查的问题同(1)。
客　　户:"我感觉你们的工作人员维修速度太慢了,维修质量也很一般。"
此时回访员询问维修速度慢和维修质量差的具体体现,如"请问具体是哪些方面使您不满意?"
客　　户:"我已经说了很多次了,再这样我就不到你们这儿修车了。我就勉强给你们打个90分(或以下)吧。"
回访员:"××先生/女士,对于您提出的意见和建议我们表示感谢,有时来店客户比较多,可能会影响您等待的时间,这种情况是存在的。以后我们将会不断提高维修、保养速度,提高我们的工作效率。对于您所提出的问题我们会很重视,并及时向售后负责人反映,寻找一个妥善的解决办法,争取给您一个满意的答复。也请您一如既往地关心和支持我们的工作。祝您用车愉快!"
注:如果是征询客户意见后遭拒绝,可暂时停止回访,等对方方便或隔几天再进行电话回访。

情境考核4　保养回访话术

学习保养回访话术,设计两种(客户满意与客户不满意)回访话术与客户交流,同时完成相关表格的填写。

客服专员:"您好!请问是××先生/女士吗?"
"我是××服务站的客服专员××。为了能更好地为您服务,我们想耽误您一两分钟做个简单的回访可以吗?"
客　　户:"好的!"
客服专员:"非常感谢!"

(1)问题
①"在您到达服务站后是否有工作人员立即接待您?"
②"您在维修保养前,服务顾问是否对即将开展的维修保养工作进行了详细的解释?"
③"您觉得服务顾问的态度还友好吗?"
④"您觉得我们休息区还舒适吗?"
⑤"在完成维修保养后,服务顾问是否为您详细解释了结算清单?"
⑥"您觉得我们的收费还合理吗?"
⑦"维修保养完成得还彻底吗?"
⑧"完成整个维修保养的时间您能接受吗?"
⑨"完成维修保养后是否有人协助您接车?"
⑩"完成维修保养后是否对您的爱车进行清洗和吸尘呢?车辆清洁得干净吗?"

(2)提醒客户
"××先生/女士,谢谢您的配合。不好意思打扰您了,祝您周末愉快,再见!"

情境考核 5　客户对回访反感

经常性的电话问候、回访,客户觉得比较烦(特别是那些经常来做检修的客户)。

客服专员:"您好!请问是××先生/女士吗?"

客　　户:"是的。"

客服专员:"我是××服务站的客服专员××。为了能更好地为您服务,我想耽误您一两分钟做个简单的回访可以吗?"

客　　户:"我的车用得很好啊,你们为什么老是打电话来呢?我很忙。"

客服专员:"不好意思打扰您了,我们打电话给您是因为我们非常关心您车子维修后的使用情况,对我们自己负责,也是对您负责。如果您觉得我现在打电话打扰您了,那您看我们什么时候打过来比较不会打扰您?"

(如果客户执意要求以后都不要再打电话了,那么这个电话就可以不打,否则会引起客户的不满意)

客服专员:"非常抱歉在这时打扰您!再见。"

(如果客户接受回访)

客服专员:"感谢您的支持。只有两个问题,想占用您一分钟的时间。第一个问题是您的车在保养(维修)之后是否运行良好?第二个问题是您对我们的服务满意吗?"

(请完成后续对话内容,按客户满意与客户不满意两种情况设计情境及话术)

7.4.2　角色扮演

(1)演练评价要求

学习跟踪服务流程,完成扮演演练。

①分组演练跟踪服务流程。建议采用分组方法演练,按流程轮流扮演进行角色演练(步骤及要求、话术、表格填写)。演练时用摄像机拍摄,演练完毕播放并评价。

②跟踪服务流程演练结果的评价采用自评、互评和教师点评的方式。

③根据交流和工作演示进行评价,主要考查学生扮演客户角色时的心理活动、语言及肢体语音。考查学生扮演工作人员的专业技术水平、与客户交流的技巧、填写工作表格的能力。

(2)完成相关表格的填写(表 2-7-3)。

表 2-7-3　　　　　　　　跟踪服务流程角色扮演及考核

	准备工作及要求
工具准备	客户投诉登记表、客户档案
	评价与建议:
服务顾问	良好的外表、容易辨认的制服和工作牌、熟练的沟通技巧
	评价与建议:

续表

步骤	基本要求	操作结果	评价与建议
跟踪客户	根据客户档案选择		
跟踪时间	交车一周内		
跟踪内容与形式	根据作业性质和客户档案选择		
跟踪回访结果分析	内容记录		
	对客户抱怨进行判断并传递到相关部门		
	使用各种措施维护客户关系		
客户投诉处理	第一时间及第一人负责制的处理原则		
	热忱接待,不冒昧地反驳客户		
	了解事实,明确客户投诉的关键所在		
	找出客户投诉的原因		
	界定投诉控制范围,不自作决断(必要时让上级参与)		
	不作过分的承诺		
	根据实际情况,提供解决方案		
	如果投诉处理不成功,应该考虑换人、换策略的方法处理		
客户投诉结束	向客户致意,承诺解决		
	要遵守与客户约定的事情		
	一直跟踪到客户满意为止		
回访	投诉处理后三天内进行电话回访		
	记录客户对答复是否满意		
	如果客户不满意则继续跟进		

沟通能力评价:

工作能力评价:

学生姓名:　　　　班级:　　　　教师:　　　　考核时间:

技能 8

综合训练

学习下面流程及要求,按要求完成 60000 千米保养、发动机不易启动和汽车行驶跑偏等内容的话术设计,分组演练并进行考核。

情境学习:10000 千米保养的接待。
(1)门卫或引导员引导客户
要求门卫或引导员及时出迎,引导客户停车。
(2)服务顾问接待
①服务顾问主动为客户打开车门,"××先生/女士,您好!欢迎光临××服务站,我是售后服务顾问××,请问有什么可以帮助您的(请问您是维修还是保养车辆)?"
②"请问您车上是否有贵重物品,比如手机、钱包、现金等,请您随身携带。""麻烦您下车,我给您做个车辆环检。"
③"××先生/女士您看一下,您车辆的行驶里程为 12000 千米,燃油表在中线以下,仪表、功能键、内饰都是没有问题的。"(在登记车内情况时要与车主交流)
④"我们一起来看一下车辆情况,××先生/女士,我们保养结束后提供免费洗车服务,您是否需要洗车?××先生/女士先生是这样,我们洗车时只对汽车外表面进行清洗,可能和专业洗车效果有一定差距,还希望您能谅解。"
⑤"您后备厢是否有贵重物品?您的备胎和工具都在,××先生/女士,保养过程中我们会给您检查备胎的胎压,后备厢物品的摆放位置可能有些变化,希望您见谅!"
⑥"××先生/女士您还有其他需要吗?刚才检查您的车内饰、仪表、功能键都没有问题,漆面、轮胎也都没有问题,您看您除了保养、洗车之外还有没有其他问题?如果没有问题请签字确认一下。""××先生/女士麻烦您给我留个联系电话。""××先生/女士这边走,我打印一份维修估价单给您看一下。"
(3)估时估价
①"您好××先生/女士,这是我的名片,以后有什么问题可以给我打电话。"
②"现在我们确认一下这次的保养内容。您这次做的是 10000 千米保养,主要的保养项目是更换润滑油和滤芯。现在我们有四种润滑油,××的矿物质油、××的半合成油、××的冬季专用油和××的全合成油,您看您选择哪一种?"
③"嗯,好的,我打印一份维修估价单给您看一下。"
"××先生/女士,这次的保养项目主要是更换润滑油和滤芯,更换润滑油和滤芯的工时费是××元,给您免费检查油水、灯光、仪表、底盘、轮胎、制动系统和蓄电池等。润滑油

××元,润滑油滤芯××元,放油口××元,共××元,您看有什么问题吗?"

④"您的付款方式是现金、支票还是刷卡?"

⑤"您需要看一下或带走更换下来的旧件吗?"

⑥"××先生/女士您看您还有什么问题,如果没有问题请签字确认一下,您的联系方式和地址是否有变化?"

⑦"本次保养大约需要40分钟,加上洗车时间一共大约需要一个小时,您看现在是1点钟,大约2点可以交车,这段时间您是在店内等候还是外出?"

⑧"我带您去休息室,等保养结束后我会带您验一下车,看一下保养效果,然后再结算。"

(4)中间关怀

随时跟踪维修保养进程,随时与客户沟通交流,告知客户维修进度,以免客户因等待时间过长而感到受到冷落和无聊,产生不愉快情绪。

"××先生/女士,打扰一下,您的车大约还有××分钟就完工了,您看您还有什么要求吗?"

"××先生/女士,请您耐心等待一会,您的车辆马上就竣工了,竣工后我来请您一起去验车。"

(5)通知取车

"××先生/女士,您的车辆保养已经完成,请去验车。"

(6)交车说明和确认

"已帮您做好全部保养项目,更换了××,检查了××,请放心。"(根据维修估价单的项目说明项目完成情况,尽可能以实物操作与客户共同确认保养完成)

"这是您车辆更换的旧品。跟您说明一下,××润滑油××瓶、××部分××件,请问您是带走还是我们帮您处理?"(展示旧件及剩余机油,征求客户处理意见)

"让我们一起再确认一下您的车辆外观和'五油三水',您的车辆已作了清洁,这是车辆清洁检查表,若不满意请直说无妨。"

"根据先前的维修估价单,您此次的备件费是××,工时费是××元,共计××元,请过目。"(根据维修结算单向客户解释维修费用,如是免费则说明此次减免了多少费用)

(7)结账

(引导客户至出纳处结账)

"我陪您到出纳柜台结账。"

"请看维修结算单上您的姓名和电话有问题吗?请问您对服务顾问的费用解释满意吗?如果没有问题,请您在维修结算单上签字,谢谢。"

"请问发票名头怎么开?"

"一切OK,现在我给您开出门证。"(作为监督手段,对所有开汽车维修派工单的车辆都应开出门证)

(8)电话联络表提醒

"请问您有我们的电话联络表吗?"(提醒客户有无最新的电话联络表)

(9)送别客户

"××先生/女士,请走好。"

"祝一路平安!欢迎下次光临!"

附 录

附录 1

附表 1-1　　　　　　　　汽车维修预约登记表(1)

登记时间	年　月　日		预约时间	年　月　日　时	
客户基本信息	客户姓名		联系电话		
客户车辆基本信息	车牌号		车型/年份		
	颜色		行驶里程		
预约内容及要求					
内部确认信息	服务顾问		维修班组		
	配件确认		预计交车时间	年　月　日　时	
实际到达时间					
备注					

注：实际到达时间一栏填写客户到达汽车维修服务企业的时间，当预约服务中止时应该在此处注明。

制表人：

附表 1-2　　　　　　　　　汽车维修预约登记表(2)

客户基本情况			
客户姓名		联系电话	
车型		行驶里程	
车牌号		上次维修日期	
登记时间	年　月　日	预约维修时间	月　日　点　分
电话记录：			
听诊内容			
维修保养或故障内容：		所需配件(零件)：	
维修费用估价：			
备注：			

服务顾问签名：

汽车维修预约统计表

附表 1-3   _____年 ___月 ___日

序号	预约维修时间	客户姓名	联系电话	车牌号	车型	颜色	主要维修项目	预计工时	预计交车时间	预排班组	接待人员	登记人

附表 1-4　　　　　　　　　　　　　　预约展示板
欢迎以下客户预约服务

车牌号	服务顾问姓名	预置工位时间	服务内容	备注

预约电话：　　　　　　　　　　　　　　　　　　　　　　××××汽车维修服务公司

附表 1-5

预约管理看板

维修时间	客户信息			维修内容	预约准备情况				预约前一小时确认	备注
	姓名	车牌号	电话	车型		服务顾问	维修技师	配件	工位		

客户服务中心经理签名：

附表1-6　　　　　　　　　　汽车维修施工单(1)

承修单位：　　　　　　　　　　　　　　　　　　　　　　　　　年　月　日

客户姓名		联系电话		工作单号	
车型		车牌号		发动机号	
维修分类		约定交车时间	年　月　日　时	结算方式	
随车附件列表(需维修的项目在□内打√)					
□大灯	□转向灯	□制动灯	□示宽灯	□牌照灯	□车内灯
□音响	□天线	□点烟器	□烟缸	□空调器	□后视镜
□内后视镜	□门窗玻璃	□刮水器	□喇叭	□随车工具	□靠垫座套
□脚垫	□遮阳板	□千斤顶	□备胎	□车门拉手	□标牌
序号	维修项目				工时
托修留言： 　　　　　　　　　　　　　　　　　　　　　　　　签字：　　　　年　月　日					
结算					
工时费		外协加工费		材料费	
喷漆费		税金		总计	
经办人：　　　　　　　　　　　　　　　　　　　　　　　　出厂日期：　年　月　日					

附表1-7　　　　　　　　　　　汽车维修施工单(2)

维修单号：									
车主姓名		车主电话		送修人			送修人电话		
车主地址				送修时间			预计完工时间		
车型		车牌号		VIN号			发动机号		
颜色		行驶里程		购车日期		索赔单号		PWA编号	
维修操作									
序号	作业内容		工时	开始时间	检测数据	结束时间	维修人	是否索赔	
								□是 □否	
								□是 □否	
								□是 □否	
								□是 □否	
								□是 □否	
								□是 □否	
费用估算									
配件领用									
配件名称		数量		配件名称		数量	配件名称		数量
备注(含追加项目)： 　　　　　　　　　　　　　　　　　　　　　　　　追加项目用户签字：									
服务顾问签字				客户签字					
质检员签字				索赔员签字					
声明:本单中的费用为最初估算金额,实际结算金额以结算单为准。				服务经理签字					
VIN号粘贴区域									

注：PWA是事先授权许可的含义。

附表 1-8　　　　　　　　　　　　　**客户档案资料表**

客户名称	客户地址		客户电话	客户联系人
来访日期	来访事由			来访人
首次送修日期	车型	车牌号	维修类别	送修人
维修记录				
送修日期	维修项目	下一次保养期	送修人	客户意见

客户希望得到的服务：

客户相关情况（对车辆爱护情况、个人爱好、单位对维修车辆的政策）：

附表 1-9　　　　　　　　　　提醒业务报表

分类	数量	主要内容	备注
祝福			
定保提醒			
活动提醒			
再预约邀请			
温馨提示			
其他			

主要问题	改善对策

制表人		制表日期	

附录 2

附表 2-1　　　　　　　　　　预约确认单

客户姓名		联系人		
客户电话		来厂时间		年　月　日　时　分

维修项目：

预约进厂时间：

预计出厂时间：

客户其他要求：

客户预交材料定金：	定金接收人签字盖章：
接待员：	公司业务电话：

附录 3

附表 3-1   接车单

客户姓名		车牌号		车型		客户电话	
VIN 号		行驶里程		车辆颜色		日期/时间	
客户问题描述							

免费保养□　　_____km常规保养□　　故障车□　　大修□　　其他□

① 天气条件：□雨天　□晴天　□气温（　度）　□其他（　　）

② 路面条件：□高速路　□水泥路　□沥青路　□砂石路　□其他（　　）

　　　　　　□平坦　□上坡　□下坡　□弯道（急/缓）　□其他（　　）

③ 行驶状态：□高速　□低速　□加速（急/缓）　□减速（急/缓）　□滑行

④ 工作状态：□冷机　□热机　□启动　□（　）档　□开空调　□其他（　　）

⑤ 发生频度：□经常　□就一次　□不定期　□（　）次　□其他（　　）

⑥ 其他：

初期诊断项目：

预计费用：

环车检查

非索赔旧件		带走□　不带走□	外观检查（有损坏处用○标出）
方向机		油量显示（用→标记）	
车内仪表		FULL	
车内电器			
点烟器			
座椅坐垫			
车窗			
天窗			
后视镜			
安全带			
车内饰			
刮水器			
全车灯光		EMPTY	
前车标		后车标　　　　轮胎轮盖　　　　随车工具　　　　其他	

接车人签字：　　　　　　　　　　　　　　　　　　客户签字：

注意：① 此单据中预计费用是预估费用，实际费用以结算单中最终费用为准。
　　　② 将车辆交给本公司检修时，已提示将车内贵重物品自行收起并妥善保管。如有遗失，本公司恕不负责。

公司地址：　　　　　　　　邮政编码：
服务热线：　　　　　　　　24小时救援电话：　　　　　　投诉电话：

附表 3-2　　　　　　　　　　　　　随车物品清单

序号	物品名称	数量	序号	物品名称	数量

接待员接收签名：　　年　　月　　日　　　　　　　　客户接收签名：　　年　　月　　日

附表 3-3　　　　　　　　　　汽车检测诊断报告单

客户名称				地址		
客户联系人				电话		
车牌号		车型		编号		
进厂时间	年　月　日　时　分			检测诊断完成时间	年　月　日　时　分	
客户反映故障情况或要求：						
序号	检测项目		诊断意见		备注	
检测诊断费用合计：						
预计维修费：		预计材料费：		其他费用：	合计费用：	
预计工期： 共　　工作日,至　年　月　日完工						
服务顾问签名：		检测员签名：			客户签名：	

附表 3-4

维修估价单

联系人：		电话：			车牌号：		车型：		发动机号码：		车架号码：			
预计入厂时间： 年 月 日											预计出厂时间： 年 月 日			
维修项目					工时费				换件项目		数量	单位	单价	金额
工时费合计：								配件费合计：			合计：			
接待员								保险公司经办人（签名）：			估价人：			
经办人								审批：			客户代表：			
备注：														

说明：①本估价单有效期为____天；②如蒙惠顾请先付定金____%；③本估价单内未列项目，如须修理，另追加计费；④车辆在本公司修理，若非人力所能抗拒之事发生，本公司恕不负责；⑤本估价单是根据客户要求进行估价，如该车未在本公司修理请支付估价的____%计费；⑥车上贵重物品请自行保管，本公司恕不负责保管；⑦报价内容仅供参考，结算时以实际维修费用为准。

212

附表 3-5　　　　　　　　　　**出厂通知单**

_____先生/女士：

十分荣幸地通知您，您的车(车牌号码××××××)在本公司的本次维修服务已圆满完成。请您凭本通知单，领取车钥匙，再驾您的爱车，重返幸福之旅。

再次感谢您的光顾与合作！祝您一路顺利！

××××公司　　年　　月　　日

文本 3-1　汽车维修合同

汽车维修合同(示范文本)

托修方(甲方)：_____
地　　　址：_____
联　系　人：_____电话：_____传真：_____手机：_____
承修方(乙方)：_____
地　　　址：_____
电　　　话：_____传真：_____

根据《中华人民共和国合同法》、《中华人民共和国消费者权益保护法》、《中华人民共和国道路运输条例》、《机动车维修管理规定》等法律、法规和规章，甲乙双方在平等、公平、自愿、诚信的基础上，经双方协商就汽车维修事宜达成协议如下：

一、汽车交接

1. 交车日期：□合同签订日　　□_____年____月____日
2. 送修方式：□开进　　□拖进　　□装进　　□事故
3. 交车地点：_____

二、汽车基本信息

汽车所有人	车牌号	车辆类型	车身颜色	发动机号	VIN 代码/车架号	注册登记日期	行驶里程

三、维修类别与项目

1. 乙方应对承修车辆进行维修前诊断检验，提出相应的维修方案，确定维修类别。
2. 乙方预定的维修项目、内容，预计的维修费用，甲方应认可。
3. 维修过程中确需追加作业项目和费用的，应征得甲方认可。
4. 实际维修项目和费用以维修结算清单为准。

四、维修配件与材料

1.乙方提供的维修配件材料,应符合国家规定,标示配件性质并明码标价,供甲方选择。

2.经甲方选择认可的维修配件材料,乙方应提供维修材料清单,明确材料名称、规格、型号、产地、类别、数量、提供方式、单价、金额、购买日期。

3.换下配件处理方式:

□甲方自行处理

□委托乙方处理

□属污染环境或系危险废物的,乙方按有关规定统一处理

五、维修竣工检验及检验质量标准

1.检验质量标准:

□国家标准　　□行业标准　　□地方标准　　□制造厂维修要求

检验方式为＿＿＿＿＿＿＿＿＿＿＿＿＿＿＿＿＿＿＿＿。

检验合格,甲方按本合同约定结清费用后接收车辆。

2.维修竣工质量检验合格后,向甲方签发统一样式的《机动车维修竣工出厂合格证》。车辆进行二级维护、总成修理、整车修理的,乙方应建立维修档案。

六、维修费用及结算方式

1.收费标准:

□按向所在地县级以上道路运输管理机构备案并公布的工时单价标准执行

□双方约定

工时单价:　　　　元/工时

2.维修费用计算按照以下方式计算:

维修费用＝工时费(工时单价×工时定额)＋配件与材料费＋外加工费

3.预算费用为＿＿＿＿＿＿元,实际费用以出具的维修结算清单为准。

4.结算方式:

现金结算□　　转账□　　支票结算□　　其他方式□

七、汽车交付

汽车维修竣工预计交付日期为＿＿＿＿＿年＿＿＿月＿＿＿日前,因不可抗力原因导致延期除外。汽车维修竣工后,乙方应通知甲方提取车辆,甲方在接到通知后＿＿＿＿＿日到＿＿＿＿＿验收车辆,结清费用(双方另有约定除外),提取车辆。

八、维修质量保证期

维修质量保证期为＿＿＿＿＿km或＿＿＿＿＿日,自竣工出厂之日起算。质量保证期从维修竣工并交付给甲方之日起计算,保证期以行驶里程或日期指标先达到者为准。因维修质量问题返修的,保证期从返修后甲方验收的当日重新算起。

本合同约定的质量保证期不得低于有关法规、规章规定的汽车维修竣工出厂质量保证期。

九、合同变更及解除

1.在车辆维修过程中,双方可对本合同内容进行变更。变更内容经双方同意,变更事项双方约定按照以下方式确认:

☐书面　　　☐短信　　　☐传真　　　☐电话　　　☐其他＿＿＿＿＿＿＿＿＿＿

2. 变更的内容与本合同具有同等法律效力,与本合同内容相冲突的,以变更后内容为准。

3. 双方可协商解除合同。非因本合同约定或法定事由外,任何一方不得擅自解除合同。

十、违约责任

1. 甲方未按约定支付维修费用的,按未付金额同期银行贷款利率的两倍支付违约金。

2. 甲方超过＿＿＿＿日迟延提取车辆的,给乙方造成的损失由甲方承担,损失费用计算标准为＿＿＿＿元/日×迟延天数。

3. 乙方迟延交车的,向甲方支付迟延履行违约金＿＿＿＿元/日。

4. 违约责任法律法规有规定的,按照其规定执行。

十一、争议及纠纷处理

本合同履行过程中产生争议、纠纷的,由甲乙双方协商解决;协商不成,双方同意按以下方式解决本合同争议:

☐向县级以上道路运输管理机构申请调解

☐向＿＿＿＿＿＿＿仲裁委员会申请仲裁

☐向有管辖权的人民法院起诉

十二、其他

1. 本合同经双方签字盖章后生效。合同一式两份,双方各执一份。

2. 进厂维修委托书(检验单)、维修结算清单、竣工出厂合格证经甲方签字确认,作为本合同附件,与本合同具有同等法律效力。

3. 甲方或乙方委托代理人签订合同或甲方委托接车的,应出具授权委托书。委托人为单位的,须加盖公章;委托人为自然人的,须本人亲笔签名,并附身份证明。

请在签字前充分了解有关事宜,认真填写表格内容,仔细阅读并认可合同条款。	
托修方(签章):	承修方(签章):
法定代表人:	法定代表人:
委托代理人(签字):	委托代理人(签字):
联系方式:	联系方式:
地址:	地址:
签约日期:　　年　月　日	签约日期:　　年　月　日

双方权利义务

一、甲方权利义务

（一）甲方在约定的时间内向乙方交付维修车辆、自行取走车内可移动贵重物品及相关证件。

甲方与车辆所有人不一致的，向乙方提供营业执照复印件或身份证复印件。

（二）甲方有权确定维修项目，涉及安全行驶的除外。

（三）甲方送修车辆为事故车的，向乙方提供事故责任认定书或事故调解协议等有效证明；甲方要求改变车身颜色、更换发动机、车身和车架的，应按照《中华人民共和国道路交通安全法实施条例》等规定办理相关手续。

（四）甲方根据乙方维修工作的需要积极履行协助义务。

（五）甲方按照合同约定验收、结清维修费用并接车，因甲方迟延验收车辆或迟延接车，车辆非因乙方原因毁损灭失的，损失由甲方自行承担。

（六）车辆维修出厂后，经鉴定机构认定，确属乙方合同项下维修项目的质量未达到国家标准、行业标准、地方标准或制造厂维修要求，或使用假冒伪劣的零配件、燃润料，造成甲方或第三人车辆损害、人身损害及相关损失的，乙方应赔偿。

（七）对乙方未签发《机动车维修竣工出厂合格证》、未出具规定的结算凭证等单据的，有权拒绝支付维修费用。

二、乙方权利义务

（一）按照国家标准、地方标准、行业标准、制造厂维修要求实施汽车维修作业，保证维修质量。有权拒绝甲方不按照规定办理相关手续改变车身颜色、更换发动机、车身和车架的要求。

（二）对甲方车辆进行进厂检验、过程检验和竣工检验。

（三）乙方在竣工交付车辆前，对该车辆负有保管责任。除维修检验试车外，乙方不得因其他任何原因使用该车辆。若有违反的，乙方承担油料等直接损耗；造成车辆损坏或其他人身及财产损害的，应承担相应的赔偿责任。

（四）双方约定的维修配件材料应符合国家规定的质量标准，如使用修复配件或旧配件的，经甲方书面同意，该配件应达到相关产品的质量标准。

（五）乙方将车辆交由第三方维修，经甲方书面同意。未经甲方同意，乙方将车辆交由第三方维修的，甲方有权解除合同。第三方造成甲方车辆损害的，乙方应承担相应赔偿责任。

（六）若甲方无正当理由未在规定的时间内付清维修费用的，乙方对车辆享有留置权。

（七）在质量保证期和承诺的质量保证期内，因维修质量原因造成汽车无法正常使用，且乙方在三日内不能或者无法提供因非维修原因而造成汽车无法使用的相关证据的，乙方及时无偿返修，不得故意拖延或者无理拒绝。

在质量保证期内，汽车因同一故障或维修项目经两次修理仍不能正常使用的，乙方负责联系其他机动车维修经营者，并承担相应修理费用。

说 明

一、适用范围

本合同主要适用于甲方委托乙方进行的汽车二级维护、总成修理、整车修理及维修预算费用为车辆原购置价8%以上维修作业。其他维修项目可参照使用本合同。

二、危险废物参照《国家危险废物名录》（中华人民共和国环境保护部、中华人民共和国国家发展和改革委员会令2008年第1号）。

附录 4

附表 4-1 　　　　　　　　　　汽车维修派工单

报修人			车型			
车牌号		进厂时间		出厂时间		
修理项目		工价	配件项目			料价
费用小计			费用小计			
修理天数			费用总计			

车主签名：

车辆维修评价：

维修质量：	很好□	好□	一般□	差□	很差□
响应速度：	很好□	好□	一般□	差□	很差□
服务态度：	很好□	好□	一般□	差□	很差□
维修及时性：	很快□	快□	一般□	慢□	很慢□

维修协议细则及条款

甲方：(车主)
1. 甲方选定乙方作为其车辆的维修单位。
2. 甲方车辆在乙方维修时，甲乙双方签订"汽车维修委托书"。
3. 接受乙方定期质量跟踪回访。

乙方：(维修单位)
1. 为甲方车辆建立详细的车辆档案及维修档案。
2. 为甲方的维修车辆提供原厂配件，保证所有零配件符合国家标准。在不影响行驶安全的情况下，经甲方同意，乙方可以使用原厂之外其他专业厂家生产的配件或拆车件。
3. 对送修车辆应保证质量，按时完工，在维修过程中如发现其他故障需增加维修项目而延长维修期限时，应及时通知甲方，征得甲方同意后方可作业。
4. 守法经营，按章办事，遵循诚实守信原则，认真做好车辆维修任务，杜绝不良行为、维护甲方的权益。
5. 乙方提供上门接送报修车服务。

附表 4-2　　　　　　　　　　　　　汽车维修委托书

委托书号：				客户到达时间：	年　月　日　时　分	
送修人：		电话：		地址：		
车型	车牌号	底盘号	车身颜色		购车日期	行驶里程

故障描述	服务顾问初步诊断

环车检查项目确认(状态良好的打"√",存在缺陷打"×")

外观检查	内饰检查	存油确认
▼凹凸　◆划痕　◆石击　●油漆	△污渍　○破损　○色斑　○变形	

功能确认			客户财产确认			检查项目综合描述：
中央门锁	玻璃升降器	灯光	碟片	随车工具	千斤顶	备胎
刮水器	音响	空调	其他物品：			

维修项目

序号	修理内容	材料费	工时费	是否索赔	派工	维修技师签名

预计交车时间：　　月　　日　　时　　分　　估计费用：　　　　元(最终以时间发生结算金额为准)

增修项目(维修中发现的新问题再与客户确认)

序号	需增修项目	材料费	工时费	是否索赔	派工	维修技师签名

预计交车时间：　　月　　日　　时　　分　　增修项目客户确认签字：

旧件处理方式	质检员签字：	服务顾问签字：	客户送车签字：	客户接车签字：
□带走 □不带走,服务站处理	年　月　日	年　月　日	年　月　日	年　月　日

服务提醒：
1. 本公司已提醒客户交车时将车内贵重物品带离车辆并妥善保管,如有遗失与本公司无关；
2. 维修中因属于质量担保范围而予以更换的备件其所有权属于汽车厂家,由本公司按规定返还；
3. 本委托书中所列维修费用为预估费用,实际发生维修费用以结算清单为准；
4. 本次维修更换的旧件,如有需要请结算时带走,本公司不予保留。

24 小时服务热线：
第一联存根、第二联结算

附表 4-3　　　　　　　　　　　　　维修进度看板

时间：	年　月　日		服务顾问：	
序号	牌照号	派工单号	预计交车时间	备注
1				
2				
3				
4				
5				
6				

填写说明
1.填写此看板的目的是使每个服务顾问对自己所负责的客户车辆何时交车有明确的了解,并将每个客户的接车信息公开化,使服务顾问及其他前台人员包括服务经理能更好地对车辆维修状况进行跟踪。 　　2.每台车接完后,即由服务顾问填写在此看板上。 　　3.如车辆维修完毕并交车,则将对应的接车信息擦掉。 　　4."备注"一栏填写一些特殊情况。

维修跟踪作业的要点说明
1.服务顾问的维修跟踪作业依据每天适时接车看板。 　　2.如交车时间被推迟,服务顾问要尽可能早的通知客户,向客户解释和致歉。 　　3.服务顾问在车辆维修期间至少通过现场查看或对讲机联系的方式关心车辆维修状况两次,决不允许客户问起车辆维修状况时,对口接待的服务顾问回答不知道。 　　4.如客户在休息室等候,对口的服务顾问至少要问候一次客户并通报维修进展情况。

看板布置简略说明				
序号	牌照号	派工单号	预计交车时间	备注
1				
2				
3				
4				
5				
6				

使用说明：
　　1.每个服务顾问设置十个存放接车夹的立架,每个立架上放置的是未出厂车辆的资料夹。
　　2.每个服务顾问的接车夹立架上方都有对应着此服务顾问的适时接车看板。
　　3.每个服务顾问立架的编号与对应的看板上的序号相一致。
　　4.每辆车交车完毕后,即将此车辆的资料从接车夹下取下归档,同时将看板上的资料擦掉。
　　5.空白的接车夹不放置在立架上,并且配备好一套用于接车时可能使用的完整的空白单据。

附表 4-4　　　　　　　　　　车辆维修时点追踪报告

车号：	车型：	预计交车时间：	月　日　时　分

作业班组：	服务顾问：	调度：	填报人：

车主故障陈述		维修项目	

时点追踪记录

月	日	时	分	工作内容	月	日	时	分	工作内容
				车辆进厂					领料施工
				检测诊断					追加项目
				估价交接					等待报价
				下达工单					等待答复
				车间维修					等待配件
				备料申请					配件到库
				等待报价					维修施工
				等待答复					检验完工
				等待配件					通知取车
				配件到库					出厂

备注		备注	

附表 4-5　　　　　　　　　　　维修追加项目单

<table>
<tr><td rowspan="3">客户
资料</td><td colspan="2">姓名：</td><td colspan="2">地址：</td><td colspan="2">电话：</td></tr>
<tr><td colspan="2">进厂日期：　　年　　月　　日　　时</td><td colspan="4">客户联系人：</td></tr>
<tr><td colspan="2">车牌号：</td><td colspan="4">出厂编号：</td></tr>
<tr><td colspan="7">追加项目内容</td></tr>
<tr><td>序号</td><td>维修项目</td><td>维修收费</td><td>序号</td><td>零件名称</td><td>单价</td><td>金额</td></tr>
<tr><td></td><td></td><td></td><td></td><td></td><td></td><td></td></tr>
<tr><td></td><td></td><td></td><td></td><td></td><td></td><td></td></tr>
<tr><td></td><td></td><td></td><td></td><td></td><td></td><td></td></tr>
<tr><td></td><td></td><td></td><td></td><td></td><td></td><td></td></tr>
<tr><td></td><td></td><td></td><td></td><td></td><td></td><td></td></tr>
<tr><td></td><td></td><td></td><td></td><td></td><td></td><td></td></tr>
<tr><td></td><td></td><td></td><td></td><td></td><td></td><td></td></tr>
<tr><td></td><td></td><td></td><td></td><td></td><td></td><td></td></tr>
<tr><td></td><td></td><td></td><td></td><td></td><td></td><td></td></tr>
<tr><td></td><td></td><td></td><td></td><td></td><td></td><td></td></tr>
<tr><td></td><td></td><td></td><td></td><td></td><td></td><td></td></tr>
<tr><td></td><td></td><td></td><td></td><td></td><td></td><td></td></tr>
<tr><td></td><td></td><td></td><td></td><td></td><td></td><td></td></tr>
<tr><td colspan="3">追加维修费合计：</td><td colspan="2">追加材料费合计：</td><td colspan="2">追加费用总计：</td></tr>
<tr><td colspan="7">客户意见：

　　　　　　　　　　　　　　　　　　　　客户(或电话咨询业务员)签名：</td></tr>
<tr><td colspan="3">加项征询客户时间：</td><td colspan="4">客户答复时间：</td></tr>
<tr><td colspan="3">征询业务员签名：</td><td colspan="4">业务员答复车间时间：</td></tr>
<tr><td colspan="3">车间申请追加项目时间：</td><td colspan="4">车间申请人签字：</td></tr>
</table>

附录 5

附表 5-1　　　　　　　　　　　车辆清洁检查表

车牌号：		日期：	
项次	清洁内容	清洗情况	
1	车身		
2	车玻璃		
3	车轮		
4	内室清洁		
5	发动机舱		
6	座椅		
7	内饰		
8	行李舱		
9	地毯		
10	其他		
检查结果备注：			
洗车人		验收人	

附表 5-2

车辆问诊及维修记录单

车主姓名		车号		车型		里程数		进厂时间	月 日 时 分
车厂等候	□快速 □定保 □一般	□钣喷 □配件		□自费 □保修		□保险		预交时间	月 日 时 分
	□是 □否	联系电话				指定技师			□预约 □自行 □牵车
车身现况检查注记		车辆内部各项功能检查（□技师确认○终检确认）				电池电导测量			
		□○驻车制动操作手柄行程检查 □○方向盘游隙检查 □○各踏板行程检查 □○所有灯光检查 □○音响功能检查 □○雨刷工作及喷水角度检查 □○电动窗功能检查 □○中控锁功能检查				电池电导测量 □良好 □良好需充电 □建议更换 电导规格 电压值 规范冷启动电流 实际测量电流			
		油量：E　1/4　2/4　3/4　F							

223

续表

开工时间：　　时　　分

保养作业内容及检查项目（□技师确认 ○终确认）		0.5万	1,3,5万	2,6,10万	4,8万
底盘专区（客户随同 □是 □否）					
1. 排气系统及隔热板	□正常 □调整 □更换				
2. 油箱漏水检查	□正常 □调整 □更换				
3. 底盘螺丝螺帽锁紧检查	□正常 □调整 □更换				
4. 胎压、胎纹等检查或对调	□正常 □调整 □更换				
5. 前后轮轴承检查	□正常 □调整 □更换				
6. 四轮减振器泄漏检查	□正常 □调整 □更换				
7. 碟式制动片厚度及油管检查	□正常 □调整 □更换				
8. 鼓式制动清洁及调整	□正常 □调整 □更换				
9. 传动轴方向机防尘套检查	□正常 □调整 □更换				
10. 轮胎螺丝扭力检查	□正常 □调整 □更换				
11. 所有管路接头漏油漏水检查	□正常 □调整 □更换				
定期保养专区					
1. 空气滤清器清洁检查		□			
2. 发动机配线及接头松动检查				□	□
3. 蓄电池液面及桩头固定检查		□	□		
4. 制动总泵辅助泵软管检查				□	□
5. 发动机油管检查					
6. 发电机、空调动力方向机皮带检查		□			
7. 更换润滑油滤清器（滤芯）		□			
8. 更换润滑油					
9. 空调压缩机检查					
10. 更换制动液				□	
11. 更换空滤芯			□		
12. PVC、EEC油气蒸发检查					
13. 燃油系统管路检查				□	
14. 发动机舱配线及接头松动检查			○	○	○
15. 所有油水液面高度检查		○			
16. 更换空调滤芯			○	○	○
17. 空调效果检查					
18. ABS系统检查				○	○
19. 安全气囊系统检查				○	○
20. 发动机计算机记忆码测试				○	○
21. 发动机怠速功能检查				○	○
22. 冷却、空调机舱盖锁及支架					
23. 润滑发动机铰链润滑					
24. 车门铰链润滑					
25. 更换冷却液					○
26. 发动机舱清洁					
27. 车身清洁					
28. 臭氧服务（适用时）					
29. 其它					

完工时间：　　时　　分　　　　责任技师：

客户签名：

委托修理注意事项：
1. 委托修理项目及费用仅属预估，增减以实际修理项目及费用为准。
2. 委修车辆自交付承修人后由承修人负保管责任，如遇天灾、人力不可抗拒或不可归责于承修人之过失而发生损害时，承修人不负担其责。
3. 委修人同意如有必要，授权承修人试车，以确认修复状况。

服务顾问：　　　　　　　组长终检：　　　　　　　服务顾问交车检验：

附表 5-3　　　　　　　　　　　　维修结算单

客户名称			客户代码	
地址			车牌号	
电话			车型	
付款方式			车辆出厂编号	

序号	作业项目	作业内容	使用零件	金额

业务主管指示：

签名：　　年　月　日

结算员签名： 　　年　月　日	质量保证： 本公司对上述维修项目保用至 　　月　日或　　km。	项目	金额
		维修、检测	
交车员签名： 　　年　月　日		配件	
		其他	
公司服务电话：		总计	

附表 5-4　　　　　　　　　　　　　维修质量保证书

客户姓名：	客户电话：	车牌号：	车型：
最后一次进厂维修时间：		维修内容：	

质量保修承诺：
　　凡本公司维修的车辆均享受以下保修服务：①出厂车辆在保修期内因维修质量问题均可随时返修,返修一律免费。②全车大修、总成大修保修期为 10000 km 或 3 个月；二保、小修保修期为 3000 km 或 1 个月。③全车油漆质保 40000 km 或 1 年。

您的车最近一次保养的日期：　　　年　　　月　　　日,希望您准时保养,热诚欢迎再次光临！

施救服务:在市区内,我们可随时为您提供拖车抢修服务。

	时间	内容	技师
服务记录			

附表 5-5　　　　　　　　　　　　保养提示卡

温馨提示：
　　您的下次保养里程数为 _____ km，或 _____ 年 ____ 月 ____ 日（二者先到者为限），电话预约由我为您服务。
　　再次感谢您选择我公司为您服务，今后您有任何事情请随时与我们联系。
　　服务专员：_____　　　电话：_____

本次保养的内容：
保养日期：
保养里程：
保养所更换的油品品牌：
施工单位：
施工技师：
建议下次保养里程数（时间）和保养项目：
车主信息：
车辆信息：

本次保养里程为 _____ km　　维修日期 _____ 年 ____ 月 ____ 日
下次保养里程为 _____ km，或 _____ 年 ____ 月 ____ 日（二者先到者为限）
应检查或更换项目：
□发动机润滑油、润滑油滤清器（滤芯）　□空调滤芯　□清洗三元催化　□清洗发动机　□检查刹车片　□喷油嘴清洗　□节气门怠速阀清洗　□燃油滤芯　□空气滤清器　□刹车油　□变速器油　□火花塞　□清洗节气门　□正时皮带
服务电话：_____　　　救援电话：_____

附表 5-6

车辆维修准点交车统计表

序号	结果	车型	车牌号	进厂时间	开工时间	完工时间	约定交车时间	出厂时间	接车员	作业班组	增值服务	满意度调查

说明：准点:√　晚点:×　填写不完整:○　增值服务:△　满意度调查:☆

统计情况：
统计车辆数：　　　　部　准点：　　　部　晚点：　　　部
填写不完整：　　　　部　准点率：　　　%　增值服务：　　　部
满意度调查：　　　　部　调查率：　　　%　满意度：　　　%

注：凡是节点时间填写不完整的工单都算晚点。

处理意见：　　　　　　　经理意见：

主管签名：　　年　月　日　　　　经理签名：　　年　月　日

附表 5-7　工期统计报表

车型	车牌号	工单号	开工时间			预计完工时间			实际完工时间			交车时间			出厂时间		
			月	日	时	月	日	时	月	日	时	月	日	时	月	日	时

附录 6

附表 6-1　　　　　　　　　　　　客户档案资料

车辆信息	销售商		购车日期		上牌日期	
	VIN 码			发动机号		
	车牌号		品牌		颜色	
	变速器		配置			
	保险公司		投保类型		车辆用途	
车主信息	姓名		性别		生日	
	联系地址			邮编		
	固定电话		移动电话		传真	
	E-mail		纪念日		工作行业	
	兴趣爱好					
参与活动	活动日期		活动名称		活动内容	
备注						

接收资料目录	
1	
2	
3	
4	
5	
6	
7	
8	

客户洽谈记录
业务担当：
事由（来源、时间、方式）：
经过：
结果：

附表 6-2　　　　　　　　　　客户投诉登记表

文件编号：	序号：	
客户姓名：	车型：	车号：
客户地址：		联系电话：
维修日期：		手机号码：
投诉原因：		
接待人意见：		
	记录人：	记录日期：

附表 6-3　　　　　　　　　　客户投诉处理表

文件编号：	序号：	
客户姓名：	车型：	车号：
客户地址：		联系电话：
客户意见及建议：		
部门处理结果：		

部门负责人签名：　　年　　月　　日

附表 6-4　　　　　　　　　跟踪服务客户电话记录表

通话日期	客户姓名	通话电话号码	通话单位、通话人

通话内容要点：

客户要求：

业务部处理意见：

业务部接话人：　　　　　　　　　　　　　　　　　　　　年　　月　　日

附表 6-5　　　　　　　　　　跟踪服务电话记录表

客户情况	姓名		车号		车型		电话	
跟踪情况	跟踪日期			是否全部满意				
	不满意项目							
	维修质量	维修速度	服务态度	工时价格	配件价格	配件质量	其他	

用户建议、批评或表扬

处理情况	□回答　□返工　□完成
填表人：	时间：

附表 6-6　　　　　　　　　　　　跟踪服务电话登记表

通话日期	通话单位	通话人	通话事由	业务部接话人	处理意见

附表6-7 返修车辆记录表

车牌号		车型		客户		保修期	
VIN码		原维修技师		原服务顾问		本次服务顾问	
返修原因	□配件品质不良	□工作方法不正确	□操作者疏忽	□交修不清楚	□车辆制造品质不良	□设备不良	□管理不良 □其他
返修维修技师		指导者		重修费用		实施教育训练	
采取对策	1. 重修作业内容评述						
	2. 采取的对策						
	3. 重修后状况						
	4. 是否需要寻求技师						

服务经理：　　　　　　　　　　前台主管：　　　　　　　　　　车间主任：

附表 6-8　　　　　　　　跟踪服务电话记录日报表

跟踪服务电话记录日报表					
跟踪车辆总数：				全部满意车辆数：	
^^^				不满意车辆数：	
	序号	车号	车型	联系电话	不满意项目及其他
不满意车辆					
^^^					
^^^					
^^^					
^^^					
^^^					
^^^					
^^^					
^^^					
^^^					
^^^					
^^^					
^^^					
^^^					
^^^					
^^^					
^^^					
^^^					
^^^					
^^^					
^^^					
^^^					
^^^					
^^^					
^^^					

填表人：　　　　　　　　　　　　　　日　期：

附表 6-9　　　　　　　　客户流失调查问卷
售后服务客户流失调查问卷

您好，_____女士/先生，我是××4S店的客户关系顾问，您的车于××年××月××日在我店进行了××维修，至今已经有××（时间）没有到我店来维修，我想占用您一小会儿的时间了解一些情况。

序号	问题	客户回答	问话方向选择
Q1	请问这期间您的车是否进行了修理？	是□　否□	如果选是，请转到 Q3 如果选择否，请转到 Q2
Q2	为什么没有进行过维修？	车没有开□　车辆已经转让□　出差/出国□　其他：	感谢客户，结束调查
Q3	进行了哪些修理。	保养□　小修□　钣金喷漆□　其他：	如果回答：钣金喷漆，追问 Q4
Q4	是否是保险公司推荐您去进行钣金喷漆的吗？	是□　否□	
Q5	请问您到哪里修理的？	同品牌其他 4S 店□　其他品牌特约维修站□　社会修理厂□　个体修理厂□　连锁店□	如果回答"非相同品牌的 4S 店"，请转到 Q6 如果回答"同品牌的其他 4S 店"，请转到 Q10
Q6	是什么原因促使您到这些地方修理呢？	价格□　离家近,方便□　熟人□　别人推荐□　其他：	
Q7	您认为这些地方修理备件和维修质量有保证吗？	有□　没有□	如果回答有，追问 Q8
Q8	为什么？		
Q9	您为什么不愿意到我们店来进行维修？	服务差□　维修质量不好□　维修价格高□　地点不方便□　公司指定□　其他：	
Q10	您为什么选择那家 4S 店？	服务好□　维修质量好□　离家近,方便□　其他：	

××先生/女士：我的调查到此就结束了，非常感谢您能抽出时间回答我的问题，谢谢。

附表 6-10

客户流失统计分析表（月度）

客户流失统计分析表（月度）

日期	客户资料			忠诚度			前次服务内容			投诉情况	访谈反映			不回厂原因							
	客户姓名	电话	车号	接受服务次数	首次服务日期	消费合计	来厂日期	派工单号	主要维修内容	案例编号	无	冷淡	一般	热情	车辆已报废或已销售	服务态度不佳	收费太高	技术不好	不方便	已搬家	已到别处消费	投诉未解决	其他	不愿说明

公司总经理：　　　　　　服务经理：　　　　　　制表人：　　　　　　时间：

附表 6-11　维修项目未做客户跟进表

维修项目未做客户跟进表

客户姓名	车牌号码	联系电话	进厂日期	报价项目	接车人	首次跟进日期及用户反馈	二次跟进日期及用户反馈	三次跟进日期及用户反馈	备注

参 考 文 献

[1] 中华人民共和国交通部.机动车维修管理规定[S].北京,2005

[2] 中华人民共和国交通部.机动车维修企业质量信誉考核办法(试行)[S].北京,2006

[3] 金正昆.社交礼仪教程[M].4版.北京:中国人民大学出版社,2013

[4] 董乃群,刘庆军.社交礼仪实训教程[M].北京:北京交通大学出版社,2012

[5] 栾琪文.现代汽车维修企业管理实务[M].北京:机械工业出版社,2007